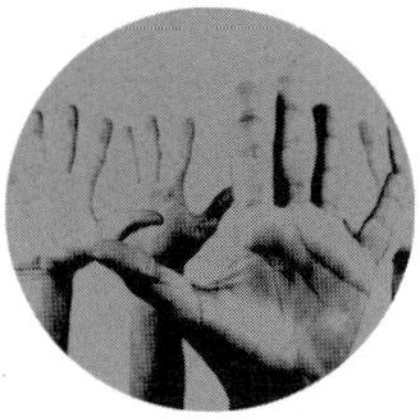

组织动员、精英动员与中国女权运动的演进逻辑研究

肖莉丹 著

The Social and Political Patterns of Chinese Feminist Movements Evolution

暨南大學出版社
JINAN UNIVERSITY PRESS

中国·广州

图书在版编目（CIP）数据

组织动员、精英动员与中国女权运动的演进逻辑研究/肖莉丹著. —广州：暨南大学出版社，2016.7
ISBN 978－7－5668－1656－6

Ⅰ.①组… Ⅱ.①肖… Ⅲ.①女权运动—研究—中国 Ⅳ.①D442

中国版本图书馆 CIP 数据核字(2015)第 253105 号

组织动员、精英动员与中国女权运动的演进逻辑研究
ZUZHI DONGYUAN JINGYING DONGYUAN YU ZHONGGUO NUQUAN YUNDONG DE YANJIN LUOJI YANJIU

著 者：肖莉丹

出 版 人：徐义雄
策划编辑：潘雅琴
责任编辑：潘江曼
责任校对：范小娜
责任印制：汤慧君 王雅琪

出版发行：暨南大学出版社（510630）
电 话：总编室（8620）85221601
营销部（8620）85225284 85228291 85228292（邮购）
传 真：（8620）85221583（办公室） 85223774（营销部）
网 址：http://www.jnupress.com http://press.jnu.edu.cn
排 版：广州市天河星辰文化发展部照排中心
印 刷：佛山市浩文彩色印刷有限公司
开 本：787mm×960mm 1/16
印 张：16.75
字 数：291 千
版 次：2016 年 7 月第 1 版
印 次：2016 年 7 月第 1 次
定 价：39.80 元

目录

第一章

中国女权运动的历史脉络

中国近代的女权运动产生于半封建半殖民地化日益严重，民族危机空前加深，民族矛盾空前尖锐的时期[①]，从兴起时就有自己的特点及其独特的发展轨迹。中国妇女从个性压抑到个性解放，从无权到开始争权，从囿于家庭到走向社会，都经历了一段复杂而艰难的过程。其复杂性在于，要改变传统的性别关系，结束中国历史上妇女的屈从地位，并非仅仅依靠女性的力量或者女性的行动就能实现，它是与中国所处的宏观背景及历史情境密切相关的。女性与男性在冲突与合作中逐渐进行着关于两性角色和价值观的重构和阐释。其艰难性在于，一方面，女性权利的获得是伴随着女性在革命、战争中的流血、牺牲，在生产劳动中做出的“贡献”而间接获得的，并且这只是部分权利。另一方面，20 世纪的中国仍是一个典型的男权社会，无论是在政治、经济或者文化上，男性始终占领着“霸主”的地位，这注定了妇女要为实现男女平等的伟大理想，付出更大的勇气与代价。在这个历史过程中，女性精英与妇女组织发挥了重要的作用，然而，女性精英强烈的革命思想以及妇女组织的短效机制又制约了以男女平等为目的的女权运动的发展。国家、政党强大的意识形态与动员结构对 20 世纪初至新中国成立初期的女权运动有重大的影响。

当代中国女权运动有其发展的路径和过程，我们需要考察女权运动兴起与发展的历史，才能更好地认知与剖析今天所发生的女权运动的性质与特点。基于这一目的，本章将以辛亥革命至改革开放前这段时期的女权运动为蓝本，考察中国女权运动的历史演进过程——辛亥革命时期女权运动的萌发，到“五四”运动后争夺权利的女权运动的高涨，再到共产党所领导的妇女解放运动的蓬勃发展，重点探讨影响女权运动发生发展的机制与因素，展现各个行为体（男性精英、女性精英、妇女组织、国家、政党、妇女大众）之间的动态互动过程与关系。

第一节　辛亥革命时期女权运动的萌发

在 100 年前的中国社会，女性是以裹着小脚、闭守深闺、受男性支配的形象存在着。1900 年前后，“女权”一词出现。它被视为“民权”与

① 孙兰英：《论中国近代妇女运动的“男性特色”》，《史学月刊》1996 年第 3 期，第 96 ~ 100页。

“人权”的衍生之物。中国女权的兴起与女性的觉醒都离不开男性改良主义者与革命者的积极传扬，它大致经历了从先进男性的“唤”，到先进女性的“觉”，再到妇女大众的“醒”的过程。

一、女权崛起中的男性启蒙及其革命逻辑

（一）男性启蒙者的出现

中国的女权运动在初兴之时，主要是由男性倡导和宣传的。虽然不乏一些女子在开明家庭或环境风气的影响下逐渐觉醒，但更多关注女子问题的还是男性。早在戊戌维新时期，康有为和梁启超就开始思考如何改良女性的问题。康有为同情妇女的悲惨遭遇，痛斥人们对妇女“忍心害理，抑之，制之，愚之，闭之，系之，使不得自主，不得任公事，不得为仕官，不得为国民，不得预议会，甚至不得事学问，不得发言论，不得达名字，不得通交接，不得预享宴，不得出观游，不得出室门”①。康有为痛心疾首地抨击缠足这一残害女性的行为，认为它不是什么值得炫耀的“国粹”，而是一种自杀愚蠢的行为，是中国人的奇耻大辱②。康有为于1883年就在家乡发起过不缠足会，只是当时的影响不大。他在《大同书》中为妇女设想了一个以“人权”为基础的男女平等的大同世界。他说道：

> 人者，天所生也。有是身体，即有其权利。侵犯者谓之侵天权。让权者谓之失天职。男与女虽异形，其为天民而共受天权一也。人之男身，既知天与人权所在而求与闻国政，亦何抑女子攘其权哉，女子亦何得听男子独擅其权而不任其天职！③

康有为根据天赋人权的思想，主张女性要接受教育，参加国政，在法律上获得个人独立身份。他还认为固定的夫妻关系应该解体，完全平等的男女只根据爱情签订有期限的契约，进行共同生活。④ 然而，在当时，这

---

① 康有为：《大同书》，古籍出版社1956年版，第127页。

② 刘红、刘光永：《妇女运动史话》，社会科学文献出版社2012年版，第4页。

③ 康有为：《大同书》，古籍出版社1956年版，第199页。

④ ［日］须藤瑞代著，姚毅译：《中国“女权”概念的变迁——清末民初的人权和社会性别》，社会科学文献出版社2010年版，第70页。

些都只是美好的或是不切实际的幻想，难以付诸实践。

梁启超对女性的关注则集中在不缠足和女子教育上。梁启超在早期关于女性的著作里[①]主张以富强国家为最终目标，试图改良女性的智力与体力，这就要求女性废缠足以健壮身体，受教育以提高资质。梁启超批判给女儿施加“刑罚”的父母是“愚人”，因此希望通过教育改变人们的愚昧行为。梁启超在《变法通议论女学》中谈到女子教育的四大功能：一是变“分利”为“生利”，二是除无才之累，三是兴母教，四是益胎教[②]。梁启超认为，女子由于“不能自养”而完全依赖男子，是“分利”之人，要改变这种状况则必须接受教育，寻找工作，成为“生利”之人。而且，受教育的女子一旦成为母亲，对婴儿的胎教以及小孩的早教甚有益处，可以培养出更加优良的后代为国家效力。在1897年，梁启超就与郑观应、康广仁、经元善等人酝酿开设女子学堂，经过多次上书南、北洋大臣，申诉创办女子学堂的理由，终于，中国人自己创办的第一所女子学堂于1898年成立了。然而，梁启超提倡兴办女学，其目的在于培养贤妻良母，为了“上可相夫，下可教子，近可宜家，远可善种”[③]。

对于“女权”的普及，贡献最大的是马君武和金天翮[④]。他们在康有为、梁启超女性论的基础上继承与发扬。马君武的贡献在于他翻译了斯宾塞的《女权篇》和密尔的《论自由》，同时还介绍了密尔的《妇女的从属地位》，为女性争取平等权利摇旗呐喊。当中的“天赋人权”“男女平等”之说给中国的思想界带来了极大的影响。马君武在《女权说》中申明了女性也应该参与政治的主张[⑤]。与梁启超富强国家女性论目标不同的是，马君武的目标是让男女获得同等的权利。

马君武的《女权篇》与《女权说》流传较广，拥有较多的读者。此外，与马君武著作有同样影响力的是金天翮的《女界钟》，题目意思是要敲响唤起女性的觉醒之“钟”。金天翮在《女界钟》里抨击禁锢妇女的传

---

① 这些著作主要包括《戒缠足会叙》《记江西康女士》《变法通议·论女学》《试办不缠足会简明章程》《倡设女学堂启》和《禁早婚议》等。

② 参阅刘红、刘光永：《妇女运动史话》，社会科学文献出版社2012年版，第6页。

③ 梁启超：《倡设女学堂启》，《饮冰室合集·文集》第2册，中华书局1989年版，第19页。

④ ［日］须藤瑞代著，姚毅译：《中国“女权”概念的变迁——清末民初的人权和社会性别》，社会科学文献出版社2010年版，第51页。

⑤ 参阅［日］须藤瑞代著，姚毅译：《中国“女权”概念的变迁——清末民初的人权和社会性别》，社会科学文献出版社2010年版，第56页。

统伦理道德，提出妇女应该挣脱封建束缚，争取与男子平等的权利，提倡婚姻自由，倡导女子教育，力主女子参政[①]，他提出了女性应争取的六种权利：入学权、交友权、营业权、掌握财产权、出入自由权和婚姻自由权。在女子教育方面，金天翮反对将女子培养成相夫教子的贤妻良母，而主张将其培养成与男子无差别的革命新人，这从他提出了女子教育的八个目标可看出：

> 一、高尚纯洁完全天赋之人；二、摆脱压制，自由自在之人；三、思想发达，具有男性之人；四、改造风气，女界先觉之人；五、体质强壮，诞育健儿之人；六、德性纯粹，模范国民之人；七、热心功德，悲悯众生之人；八、坚贞激烈，提倡革命之人。[②]

这些男性一方面同情、关怀处于弱势的妇女，另一方面又寄望于通过妇女的力量为国家作贡献。他们对女性问题的关注和相关的言论获得了思想界的强烈反响。“女权”的提出让男人与女人在民族危亡之际意识到女性的价值与作用，这间接打破了传统的性别制度，重新塑造着两性的关系。

（二）男性为何唤醒女性

毋庸置疑，男性启蒙者的女性说在客观上刺激并鼓励了妇女意识的觉醒，但是深入研究之后，我们发现，这些先进男性在唤醒女性的过程中有着强烈的主观意图，这些意图反映了男性特有的思维逻辑，揭示了男性内心深处根深蒂固的“男尊女卑”“男强女弱”的观念。这使得妇女的觉醒是具有较强目的性的、不彻底的。

男性之所以要唤醒女性主要是基于三个逻辑思路。

第一，女弱则国弱，女强则国强。女性强弱与国家强弱成正比，或女性文明度与国家文明度成正比，是大多数男性启蒙者的逻辑观点。在他们关于现代中国的想象中，妇女是国家贫弱的原因，同时，妇女也成了民族

---

① 张素玲：《革命与限制：中国共产党早期妇女领袖（1921—1927）》，河南大学出版社2011年版，第37页。

② 金天翮：《女界钟》，上海古籍出版社2003年版，第44～45页。

和国家振兴的希望[①]。对比西方国家，中国的女性受思想和身体的双重束缚与残害，导致中国一半人口的智力与体力的羸弱，使国家衰弱。清末著名教育家蒋维乔在《论中国女学不兴之害》中说道：

> 女权愈振之国，其国愈文明；女权愈衰之国，其国愈衰弱。今我国女子，大都废人、病夫，乃愚乃顽乃怯乃惰，遑论女权！虽欲国之不亡，乌得而不亡？所谓“亡国之源”也。[②]

在康有为和梁启超看来，女子身体瘦弱，无学无识，更无法生养强壮、聪明的后代。康有为说道：

> 试观欧美之人，体直气壮，为其母不裹足，传种易强也；回观吾国之民，尫弱纤偻，为其母裹足，故传种易弱也。今当举国征兵之世，与万国竞，而流此弱种，犹可忧危贫。[③]

梁启超认为妇女的无学是国贫民弱的根源，“推极天下积弱之本，则必自妇无学始”。为此，他才极力要求废缠足、兴女学，重视母教与胎教。梁启超更是将母教提升到关系国家存亡的高度：

> 故治天下之大本二，曰正人心，广人才，而二者之本，必自蒙养始，蒙养之本，必自母教始，母教之本，必自妇学始，故妇学实天下存亡强弱之大原也。[④]

梁启超认为“保国”“保种”“保教”为忧天下之忧之人的三件大事[⑤]。要“保国”，则必须“保种”；要“保种”，则必须通过教育。女性作为占

---

① 张素玲：《革命与限制：中国共产党早期妇女领袖（1921—1927）》，河南大学出版社2011年版，第35页。

② 蒋维乔：《论中国女学不兴之害》，《女子世界》1904年第3期，第74页。

③ 康有为：《请禁妇女裹足折》，转引自张玉法、李又宁主编：《近代中国女权运动史料（1842—1911）》，传记文学出版社1975年版，第509页。

④ 梁启超：《变法通议·论女学》，华夏出版社2002年版，第40~41页。

⑤ ［日］须藤瑞代著，姚毅译：《中国“女权”概念的变迁——清末民初的人权和社会性别》，社会科学文献出版社2010年版，第34页。

人口总数一半之人，同时又作为男性一半的“导源”，因此，可以说“妇学为保种之权舆”。[①]

第二，与西方国家对比产生的危机。我们在康有为、梁启超、金天翮等著作里不难发现，他们口中的中国弱女子的对照物不是中国男性，而是西方发达国家的女性。他们每每在文章中拿中国女子与西方女子作比较，拿中国与西方强国进行对比，是因为处于在国家衰弱时内心产生的危机感与自卑感。他们希望寻找出救国强国的良方，进而赶超发达国家。

梁启超在《变法通议·论女学》中就表达出对美国、日本等强盛国家的羡慕：

> 西方全盛之国，莫美若；东方新兴之国，莫日本若。男女平权之论，大倡于美，而渐行于日本。……是故女学最盛者，其国最强，不战而屈人之兵，美是也。女学次盛者，其国次强，英、法、德、日本是也。女学衰，母教失，无业众，智民少，国之所存者幸矣！印度、波斯、土耳其是也。[②]

对比之下，梁启超倡导中国须模范文明之国，努力进行女子教育，从而获得与美国、日本匹配国力的可能性[③]。这里也体现了梁启超的危机意识，如果不振兴中国女子教育，则会沦落成印度、波斯和土耳其一样衰弱的国家。

有学者认为，近代中国的女权主义的萌芽和原动力是男人/男权在帝国主义冲击下所产生的自卑[④]。例如，金天翮的眼光是注视着西方男性的[⑤]，他在《女界钟》的开篇就描述了以下一段话：

> 梦想欧洲白色子，当此时日，口卷烟，手榔杖，肩随细君，挈带锥子，昂头掉臂于伦敦、巴黎、华盛顿之大道间，何等快

① 梁启超：《变法通议·论女学》，华夏出版社2002年版，第41页。

② 梁启超：《变法通议·论女学》，华夏出版社2002年版，第43页。

③ ［日］须藤瑞代著，姚毅译：《中国“女权”概念的变迁——清末民初的人权和社会性别》，社会科学文献出版社2010年版，第36页。

④ 王政、陈雁主编：《百年中国女权思潮研究》，复旦大学出版社2000年版，第2页。

⑤ 参阅王政、陈雁主编：《百年中国女权思潮研究》，复旦大学出版社2000年版，第2页。

乐，何等快乐！何等自在！吾恨不能往！①

金天翮表面是羡慕欧洲男子的潇洒，实质是自叹中国男人矮人一截，不能昂首阔步而引起的焦虑和挫败，因此预想通过解放女子而达到强国强民的目的。在当时进化论的框架中，男性知识分子一个很重要的想法就是赶超②。男性将人权、民权与女权相结合后，女性便可享受同男性一样的权利，接受一样的教育，同男性一起加快建设国家的速度，从而超越西方列强，进而实现国民“昂首阔步”的快乐。

第三，借女性问题谈男性问题，将男性看作女权的捍卫者。

男性精英提倡的妇女应拥有的入学权、交友权、婚姻自由权、财产权等属于社会权利而非政治权利，索权的对象是封建社会和礼教制度③，这不但是女性要争取的权利，同样也是男性想争取的权利。在面对日渐崛起的欧洲帝国主义列强时，男性感受到了前所未有的压力与危机感，他们意识到自己要做出改变。要想成为自由、现代、文明的国家的国民，男人不但要改变自身，同样也要改变女人。男性认为，在西方列强面前，自己是奴隶，而女人则是奴隶的奴隶，要摆脱奴隶的地位，女权首先应崛起，女权与人权是一脉相承的，因此男人并不排斥女权的扩张，女权崛起则国家随之兴盛，男人也就可以摆脱奴隶的身份。这里又隐含了另外一条逻辑，即男性精英把自己想象成女权的捍卫者。反过来，他们通过对女权的言说来捍卫自己的主体地位。

（三）男性如何唤醒女性

男性精英在促成女权崛起上主要有两种策略。第一个是给妇女灌输“权利”意识，激起女性争夺权利的欲望。在传统的男尊女卑的社会中，妇女饱受“缠足之害、装饰之害、迷信之害、拘束之害”，常年被囿于家庭的狭小空间中，遵循三从四德的封建伦理道德，根本没有“权利”意识。在女性的思维中，“权”是属于男性的事物，女子只是男人的附庸。在这种背景下，男性精英通过文字、言论和行动改变女性固有的观念。首先，男性精英会在其关于女性问题的著作中表达对女性所遭受的悲惨遭遇

① 金天翮：《女界钟》，上海古籍出版社2003年版，第1页。

② 王政、陈雁主编：《百年中国女权思潮研究》，复旦大学出版社2000年版，第98页。

③ 参阅张素玲：《革命与限制：中国共产党早期妇女领袖（1921—1927）》，河南大学出版社2011年版，第324页。

的同情，缠足、婚姻恋爱不自由、行动受约束、无法接受文化教育等封建社会的“罪状”被一一列出。这些文字在思想上对女性造成了巨大的冲击，尤其是引起了青年女性的广泛共鸣。其次，男性精英肯定了女性的重要作用，金天翮等将女性塑造成“国民之母”的形象，希望按照此目标培育女性，这会激起女性心中的自豪感，把“生育”这件原本是束缚女性身体和行动的事情看成是为民族、国家培养人才的光荣之事。再次，通过对“天赋人权”的宣扬告诉女性，女性与男性同为“人”，理应享有同样的“人权”，他们在一国之中同是“民”，也应享有同样的“民权”，尽同样的“义务”，因此女性也要上学堂，搞生产，参与革命。最后，男性精英通过实际行动帮助女性废缠足，争取婚姻自由，为女性办女子学堂和女子报刊，让女子发出自己的声音。

促使女权崛起的第二个策略是将女权与国民革命相联系，强调女性的责任与义务。男性精英提倡女性要想获得自身的平等权利和独立人格，则必须与男性共同担负起同样的国民责任，投身到挽救民族危亡、推翻封建帝制的革命洪流之中①。金天翮认为，推翻清王朝，建立共和政府是“吾男子与吾女子共和之义务也”。陈天华在《警世钟》里也写道：“中国人四万万，妇女居了一半，亡国之惨祸，女子和男子一样，一齐都要受的。那救国的责任，也应和男子一样，一定要担任的。”② 又说：“现在是扩张女权的时候，女学堂也开了，不缠足会也立了，凡我的女同胞，急急应该把脚放了，入了女学堂，讲些学问，把救国的担子，也担在身上，替数千年的妇女吐气。”③

由此，我们可以看到，女权从一开始就与民族革命联系在一起。在某种程度上，女权的产生是民族主义的附属物。关于男性精英对女性的启蒙，我们可以从积极和消极两个方面来分析。其积极的一面在于许多先进的女性在男性所创造的平台上成长起来，她们在男性的动员下产生了反抗意识，勇于挑战封建习俗，开始追求恋爱自由，享受受教育的权利，发表提倡自由的文字，并参与反清反帝的革命。从消极的一面来看，男性启蒙

---

① 张素玲：《革命与限制：中国共产党早期妇女领袖（1921—1927）》，河南大学出版社2011年版，第37页。

② 陈天华：《警世钟》，转引自刘红、刘光永：《妇女运动史话》，社会科学文献出版社2012年版，第17页。

③ 陈天华：《警世钟》，转引自刘红、刘光永：《妇女运动史话》，社会科学文献出版社2012年版，第17页。

者虽然强调“天赋人权”，提倡“男女平等”，但这更多是义务平等，而非权利平等，他们很多人并没有真正摆脱男尊女卑的思想，也没有反思自身存在的大男子主义。他们的逻辑只是希望通过女权来振兴国家，从而使男性享有更多的自由与更好的生活。这种对妇女的启蒙是片面的、不彻底的，也根本没有动摇男性霸权的社会制度。

二、知识女性的觉醒

不可否认，在男性精英的启蒙下，一批知识女青年开始觉醒，并在社会政治中崭露头角，她们对男性的女权论有积极的回应，同时，她们也在思考如何通过妇女自己的力量改变自身的处境与地位，她们在不断的自我冲突与矛盾中构建着自身的主体地位，使自己成为真正与男性平等的女国民。

（一）先进女性登上历史舞台

戊戌变法时期，少数知识女性就开始提出自身解放的要求。1897 年下半年，一些具有维新思想的妇女为了讨论创办女学堂的事宜，在上海创立了中国女学会。谭嗣同的夫人李闰、康广仁的夫人黄瑾娱等为女学会的倡办董事。不久，女学会又办起了中国第一份以妇女为主题的报纸——《女学报》，倡导女性独立自强，摆脱对男人的依附。主笔全部由妇女担任，其中包括梁启超的夫人李惠仙，康有为的长女康同薇等，她们是我国最早的女新闻工作者。① 主编潘璇说道：“我道这报是救我们二万万人，得平权的起点。《女学报》多印一天，多销一张，便是平权的话，多引一线，多积一面。”②

20 世纪初，随着资产阶级革命派的大力号召以及资产阶级革命的蓬勃发展，一些受过良好教育的知识女性率先挣脱家庭和传统的重重束缚，毅然走向社会，投身革命。其中，较为著名的女性有秋瑾、陈撷芬、何震、唐群英、林宗素等。她们或设女学，或结团体，或办报刊，身体力行地宣传和实践着男女平权，热切地表达了谋求女权的愿望和决心。

秋瑾和陈撷芬可被视为中国近代妇女运动的先驱者。秋瑾和陈撷芬强

---

① 参阅中华全国妇女联合会编：《中国妇女运动史（新民主主义时期）》，春秋出版社 1989 年版，第 25 页。

② 刘红、刘光永：《妇女运动史话》，社会科学文献出版社 2012 年版，第 14 页。

调，女人要自强，首先得自立。秋瑾将女性比作“幽禁阁中的囚犯”，她们“依然黑暗沉沦在十八层地狱”中过着“奴隶”的生活，“一生只晓得依傍男子，穿的、吃的全靠着男子”，除了裹着小脚向男子谗言献媚外别无生活之道，她们注定是男人的附属。秋瑾悲愤地喊道：“啊呀！诸位姊妹，天下这奴隶的名儿，是全球万国没有一个人肯受的，为什么我姊妹却受得恬不为辱了？”为此，她主张女性要摆脱男性的压迫就必须自立：

> 但凡一个人，只怕自己没有志气如有志气，何尝不可求一个自立的基础，自活的艺术呢？如今女学堂也多了，女工艺也兴了，但学得科学工艺，做教习，开工厂，何尝不可自己养活自己吗？①

陈撷芬曾在《女学报》发表《独立篇》，文中说道：“所谓独立者，脱压力，抗阻挠，犹浅也。其要在不受男子之维持与干预”，认为只要妇女能独立、自立，则不要十年，“女界中殆无不兴之学，亦无不复之权矣”②！

秋瑾还积极地投身妇女运动的实践。1904 年，她与陈撷芬重建留日女学生组织的共爱会，并将其改名为“实行共爱会”，动员“欲脱男子之范围”，“欲自主”的妇女加入该组织，立去“上可以扶助父母，下可以助夫教子，使男女无坐食之人”，从而解放自我、自强自立，不再依附男人。在 20 世纪初至辛亥革命时期，类似于“实行共爱会”的女子团体在各地纷纷建立。这些团体（如表 1 - 1 所示）都是由先进女性精英创建的，它们或是宣扬女权，或是主张女子参加革命，在当时确实起到了启发女子、动员女子的作用。1907 年，秋瑾还创办了《中国女报》，将其作为团结妇女的阵地，宣传男女平等思想，倡导女子教育和女子自立，鼓吹婚姻自由。她还在主持绍兴明道女学时，让女学生习体操、练兵操，还筹组妇女国民军，试图把妇女革命力量组织起来，为国效力。③

---

① 王政、陈雁主编：《百年中国女权思潮研究》，复旦大学出版社 2000 年版，第 50 页。

② 陈撷芬：《独立篇》，转引自中华全国妇女联合会编：《中国妇女运动史（新民主主义时期）》，春秋出版社 1989 年版，第 43 页。

③ 中华全国妇女联合会编：《中国妇女运动史（新民主主义时期）》，春秋出版社 1989 年版，第 50 页。

表 1－1　1901—1911 年武昌起义前社会上的主要女子团体

名　称	成立时间	地　点	创建人或主持人	备　注
女学会	1903 年	上　海	陈撷芬	—
放足会	1903 年	杭　州	高白淑	—
中国女维新会	1903 年	旧金山	薛锦琴	“争取女权，振兴女学”
共爱会	1903 年	东京，后改为“实行共爱会”	胡彬夏	“振兴女学，恢复女权，尽国民之天职”，我国争取男女平权的第一个爱国妇女团体
实行共爱会	1904 年	东　京	秋　瑾	由共爱会演变而来
女子兴学保险会	1904 年	上　海	张竹君	拟联合海内外女士，以提倡女学，激发患难相救之情
女子雄辩会	1905 年	东　京	秋　瑾	宣扬革命，提倡女权
女界自立会	1906 年	昆　明	张雄西	专以拯救女界困苦，使女界人人能自立
女子复权会	1907 年	东　京	何　震	鼓吹女界革命，兼倡种族、政治、经济诸革命
不穿耳会	1909 年	纽　约	陈焕章	倡孔礼、存团体，尊重妇女之人格
中国女子禁烟会	1911 年	天　津	凌万珑	动员全国女子禁绝鸦片
世界女子协会	1911 年	上　海	周佩宜	联合女界情谊，振兴女权，结合团体，互相维持保护，并练习技能，交换智识，切磋学问，陶练德行
中国女子爱国会	1911 年	上　海	章有民	改良家庭柔靡之习俗，启导女子尚武之天职
女国民军	1911 年	上　海	薛素贞	招收女界同胞有志革命者入伍，由上海军政接济，发给军械，编成后驻南京

（续上表）

名　称	成立时间	地　点	创建或主持人	备　注
女子军事团	1911 年	上　海	葛敬华	招收 16～40 岁的妇女，由上海军政府接济，编成训练后北伐
女子尚武会	1911 年	上　海	沈佩贞	养成女子尚武精神，灌输军事学识，办理北伐军之后方勤务，由上海军政府接济
女子后援会	1911 年	上　海	唐群英	集合女界同志，募集军资义捐金，以为民军后援
女子参政同盟会	1911 年	南　京	唐群英	普及女子之政治学识，养成女子之政治能力，期保国民完成参政权
神州女界协济会	1912 年	上　海	张昭汉	妇女要求参政权，创立女校、组织国民捐劝导会、参加救蒙拒俄活动
中华女子共和协进会	1912 年	上　海	汤汉明	提倡共和，整体促进女子教育
中华女子实业进行会	1912 年	上　海	汪赵润	振兴女子工艺、提倡女子经商、结合女工团体，“俾我国实业大昌，以立富强之基础”
女界合群求进会	1912 年	桂　林	于式梅	改良风俗、振兴女子工业，讲求学术技艺，增进国民道德
中华民国家庭改良会	1912 年	北　京	陆绍芬	会员为以家庭为单位的男女，宗旨为人道主义、改良家庭习惯、实行男女平等，以谋社会之发达

资料来源：陈琼：《现代国家建构与妇女公共参与——组织变迁的视角》，社会科学文献出版社 2011 年版，第 51～55 页。

（二）女性对男性的回应

男性精英的启蒙对女性，尤其是对知识女性的影响是深远的。知识女性无论是在语言上还是行动上都在回应着男性心中的女权主义，她们甚至在思想上都遵循着男性的逻辑思路。这主要体现在两个方面。

首先，在传统的封建社会中，女子对种种礼教的摧残要么逆来顺受，要么敢怒不敢言，男性精英抓住这一点将其一语道破，引起了女性心中强烈的共鸣。女性开始反思自身的处境，并尝试与封建家庭、社会作斗争。《神州女报》批判“三从四德”是压迫妇女的封建伦理道德核心，指出：“所谓未嫁从父，出嫁从夫者，不过使女子放弃权利，贬损人格，跧伏于男子万重压制之下”，责问：要女子守妇道，为何不要求男子守夫道？要女子为男子守节，为什么不要求男子为女子守节？男子死了妻子，“塚土未干，新人在抱……妇女丧夫，则必终其不嫁，岂公理哉？”①《神州女报》倡议：“要提倡真正的女权，定要把四千年来三纲三从的邪说破坏得干干净净，然后女子才有见天日的希望。”②

让每个女子都感受深切的是旧时的婚姻制度，它是封建宗法家族制度的产物，女子婚姻全由家长包办，没有任何选择的自由。《中国新世界》提出了“中国婚俗五大弊说”，控诉家长包办、媒妁欺诈、早聘早婚、相命合婚等给妇女带来的痛苦③，主张要改革这种婚姻制度，还妇女恋爱自由、婚姻自由，并将此看成妇女摆脱对男性依附的重要内容。《女子世界》还把婚姻自由看成是女权发展的起点。中国女性的自我意识在反思与批判中渐渐觉醒。

其次，“欲获权利，必先尽义务”的思想已深入知识女性的内心。她们普遍通过“义务平等”来彰显“男女平等”。她们认为，女性要想获得人格独立与自身权利，就必须参与革命斗争。在这些知识女性心中关于男女平等的景象，首先应该是“义务平等”。何香凝在《敬告我同胞姊妹们》

① 《女报》第1卷，第2期，转引自中华全国妇女联合会编：《中国妇女运动史（新民主主义时期）》，春秋出版社1989年版，第41页。

② 中华全国妇女联合会编：《中国妇女运动史（新民主主义时期）》，春秋出版社1989年版，第41页。

③ 中华全国妇女联合会编：《中国妇女运动史（新民主主义时期）》，春秋出版社1989年版，第41页。

中说："天下兴亡，匹夫有责！此固男子之义务，然与男子同视听，同官骸之女子独非人类乎？然则天下兴亡，吾二万万同胞安能漠视哉？"固"天下兴亡，匹妇亦有责"。"尽与男子一样的任务"是秋瑾对理想女性形象的描绘。陈撷芬则鼓动妇女与男子"争尽作为国民的义务"，因为"改革时之尽义务既与男子等，他日之权利亦必与男子平"。唐群英也明言："今日义务，即他日权利之张本，可断言也。"即在先进知识女性的思维中，只要女性与男性尽了同样的义务，也就为日后获得同样的权利提供了合理性与合法性。

在这一思想的指导下，许多妇女被动员起来一起参加反清反帝运动。1903 年，胡彬夏号召女留学生参加拒俄义勇军，履行"女国民之天职"。在拒俄运动之后，1905 年，先进妇女发动女界参与抵制美货的运动。女界的积极响应使外国媒体都惊叹："中国妇女，无论老幼，在关系到她的同胞的问题上，表现出理性和影响"，"中国确已觉醒"。[①] 在 1906—1911 年间，江苏、浙江、四川等省开展了反对帝国主义攫夺中国铁路的保路运动。妇女在这次运动中表现出了更强的组织性与抗争性。上海女中学生王梦龄、苏木楠、周佩莲等成立了"女界保路会"，江浙女界代表联名发起了"女国民拒款公会"。在《女国民拒款公会公启》中号召妇女加入拒款公会，还说"世界上的奸臣乱贼，凡有男子杀他不了的，大半多是女子出手"，以此肯定女性的作用和价值。在 1911 年的武昌起义影响下，许多先进女性备受鼓舞，争先恐后地投入各项实际斗争中。一些女性表达了参军的愿望，希望"尽当兵的义务"。随后，女子军事团体和女子军纷纷出现。其中，影响较大的有女民国军、女子北伐光复军、浙江女子北伐军、女子军师团和广东女子北伐队。四川有的妇女还参加了保路军，与清军一起作战。

女子积极参加各种运动、斗争和实践，表现出了她们的能力与素质，也显示出了她们对国家的重要作用。这在某种意义上促进了妇女的觉醒。然而，妇女自始至终都是在响应着男性的革命号召，以一个女革命者、女战士的姿态登上历史的舞台，这使她们忽视了男女之间的性别问题。

（三）女性对"女权"的思考

先进女性们在思考女权和妇女解放问题时一致认为，要寻求女子的真

① 刘红、刘光永：《妇女运动史话》，社会科学文献出版社 2012 年版，第 32 页。

正解放，归根结底还是得依靠妇女自身，而不能依靠男性。她们意识到：兴女学、复女权，若不身体力行，而寄希望于男子提倡，“无论彼男子无暇专此也，就其有暇焉，恐仍为便于男子之女学而已，仍为便于男子之女权而已，未必为女子设身也；就其能设身焉，不能自谋其学与权之女子，能受彼明达男子之教乎？借曰能之，则与其使彼受明达男子之教，毋宁得明达女子自教之矣”[①]。林宗素在《女界钟》的序言中说道：“权也者乃夺得也，非让与也。”[②]

在对“女权”的思考上，金天翮曾主张将女性恢复“天赋人权”与为中国富强效力的“国民之母”两大目的结合，以发展“女权”[③]。但是，陈撷芬与秋瑾只承认“天赋人权”，对“国民之母”却是嗤之以鼻。陈撷芬敏锐地意识到这样的结合是存有矛盾的——这是将没有性别差异的“天赋人权”与拥有性别角色的“国民之母”勉强结合[④]，这并不是真正的“女权”。她主张的“女权”是以女性不依赖男性，通过自身努力得到权利为重点。她的主张，不只包括女性对男性要求权利的运动，也包括作为“中国”整体对列强要求权利的运动。[⑤] 秋瑾则认为，“成为男性一样的人”“与男性尽同样的义务”便是“天赋人权”的真谛。女性的自立、自强、为国家作贡献便是实践着“女权”。秋瑾剪短发、穿男装，把自己打扮如男子一般便是出于这样的心理。

许多男性精英以“爱国与救世”来论证女权存在的合理性和必要性，受此影响，多数先进妇女理想中的女权都是与国家兴衰直接相连的。《中国女报》甚至将“女权”比成“国魂”，其刊登的一篇《大魂篇》说道：“唤起国魂，请自女界始”，“吾之所视于同胞姊妹者，为我女子辟大世界，为我女界编大历史，争已失之女权于四千年，造已死之国魂于万万世。……还以助男子，共争主权于异族……”“近以挽狂澜于既倒，远以造国魂于将来。伟哉女权！伟哉大魂”！[⑥] 由此，持这种女权思想的女性，

---

① 刘红、刘光永：《妇女运动史话》，社会科学文献出版社2012年版，第25页。

② 刘红、刘光永：《妇女运动史话》，社会科学文献出版社2012年版，第25页。

③ 王政、陈雁主编：《百年中国女权思潮研究》，复旦大学出版社2000年版，第50页。

④ 王政、陈雁主编：《百年中国女权思潮研究》，复旦大学出版社2000年版，第50页。

⑤ ［日］须藤瑞代著，姚毅译：《中国“女权”概念的变迁——清末民初的人权和社会性别》，社会科学文献出版社2010年版，第83页。

⑥ 转引自中华全国妇女联合会编：《中国妇女运动史（新民主主义时期）》，春秋出版社1989年版，第45页。

主张不与男性为敌，而是与他们一起并肩作战。

在思考何为女权时，当时有少数女性是通过男性与女性的对抗关系探索对“女权”的构建的，如何震。何震强烈谴责男性对女性的支配，主张女性报复男性：“社会万事，赖人而成，人之孳生，实由男女。故今日欲从事于社会革命，必先自男女革命始……”① 何震辛辣地指出中国男性从自私自利的角度来谈妇女解放，批判他们，无非是想模仿西方国家，解放自己的经济困窘，并依靠妇女培养他们的优秀孩子。梁启超的“贤妻良母”论以及金天翮的“国民之母”论都在其批判之列。何震虽也同秋瑾、陈撷芬一样主张妇女应该靠自身的力量获得解放，但她并不盲目地追求“尽与男子相同的义务”，她反对女子参军，认为军备是会伤害女性的，如在战争中很多女性会被迫为佣人或娼妓，战败国的女性多被强暴等。何震否定了作为男女国民区别标准的当兵制度。她想要做到的是不在国家控制下的女性解放。② 何震的“女权”是通过与男子的对抗而获得的，它没有掺杂国家、民族的因素，这更接近于我们对“女权”的定义，不过在当时，这种言论只能算是“异类”，在民族危亡的特殊时期，人们更主张女性站在男性的身边，而不是对立面。真正体现女权崛起的，是在女性尽完义务后夺权利的运动——女子参政运动。

三、女子参政：女权的初次实践

辛亥革命结束后，中华民国诞生，这时，妇女明确地提出了自己的权利诉求——参政。妇女给出的理由是合情合理的：首先，共和为男女共同流血奋斗所得，共和建立后妇女应同男子一样享有参政权；其次，男女同信奉“天赋人权”，因此，男子有的权利，女子也应该有；再次，妇女获得参政权，不仅可以维护妇女自身的权益，而且也关系到社会的发展与进步；最后，女子的盛衰关系到国民之命，妇女参政“乃救国之良策，兴国之根本”。于是，民国初年，以女子参政为目的的女权运动轰轰烈烈地展开了。

---

① 王政、陈雁主编：《百年中国女权思潮研究》，复旦大学出版社 2000 年版，第 54 页。
② 王政、陈雁主编：《百年中国女权思潮研究》，复旦大学出版社 2000 年版，第 56 页。

（一）运动的过程

辛亥革命后女子参政运动的发展过程如表 1－2 所示。

表 1－2　辛亥革命后女子参政运动的发展过程（1911 年 11 月—1913 年 11 月）

时　间	事　件
1911 年 11 月	林宗素在上海成立了女子参政同志会，就任会长
1912 年 1 月 1 日	中华民国诞生，孙中山就任临时大总统
1912 年 1 月	林宗素赴南京谒见孙中山，要求女子有完全参政权，孙中山表示赞许
1912 年 1 月	中华民国联合会向孙中山兴师问罪，质责孙应允女子参政权利
1912 年 1 月	林宗素痛斥中华民国联合会，并代表女子参政同志会上书临时参议院，要求在制定《临时约法》时注意女子权利
1912 年 2 月 20 日	女子参政同志会、女子同盟会、女国民会、女子后援会、女子尚武会在南京联合组成女子参政同盟会
1912 年 2 月 26 日	南京临时政府参议院着手制定约法，女子参政同盟会上书要求男女平权与女子参政权，要求在宪法条文中写进男女一律平等，都有平等的选举权和被选举权
1912 年 3 月 11 日	《中华民国临时约法》公布，并未对女子参政权作出规定，引起女界不满。唐群英等 25 人上书孙中山，要求《临时约法》里“中华民国人民一律平等”下的“无种族、阶级、宗教之区别”中添加“男女”二字
1912 年 3 月 19 日	临时参议院开会，唐群英等 20 余人涌入会场要求参政权，得到答复是须待国会成立后再解决
1912 年 3 月 20 日	唐群英、蔡惠二人谒见孙中山，要求孙再向参议院提议，孙婉言相劝她们仍需等待
1912 年 3 月 21 日	唐群英等集合更多妇女，再次涌到参议院，踢倒卫兵，打碎参议院的玻璃窗。孙中山见状答应代向参议院斡旋
1912 年—	参议院以“惟兹事件重大”、需要再议为由，否决了妇女的请愿。女子参政同盟会随后宣布“决不承认”临时约法，同时发表《宣言书》强调女子参政乃公民应有之权，不可被剥夺
1912 年 4 月 2 日	孙中山解除了临时大总统一职，临时政府北迁
1912 年 4 月 8 日	女子参政同盟会在南京开会，宣布了十一条政纲

（续上表）

时 间	事 件
1912 年—	南京临时政府北迁后，唐群英、王昌国等不顾袁世凯的阻挠，联合北方妇女界继续要求参政权，争取制定国会选举法，规定女子有选举权和被选举权
1912 年—	唐群英等认为“此乃切肤之利害”，于是与北京张寿松等以“女子联合会”的名义上书参议院，明确要求制定《女子选举法》，但参议院仍答复“不能提出”
1912 年—	女子参政同盟会代表王昌国等到参议院与议长吴景濂进行面见，声明参议院的回驳是“审查会”少数人的意见，必须提交大会讨论
1912 年 7 月	宋教仁为赢得选举胜利，在主持同盟会改组为国民党时，于政纲中取消“男女平权”条文
1912 年 8 月 10 日	国会组织法和参众两院选举法公布，均不承认女子的选举权与被选举权
1912 年 8 月 25 日	国民党召开成立大会，女会员涌入会场，提出抗议。唐群英盛怒之下动手打了宋教仁一耳光
1912 年 9 月 1 日	女子参政同盟会召开女界联合会议，号召女界“切勿动摇”，坚持斗争。还给孙中山写信，请他支持。孙中山复函，一方面表达支持男女平权，一方面强调实现妇女参政绝非易事
1912 年 10 月 22 日	女子参政同盟会在北京成立本部，唐群英为总理，继识一、王昌国为协理，相继创办了《女子白话旬报》和《亚东丛报》，设立了“中央女学校”，开办了“女子工艺厂”等
1912 年 12 月 9 日	唐群英、沈佩贞等数人前往参议院，与议长吴景濂辩论
1913 年 2 月 2 日	女子参政同盟会湖南支会成立，唐群英任支部长，会员在 800 余人，创办机关报《女权月报》，创建女子美术学校和自强职业学校
1913 年 11 月	随着袁世凯独裁统治的加强，女子参政同盟会被内务部勒令解散

注：根据王政主编：《百年中国女权主义思潮》，上海：复旦大学出版社 2005 年版，第 53 ~ 61 页；刘红、刘光永：《妇女运动史话》，社会科学文献出版社 2012 年版，第 41 ~ 47 页的资料整理而成。表格中“—”表示具体时间不详。

表1－2为我们展现了辛亥革命后女子参政运动的全过程。在这次参政运动中，女性精英与妇女团体发挥了重要作用。林宗素、唐群英、王昌国、沈佩贞等是这次运动的主要领导人。女子参政同志会、女子同盟会、女国民会、女子后援会、女子尚武会等妇女参政团体在女性精英的组织下相继出现，为了团结一致达到争取女性参政权的目的，这些团体联合起来组成了具有一定规模的参政同盟会，会员200多人。参政同盟会属于较为激进的社会团体，它以比较强硬的姿态要求中华民国领导人予以女子参政权，并在法律中明确规定女子有选举权及被选举权。神州女界共和协进会是另一支较为温和的女子团体，它并不主张女子立即参政，而是主张通过先培养妇女的参政知识与参政能力，为以后的参政做好准备。这两支一硬一软的妇女团体与中华民国政府当局的温和派（孙中山）和保守派形成了一个力量相互较量的运动圈子，这些力量在对抗和缓冲中推动着女权运动进程的高低起伏。

表1－3　社会团体对不同的政治派别采取的运动形式

社会团体	政府当局	
	温和派（孙中山）	保守派
激进派（参政同盟会）	上书、请愿、发文、商讨	请愿、辩论、暴力
稳健派（神州女界共和协进会）	办学校、办报纸	办学校、办报纸

参政同盟会和神州女界共和协进会采取不同的运动形式以求达到女子参政的目的。神州女界共和协进会偏向稳健的运动形式，主要通过创办女子法政学堂和发行《女子共和日报》。参政同盟会则根据与不同的政治派别的互动过程采取不同的运动形式。运动领袖林宗素与中华民国临时大总统孙中山是旧交，林宗素是孙中山在1905年创立的中国同盟会的第一批会员。因此，在中华民国成立后，林首先谒见孙中山，商讨女子参政权事宜，孙中山表示赞许，并承诺“将来必予女子以完全参政权”。但由于保守势力的反复阻拦和参议院的一再敷衍，在上书、发文、请愿等形式未能如愿的情况下，林宗素、唐群英等运动领导带领女子参政同盟会采取了较

为激烈的斗争和抗议形式，如她们冲进参议院，打碎玻璃，用脚踢士兵，打宋教仁耳光等。孙中山在平衡女子激进派与政府保守派的过程中，态度也发生了转变，他从一开始的赞同，到中间的模棱两可，再到后来的无能为力，孙中山的态度变化致使运动从高潮跌入谷底。在北京和南京接连受挫的情况下，女子参政团体只能被迫改变策略，着手从地方进行活动，她们在湖南、广东、浙江等地成立了支会，并取得了不错的运动效果。其中，广东省女性获得了参政的权利，在总数165名的议员中，女界有10个名额[①]。

（二）运动为何会失败？

辛亥革命后的女子参政运动是女性初次尝试独立争取自身权利的社会运动，在女性精英与妇女团体的带动下，运动开展得红红火火，结果却以失败告终。究竟是什么因素导致了运动的失败？这要从运动的表面与其反映的深层因素两个层次来看。

从表面上看，运动的失败主要归因于政治机遇的不成熟和女权运动的资源欠缺。首先，对于女子参政而言，当时的政治机遇还十分不成熟。在20世纪初，英、美、法女子虽已秉承“天赋人权”理论开展女权运动，但她们仍未获得实际的参政权。中国女子可谓是在毫无经验参考的情况下史无前例地提出参政权的要求的。这对当时的男性乃至女性而言，都是难以接受和适应的。孙中山身为临时大总统虽赞扬女子的这种“宏伟”愿望，但也承认这一目标需“假以时日”才能兑现。保守势力更是觉得女子野心萌发，冒天下之大不韪与男性争夺政治权利，他们百般刁难、敷衍、阻挠，誓不让女子获得选举权与被选举权。孙中山态度不冷不热，也没有采取积极的手段帮助妇女，而此时他辞去临时大总统一职，袁世凯这一保守势力取而代之当上临时大总统，这使本来就曲折的女子参政运动更是雪上加霜，使得争取参政权之路难上加难。最后，参政同盟会被勒令解散。

其次，女子参政运动的资源准备不足。这次运动的发起者与实践者是个别上层的知识女性精英，她们在反清革命和反帝斗争中成长起来，培养了男女平等的意识。她们有满腔热情，但由于欠缺女权运动经验，并没有利用有效的手段动员广大的妇女群众一起争夺政治权。许多底层女性会感觉参政是遥不可及或与自己无关的事情。运动虽有妇女团体加入，但实际

---

① ［日］须藤瑞代著，姚毅译：《中国“女权”概念的变迁——清末民初的人权和社会性别》，社会科学文献出版社2010年版，第119页。

上没有形成组织网络，仅是单靠几名女性上书请愿，当她们遇到挫折时，就只是以愤怒的姿态“砸场”。这种没有形成规模、略显幼稚的斗争方式根本不能与政治保守势力相抗衡。女性精英欠缺准备、资源单薄的状况也注定了运动的失败结局。

女子参政运动的失败，反映出了两个深层的问题。其一，男性占据霸权地位的社会本质未改变。男性对待女性参战与参政的截然不同的态度反映出男性女权论的片面性和虚伪性。男性谈论男女平权，可以冠冕堂皇，但当女性真的来争这份权利的时候，实际的社会性别权力关系就开始起作用了。[①] 无论是鼓动妇女参战，或是反对妇女参政，都反映出男性的霸权话语与社会的男权结构。但国家有难时，他们“不得不”要求妇女“协助”他们参加革命与战争，这时男性与女性是在同一条战线上的；国家和平时，他们又不允许妇女介入国家政治，因为这会威胁男性的权利并伤害其尊严。在他们的观念中，妇女始终是被排除在政治领域之外的。这使得女性愤怒地呐喊道：“但民军起义时代……种种危险，女子等牺牲性命财产，与男子同功，何以革命成功，竟弃女子于不顾!”

其二，女权运动与革命相连暴露了弊端。中国女权运动从兴起之时便不是一场独立的争取男女平等的运动，它始终与民族革命相联系。这意味着“女权”只是民族革命的一个有用的“工具”，一旦民族革命结束，这个“工具”也就完成了它的使命，女权运动也就此结束。

女子参政运动虽然失败了，但是它是女性第一次以独立的姿态争取自身权利的勇敢尝试，它激发了少数知识女性“反抗”男性的权利意识。然而，这并没有引起女性与男性之间的“对抗”，因为“女权主义”又被新一轮的民族主义所取代。女子参政运动的短暂兴起犹如昙花一现，很快地，整个国家又笼罩在民族救亡的话语当中。

第二节　五四新思想影响下的女权运动

1919 年的五四运动是中国近代史上的重要转折点，女权运动逐渐走出了辛亥革命失败的阴霾重新出发。相比辛亥革命时期女性缺乏运动经验和资源不足的情况，五四运动时期的各种资源都被激活，并促进了女权运动

① 参阅王政、陈雁主编:《百年中国女权思潮研究》，复旦大学出版社 2000 年版，第 20 页。

的蓬勃发展。中国共产党的创立对女权运动的发展意义深远。代表底层阶层的女工运动在共产党的带领和动员下兴起，并于大革命时期达到高峰，它与女学生运动、女子参政运动成为这一时期女权运动的主要形式。至此，妇女与党和国家的关系也愈发紧密。

一、女权运动的资源准备

从辛亥革命后女子参政运动的失败可看出，对于一场社会运动而言，是否有丰富的政治和社会资源以及如何利用这些资源是运动成败的关键因素。五四运动时期，对女权运动有利的资源迅速增长，它们可被归纳为思想资源、人才资源、组织资源和媒体资源。

（一）思想资源

1. 新文化运动的民主、科学思想

新文化运动以民主与科学为旗帜，批判封建主义的纲常伦理，大力倡导男女平等，这对妇女独立意识的觉醒和女权运动的开展有积极的促进作用。

袁世凯为复辟帝制，掀起了尊孔复古的逆流。北洋军阀更颁布条例"褒扬"妇女的"守节""守贞"行为，为遭"强暴不从致死或羞念自尽以及夫亡殉节者"带上"圣洁"的光环。封建势力的倒行逆施引起了许多先进知识青年的极大愤慨。陈独秀在《新青年》创刊号里开宗明义地宣称，近代历史要"破坏君权，求政治之解放也；否认教权，求宗教之解放也；均产说兴，求经济之解放也；女子参政运动，求男权之解放也"。何谓"解放"？"脱离夫奴隶之羁绊，以完其自主自由之人格之谓也。"① 陈独秀将"三纲"视为封建主义"一切道德政治的大源"，它限制了人们"独立自主人格"的发展。因此，妇女独立人格的培养要从破除"三纲"的封建主义禁条开始。

李大钊则认为妇女解放是实现民主的不可逾越的重要环节。妇女若不解放，社会便是患了"半身不遂"之症，"有了妇女解放，真正的 Democracy 才能实现"②。李大钊说："现代民主主义精神，就是令凡在一个共同生活

---

① 陈独秀：《敬告青年》，《青年杂志》1915 年 9 月，转引自中华全国妇女联合会编：《中国妇女运动史（新民主主义时期）》，春秋出版社 1989 年版，第 64～65 页。

② 李大钊：《妇女解放与 Democracy》，转引自刘红、刘光永：《妇女运动史话》，社会科学文献出版社 2012 年版，第 51 页。

组织中的人，无论他是什么种族、什么属性（指性别）、什么阶级、什么地域，都能在政治上、社会上、经济上、教育上得到一个均等的机会，去发展他们的个性，享有他们的权利。妇人参政运动，也是本着这种精神起的。”①

2. 西方女权主义思想

西方女权主义思想产生于法国大革命时期，19世纪下半叶至20世纪初，传播到英美等国并流行开来，再经日本传入我国②。西方女权主义最初是以争取与男性在政治、经济和人权方面平等的女权运动的形式展开，在发展中逐渐演变为一种文化思潮。

五四运动时期，一些先进的知识分子为了唤醒广大妇女的独立意识，在报纸期刊上发表介绍欧美妇女运动的文章。例如，1917年从美国留学归来的胡适在《新青年》上发表了《美国的妇人》一文。他详细列举了美国妇女在享受公民教育，从事社会生产、参与政治及支持公益活动等方面的状况，介绍了美国妇女的婚姻观、家庭观③。胡适赞赏美国妇女的“自立”思想，以此鼓励中国妇女摆脱“贤妻良母”的人生观，做一个独立自主的“人”。

随着西方女权思想的传入，西方妇女的参政运动也被介绍到中国。英、美、德国的妇女于1917—1919年先后有了选举权，这使新文化运动的发起者再次提倡妇女的参政权。“现在的女子，当从速觉悟。预备与男子共同运动，求得普通选举权。……女子要想得参政权，须即速开始行复权运动。”④ 这重新点燃了上层知识妇女对于参政的热情，也导致了1912—1913年的女子参政运动。这是继辛亥革命后，女权主义者为女子立法进行的又一次努力。

西方女权思想在中国的传播有其积极的一面，但也有局限性。它只是在具有先进思想、受过良好教育的知识分子当中流传，对于大多数没有接受教育且受传统思想观念影响较深的妇女来说，其效果与震撼人心的力量

---

① 李大钊：《战后之妇人问题》，转引自刘红、刘光永：《妇女运动史话》，社会科学文献出版社2012年版，第50页。

② 张素玲：《革命与限制：中国共产党早期妇女领袖（1921—1927）》，河南大学出版社2011年版，第319页。

③ 中华全国妇女联合会编：《中国妇女运动史（新民主主义时期）》，春秋出版社1989年版，第65页。

④ 李达：《女子解放论》，《解放与改造》，1919年第1卷第3号，转引自中华全国妇女联合会编：《中国妇女运动史（新民主主义时期）》，春秋出版社1989年版，第124页。

并不理想，或许只是泛起人们心中的些许涟漪而已。

3. 马克思主义妇女解放思想

五四运动后，新文化运动发展成为以宣传马克思主义为主流的思想运动[①]。《新青年》《每周评论》《觉悟》等进步刊物发表了多篇介绍苏俄妇女在参政、婚姻、教育、就业等方面获得平等权利的文章，这对中国妇女产生了极大的吸引力。与此同时，马克思主义者有关妇女解放的理论也陆续被翻译引进中国。例如，1919年7月，《少年世界》发表了赵叔愚翻译的《列宁对于俄罗斯妇女解放的言论》，《新青年》9卷2号刊登了李达翻译的《列宁的妇女解放论》。恽代英翻译的恩格斯《家庭、私有制和国家的起源》登载在《东方杂志》上；由李汉俊、李达翻译的倍倍尔《妇女与社会主义》的部分章节刊登在《新青年》和《妇女评论》上。1923年，上海商务印书馆出版了日本社会主义者山川菊荣的论著《妇人与社会主义》。[②]

马克思主义的唯物史观与阶级斗争学说对中国知识分子影响甚大。马克思主义认为，妇女受压迫的根源是私有制，而妇女受压迫的实质是阶级压迫。李大钊、陈独秀等早期马克思主义者以此为理论指导，重新考察了妇女问题。他们不再局限于反对封建礼教对妇女的压迫，而是将目光转向社会经济制度。他们认为，妇女要取得解放，必须实现无产阶级的解放，这就需要通过社会革命来实现。因此，妇女斗争与社会革命是紧密相连的。在马克思主义指导下，以工人阶级为代表的无产阶级反对资产阶级的运动崭露头角，女工运动也在这个时期迅速发展起来，并逐渐代替女子参政运动，成为女权运动的重点。

（二）人才资源

1. 男性精英继续吹响女权号角

五四运动时期与辛亥革命时期的男性精英的女权思想可谓一脉相承。男性的目光始终锁定在更宏大的国家主义层面。这些知识男青年心系国家，志存高远，提倡学习西方国家，把中国建设成现代、文明的社会。为此，一切有悖于文明社会目标的封建礼教、习俗应被一一打破。常年生活在孔子之道下的中国女性是改革的重要内容。因此，妇女问题一直受到男

---

① 中华全国妇女联合会编：《中国妇女运动史（新民主主义时期）》，春秋出版社1989年版，第121页。

② 参阅中华全国妇女联合会编：《中国妇女运动史（新民主主义时期）》，春秋出版社1989年版，第122页。

性精英的关注。

在陈独秀以及许多新文化运动的知识分子看来，女性的解放代表了现代文明的趋势，也是中国文明发展的方向[①]。陈独秀通过把儒家关于女性的道德规范与现代西方女性的生活进行对比，给妇女描绘了“自由择业、自由社交、自由婚姻”的美好图景，激励中国妇女努力学习西方妇女的独立自主。同时，他批判中国传统的性别制度，要求像建立新的国家一样建立新的现代性别秩序。其后，李大钊、胡适、鲁迅、李达、周作人、恽代英等均发表了数篇关于妇女解放的文章，他们将妇女解放纳入反对封建伦理、要求民主与科学这一总体范围之内，提倡恢复妇女的独立人格，实现社会生存上的机会均等[②]。李达在《女子解放论》一文中说道：“解放是对屈从说的，因为女子屈从男子，所以说女子要解放。”[③] 他提出了女子解放的七个方面：男女共同教育、婚姻制度之改善、女子精神独立、女子经济独立、男女普遍选举之实行、家庭恶习之废止及娼妓之禁绝。

五四运动时期男性精英对妇女问题的认识与梁启超等维新知识分子的思想逻辑是一致的。他们都是从社会发展、国家富强的角度来解放女性，要求女性承担起相应的社会责任。接受教育、从事社会工作、获得经济独立等都是在这个逻辑下的话语。民族国家的强盛是这一代知识分子共同的梦想。[④] 而男性的解放女子论也遭到了一些人的质疑。在当时占据主流地位的进步刊物来看，关于妇女问题讨论的声音多是来自男性，创办者也多是男性，其撰稿者也是男性，甚至重要的阅读者同样是男性。针对这一现象，张申府指出，男性扮演起了“拯救妇女”的角色。但他认为，妇女“真正的解放是自己解放自己”[⑤]。妇女解放需要的是女性的“内心革命”，要由女性本身发挥主动性，她们需要发出自己的声音。

2. 女性精英的迅速增长

五四运动时期涌现出来的先进女性大多出生在国家剧烈变动时期，她

---

① 张素玲：《革命与限制：中国共产党早期妇女领袖（1921—1927）》，河南大学出版社2011年版，第48页。

② 张素玲：《革命与限制：中国共产党早期妇女领袖（1921—1927）》，河南大学出版社2011年版，第49页。

③ 李达：《李达文集》（第1卷），人民出版社1980年版，第9～23页。

④ 张素玲：《革命与限制：中国共产党早期妇女领袖（1921—1927）》，河南大学出版社2011年版，第49页。

⑤ 张申府：《妇女解放的大不当》，载《少年中国》1919年10月，转引自张素玲：《革命与限制：中国共产党早期妇女领袖（1921—1927）》，河南大学出版社2011年版，第46页。

们一般生长在较为富裕或相对开明的家庭中，从小受到良好的家庭教育和学校教育。例如，向警予是湘西一个县城富商的女儿，她在具有强烈民族主义意识的家庭环境中成长，后来成为湖南长沙著名的周南女子师范学校的高材生，那里浓郁的民族主义和女权主义思想氛围对向警予的影响很深。刘清扬出生时正值甲午战争爆发，她在童年时目睹了外国侵略者的烧杀掳掠和清政府的腐败无能，同时也接触到各种进步思想和开明观念。她就读的是天津最好的学堂，在学堂中接受了爱国主义思想的教育。在刘清扬13岁时，她就把自己家传的金戒指捐献给了由天津爱国人士发起的募捐大会，这件事成为当时的一段佳话。郭隆真生于直隶大名县金滩镇的一户家庭里，她的父亲郭荣桂是个较为开明的读书人，母亲是一位传统妇女。郭隆真自小就有一种反抗精神，她坚决不按传统习惯裹脚，为此她甚至不吃不喝以示反抗，最后母亲心软了便不再强迫其裹脚。郭隆真23岁时还因抗议母亲在其13岁时定下的“婚约”而与家庭彻底决裂。杨之华祖上是官宦人家，父亲是个生意人。她从小个性很强，富有同情心，喜欢听花木兰替父从军和秋瑾就义之类的故事。传统的母亲教育杨之华，女子要缠足而无须读书，但活泼好动的杨之华激烈地反抗缠足，并爱好读书。母亲后来就也作罢，同意杨之华到外面求学。较为宽松的生活环境培养了杨之华勇于探寻、叛逆、不甘平庸的性格。兴女学、反缠足、抗婚等经历表明，这些先进女性自小就受家庭和社会的影响而形成了女权意识。

许多先进女性在学校时就是学生骨干，她们具有较强的演讲水平和组织能力，总是一面与学校的传统思想、封建势力作斗争，一面积极地参与社会运动。她们还团结各阶层妇女成立了爱国群众团体。如1919年5月25日成立的天津女界爱国同志会，由刘清扬任会长，郭隆真、邓颖超为演讲队长，张若名为评议部长。团体成立后，先进女性就积极开展爱国宣传。她们富有激情的演讲常常让女性听众感动落泪。又如上海上层知识女性发起组织了“上海女界联合会”和“中华女子救国团”两个妇女团体。女界联合会会长是博文女校校长李果，核心人物有黄宗汉、程孝福等，中华女子救国团团长是勤业女师校长朱剑霞。她们不仅在支持组织女学生方面发挥了重要作用，而且还直接参加爱国斗争。许多先进女性后来成为女工运动、女学生运动和女子参政运动的领导者。

这些女性在学习先进知识和参与社会活动中逐渐形成了自己的女权观。女性精英在女子独立、男女平等的观点上是一致的，但在妇女运动是否该与国民革命相联系的问题上存在分歧。偏向西方女权主义的女性不赞成妇女参加反对帝国主义和封建军阀的斗争，认为妇女运动仅仅是反对男权的压迫，主张在现存社会政治制度条件下，通过女子参政运动、女子教育运动、女子就业运动来实现女权①；以向警予、杨之华为代表的女性的观点偏向马克思主义，主张女子要参与国民革命，认为像辛亥革命时期独立的女权运动是不会成功的，女子要摆脱受压迫地位，必须首先打破束缚女子的社会政治制度，然后再来寻求女子的彻底解放，因此，女权运动必须与国民革命相联系。这两种不同的观点使女性精英在女权运动形式这一问题上发生分裂，从而影响了不同的女权运动的发展进程。女子参政运动在经历短暂的高潮后逐渐衰落，取而代之的是不断蓬勃发展的女工运动。

（二）组织资源

五四运动时期的妇女组织如表1－4所示。

表1－4 “五四”时期的妇女组织

名 称	成立时间	创建或主持人	主要行动
北京女子救亡会	1919年5月	杨玉洁	家庭宣讲、请愿
北京女界联合会	1919年5月	陶 立	组织人走进监狱慰问被捕学生
天津女界爱国同志会	1919年5月	刘清扬	800～900人，全国范围内影响最大，提倡国货并唤起女界之爱国心
中华国民女子救国会	1919年5月	龚文渊	唤醒女界同胞，作同一之行动，尽女子之天职，挽危机于目前
女子国货会	1919年5月	朱剑霞	上街演讲、散发传单
女权运动同盟	1922年8月	周 敏	扩展女权，取得法律上的男女平等，向国会请愿，要求宪法上规定男女平等，恢复一切权利，积极从事女权运动，为争取妇女权益、挣脱封建束缚做了许多有益的工作

① 参阅李静之：《中国妇女运动研究文集》，社会科学文献出版社2011年版，第248页。

（续上表）

名　称	成立时间	创建或主持人	主要行动
女子工读互助社	1920年3月	张人瑞	实行半工半读，实行公有制，实行各尽所能、各取所需原则，组织形式上坚持空想主义
中国女子商业储蓄银行	1921年	陈丽华	提倡女子从业，女子经济独立
女子参政协进会	1922年8月	万　璞	推翻专为男子而设的宪法，以求女权的保障；打破以男嗣为限的世袭产权，以求经济独立；打破专制家政的教育体制，以求知识的平等
女星社	1923年4月—1925年下半年	邓颖超	拯救被压迫妇女，宣传妇女应有的革命精神，力求觉悟的女子加入无产阶级运动
女界国民会议促进会	1924—1925年	向警予	为响应共产党和孙中山的号召，促进国民会议召开而成立，为第一次女界统一战线的建立做了准备
中国妇女协会	1925年2月	朱其慧	本会同仁各尽所能以纠正学术，改进社会，建人道之正规，谋人类之幸福，发展人权为宗旨。加入国际妇女协会
妇女解放协会	第一次国内革命战争期间	广州、湖北等地共产党妇女干部	率领各阶层妇女参加国民革命，支援北伐、省港罢工，同时关注妇女权益

资料来源：陈琼：《现代国家建构与妇女公共参与——组织变迁的视角》，社会科学文献出版社2011年版，第57～58页。

五四运动至大革命时期，女权运动的精英创建了多个妇女组织。相比辛亥革命时期的妇女团体，这一时期妇女组织的规模更大，活动方式更多，组织类型更丰富。辛亥革命时期的妇女团体数量多，组织结构松散，活动内容较为单一，往往是为了某一个妇女问题就成立一个团体，如不穿耳会、天足会、中国复古女服会、自由婚姻演说会、女子戒吸纸烟会等，而且团体规模很小，成员一二十人。五四运动以后，在“民主”“科学”口号的引领下，妇女运动的先驱意识到要走联合斗争的道路。她们不但以地域为单位进行联合，而且还与男性团体进行联合。因此，组织的规模较大，活动内容较为综合，组织成员人数从几十到几百不等，其中，天津女界爱国同志会的成员有八百多人，影响较大。

从参与者的角度看，辛亥革命时期妇女团体的发起者和参与者多为资产阶级知识女性、达官显贵的夫人小姐，而没有底层的劳动妇女。五四时期的革命对象是帝国主义、封建主义，因而参加组织的女性涉及大中城市各阶级妇女，以青年女学生和女知识分子为主力和中坚，还包括了部分女工人，这大大地扩展了妇女运动的社会基础，更多的女性在女权思想的熏陶下觉醒，底层妇女也开始形成了反抗意识。这克服了自维新以来只是资产阶级知识女性参与、广大劳动妇女缺席的弊端。一些辛亥革命组织起来的妇女团体和教会团体也积极参与到五四运动中，如“上海基督教女青年会”“妇女社会服务团”等。①

在大革命时期，中国共产党党内的妇女组织迅速发展。为动员更多的底层妇女参加革命，中国共产党在各地建立了妇女群众组织，它们有的叫妇女解放协会，有的叫妇女协会，有的叫女界联合会或妇女救国同志会。这些妇女群众组织的突出特点是，它们是受中国共产党领导的，党内的男性领导与女性干部同是其骨干力量。它们有明确的组织纲领和章程，一方面代表着广大妇女的利益和愿望，另一方面组织、带领妇女参加实际战斗。如1925年3月8日，广东新学生社女社员发起成立了广东妇协。中共广东区委派夏松元②负责筹备工作。蔡畅、邓颖超等中共广东区委妇委领导人参与工作。该组织在动员妇女参与省港大罢工和支援国民革命军东征、南征及进行北伐战争中发挥了重要的作用。在“五卅”风暴中诞生的湖北妇协是在中共湖北省委领导人董必武、陈潭秋的帮助下，由中共党员徐全直等发起。湖北妇协成立后，便积极动员妇女参加国民革命，在支援北伐军、收回汉口英租界等斗争中也做了许多工作。另外，妇协十分注重

---

① 陈琼：《现代国家建构与妇女公共参与——组织变迁的视角》，社会科学文献出版社2011年版，第59页。

② 夏松元，湖北人，当时是共产党员，在广东区委从事妇女工作，后投靠汉奸周佛海。

妇女自身的解放，组织妇女学文化，宣传男女平等、婚姻自由，反对蓄婢纳妾，开展剪发、放足等活动。①

丰富多样的妇女组织为女权运动的发展奠定了良好的社会根基。

（三）媒体资源

在促进妇女觉醒、动员妇女参与女权运动及其他群众运动方面，媒介的力量是关键的。在五四运动时期，首先是一部分男性精英占据的舆论主阵地。他们在报纸、杂志上发文章，抨击儒家传统道德、传统社会制度的文化习俗，让妇女认识到传统封建力量对她们的压迫和束缚，呼吁她们起身与之抗争。《新青年》、《新潮》、《少年中国》、《晨报》副刊、《少年世界》、《星期评论》、《民国日报》副刊《觉悟》、《妇女评论》、《每周评论》等进步报纸和杂志均发表了讨论妇女问题的文章。妇女问题成为当时舆论的一大兴奋点，它被男性精英视为改造社会的突破口。这些报刊不但从理论层面探讨了妇女遭遇的种种压迫与限制的原因，还几乎讨论了青年男女最关心的所有问题，包括反对包办婚姻、女子教育平等、与旧家庭作斗争、正确理解自由恋爱等。

与此同时，妇女报刊也应运而生，1915 年至 1920 年，妇女刊物将近三十种，如表 1 – 5 所示。

表 1 – 5　1915—1920 年间的妇女刊物

刊　名	创刊时间	停刊时间	出版单位
《妇女杂志》（月刊）	1915 年 1 月	1931 年	上海商务印书馆
《妇女世界》	1915 年		上海
《中华妇女界》	1915 年		上海
《妇女旬刊》	1917 年 6 月	1948 年 11 月	杭州妇女旬刊社
《青年女报》	1917 年		中华基督教 女青年会全国协会
《女高师文艺会刊》	1919 年 6 月	1923 年	北京女高师
《醒世周刊》	1919 年 6 月	1919 年 12 月	天津直隶省立女师
《省女师学生期刊》	1919 年 8 月		广东省立女师

① 李静之：《中国妇女运动研究文集》，社会科学文献出版社 2011 年版，第 84 页。

（续上表）

刊　名	创刊时间	停刊时间	出版单位
《女界钟》（月刊）	1919 年 10 月	1920 年被查封	长沙周南女校
《平民》（半月刊）	1919 年 12 月	1920 年 1 月被查封	天津女界爱国同志会 天津学生联合会
《励进会》（旬刊）	1919 年		湖南省立女师
《女界联合会旬刊》	1919 年	1919 年 12 月	上海女界联合会
《妇女》（周刊）	1919 年		北平妇女青年社
《新妇女》	1920 年 1 月	1921 年 5 月	上海务本女校
《女高师半月刊》	1920 年 2 月		北京女高师
《进修团月刊》	1920 年 2 月		浙江省立女师
《女权》	1920 年 2 月		开封女子同志会
《解放画报》	1920 年 5 月		上海
《妇女画报》	1920 年 5 月		上海
《女界铎》	1920 年		上海务本女校
《新芬》	1920 年		上海
《妇女周刊》	1920 年		《上海时报》副刊
《女子周刊》	1920 年		《北京益世报》副刊
《吴兴女学界》	1920 年		浙江湖州湖群女校
《真光青年》	1920 年		广州真光中学女青年会
《妇女评论》（半月刊）	1920 年		苏州妇女评论社
《现代妇女评论集》			上海世界书局

资料来源：中华全国妇女联合会编：《中国妇女运动史（新民主主义时期）》，春秋出版社 1989 年版，第 115～116 页。

这些妇女刊物中有一部分是由女学生创办的，如天津直隶省立女师创办的《醒世周刊》、北京女高师创办的《女高师半月刊》、长沙的周南女校学生自治会创办的《女界钟》等，它们在当时都是具有一定影响力的女性刊物。受主客观因素的限制，这些刊物的水平不算高，内容较为肤浅，坚持的时间也不长，但它们反映了进步女青年的心声，掀起了女青年们追求自身解放的热情，促使更多女学生、女知识分子觉醒，这在当时是一种进步。这时对妇女问题的讨论，已超出新文化运动初期反对封建伦理道德的范围，开始探索妇女解放的途径。[①] 有的妇女主张，妇女解放要“先解放学校，然后再解放职业，然后再解放政权”[②]。一部分知识妇女孜孜以求的是获取参与政治、参与政权的权利。她们对女子权利的伸张直接作用于20世纪20年代初期的女子参政热潮。

在大革命时期，共产党和国民党领导的妇女组织也创办了许多妇女刊物，这些刊物的主要作用是宣传党关于妇女运动的方针、政策和主张，指导各地开展妇女运动，并动员妇女加入国民革命（见表1-6）。

表1-6 1925—1926年间各地妇协创办的妇女刊物

刊　名	创刊时间	创刊单位/主编	主要言论/内容
《光明》	1925年6月	广东妇协/王一知	宣传党关于妇女运动的方针、政策及主张，引导妇女参加国民革命运动
《中国妇女》	1925年12月	上海各界联合会/杨之华	促使妇女觉醒、争取妇女自由、号召妇女从事反帝国主义运动，拥护工农妇女利益
《妇女之声》	1925年年底	国民党中央党部妇女部妇女运动委员会/黎沛华[③]	宣传国民党“二大”关于妇女运动的决议案，报道广东各地妇女庆祝“三八”节、声援“五卅”反帝运动、支援省港罢工工人及慰问北伐军等活动，刊登上海、湖南、广西等地妇女运动的消息

① 中华全国妇女联合会编：《中国妇女运动史（新民主主义时期）》，春秋出版社1989年版，第119页。

② 张若名：《“急先锋”的女子》，载《觉悟》第1期，转引自中华全国妇女联合会编：《中国妇女运动史（新民主主义时期）》，春秋出版社1989年版，第119页。

③ 黎沛华，国民党左派，国民党中央妇女部秘书。

（续上表）

刊　名	创刊时间	创刊单位/主编	主要言论/内容
《妇女先锋》	1926 年 3 月	湖南省各界联合会/缪伯英①领导	“妇女解放运动不可脱离政治革命运动而独立”，“努力把妇女群众号召与团结起来参加国民革命，在革命目的中谋得全体妇女解放的条件”！
《武汉妇女》	1926 年	湖北妇协	指导/报道湖北妇女运动
《妇女》（半月刊）	1926 年	西安妇协	指导/报道西安妇女运动

注：根据李静之：《中国妇女运动研究文集》，社会科学文献出版社 2011 年版，第 84 ~ 86 页的资料整理而成。

二、女权运动的高涨

五四运动至大革命时期，是中国女权运动的高发时期。丰富的理论、人才、组织和媒介资源为这个时段女权运动的发展奠定了良好的社会基础，与辛亥革命时期局限于单一知识阶层的女权运动不同，这时期女学生、女知识分子、女工、农妇等各阶层女性的争权运动随之展开。同时，更多的底层妇女被动员进国民革命之中。女学生运动、女知识分子运动及女工运动是这个时期典型的女权运动形式，政党、精英、社会组织之间不同的互动的相互影响已经显现，它体现在不同类型的女权运动的不同结果上——有的成功了，有的失败了，意识形态已在潜移默化地发挥着重大的作用。

（一）女学生争自由权运动

北洋政府统治时期，北京的十几所女校受到封建势力的严密监控。女学生不得过问政治，不许参加任何政治活动，校方甚至有权检查女学生的信件，有权干涉女学生会客②。女学生的自由被严重剥夺。为了争取与男

① 缪伯英，中共湖南省委妇委书记。

② 中华全国妇女联合会编：《中国妇女运动史（新民主主义时期）》，春秋出版社 1989 年版，第 71 页。

学生一起加入反帝反封建的爱国运动中的权利，女学生与学校的封建势力展开了拉锯战。在几次被学校阻挡参与爱国运动后，北京女高师的学生决定联合协和女医校、协和女子大学、尚义师范女校、贝满女校、第一女总等十余所学校成立北京女学界联合会（后称北京女界联合会），以增强女学生的抗争力量。随后，她们同男学生一起进行了一次较大规模的示威游行，上街演讲宣传爱国思想。当演讲学生被北洋政府逮捕并施以酷刑事件后，北京15所女校的学生决定联合到总统府请愿。这一举动遭到校方的阻拦，各所女校下令封锁校门，不让学生外出。女学生为了出门，有的抛砖投石，有的齐力推门，有的甚至越墙而出。终于，学校抵挡不住这些充满愤怒、爱国情绪激昂的女学生们。15所女校的学生身着校服，齐集在天安门，并列队赴中南海总统府请愿。在新华门前，女校学生推选代表钱中慧、吴学恒、陶斌、赵翠菊向总统秘书提出四项要求：①大学不能作为监狱；②不可拿待土匪的法子来待高尚的学生；③以后不得再叫军警干涉爱国学生的演说；④对于学生只能告诫，不能虐待[①]。这些要求虽未能得到总统府的正面回应，但显示出了女学生争取行动自由、言论自由、人身自由的强烈愿望与心声。在得知女高师校长方事后还指责任教老师管教学生不严而导致两名老师辞职后，女高师学生自治会决定在全校开始无限期罢课运动，抗议学校的专横行径，还发起了驱逐方还的运动。女学生们将方还平时的言谈举动列为十大罪状，印成传单，广为发散，大造社会舆论。在李大钊的支持下，驱方运动取得了胜利[②]，女学生们与封建势力的斗争也取得了胜利。

国共合作时期，北京女学生争取自由的活动同样热烈。1924年，北京女子师范大学爆发了一次以驱逐反动女校长杨荫榆为中心的运动。杨荫榆的封建治校方式比上述的方式还有过之而无不及，她实施封建家长式统治，推行奴化教育，限制学生思想和行动的自由。进步学生刘和珍、刘亚雄、赵世兰、郑德音、许广平、陆晶清、李桂生等人不满杨荫榆的封建蛮横、嚣张跋扈，开始秘密谋划驱杨运动。在杨荫榆勒令3名未能按时返校的学生退学时，学生自治会与杨荫榆进行谈判，杨固执己见并斥责自治会

① 中华全国妇女联合会编：《中国妇女运动史（新民主主义时期）》，春秋出版社1989年版，第72页。

② 中华全国妇女联合会编：《中国妇女运动史（新民主主义时期）》，春秋出版社1989年版，第72页。

代表。终于，1925 年 1 月，在自治会总干事许广平的主持召集下，全体学生开会商讨具体的驱杨行动方案。首先，她们派 4 名代表到教育部要求撤换校长，同时致函杨荫榆要求她即日离校。接着，撰写“驱杨宣言”并投到《京报》，以大量事实揭露杨荫榆的桩桩劣迹。然后，自治会在中央公园来雨轩举行记者招待会，争取社会舆论的支持。第二天在《京报》发出第二篇“驱杨宣言”，列出杨荫榆的六大罪状。驱杨运动还得到了知识文人与中国共产党的支持，他们陆续发文声讨杨荫榆并支持学生。鲁迅还与马裕藻、沈尹默、钱玄同等 7 名教授联名发文揭露杨荫榆封建家长式的教育方法和报复学生的恶劣手段。中共北方区委则派夏之栩到女师大指导斗争。在社会舆论的“狂攻猛击”下，杨荫榆最后被迫“辞职”。

驱方运动与驱杨运动同是由女学生领导的进步运动，初衷是为了反对封建势力的压迫，从而获得人身自由，其结果都取得了相对的胜利。纵观两次运动的过程，有一些因素是值得我们注意的：第一，两场学生运动发生时都伴随着反帝反封建运动的进行，反帝反封建的革命意识能够激发先进学生群体的反抗意识，男学生在革命中的英勇行为激励着女学生潜在的勇气。在民族危亡时刻，女学生“国家兴亡，匹夫有责”的责任感不断提升，并足以作为支持女学生勇敢斗争的精神支柱。第二，学生自治会在女学生领袖的带领下发挥着重要的职责。这一组织成为女学生争取自由权运动的核心组织，它负责动员、召集女学生群体起来反抗，联系其他女校或组织一起参加斗争，并担负起与政府谈判、与媒介联络的关键作用。第三，两场运动的规模随着可利用资源的增多而不断扩大，从而增加了斗争的力量。驱方运动利用与北京其余十多所女校的联合扩大了斗争的势力，驱杨运动则开始利用媒介发挥社会舆论的力量，通过社会舆论的强大压力迫使政府答应。第四，男性知识分子与政党精英发挥了推波助澜的作用，李大钊、鲁迅等著名文人的支持与帮助，使得社会上更多的人同情被封建势力压迫的女学生的遭遇，增加了社会舆论的力度。中国共产党精英的协助则为女学生的斗争带来更多有用的资源，如提供了更多的斗争人员，增强了斗争的战略战术等。当时，我们也应该看到，在这两场运动中，使女学生产生共鸣、激发女学生斗争的是革命意识，而不是女权意识，革命动员代替了女权动员。女学生争取的自由权同为男学生所要争取，女学生是与男学生肩并肩地共同作战，而非面对面地你争我抢。

（二）女知识分子争参政权运动

1921 年至 1923 年，女知识分子要求女子参政的运动在辛亥革命失利后重新兴起。这次的参政运动与辛亥革命时期相比，有几个有利的条件和机遇。首先，五四时期高举科学与民主的旗帜，一些男性知识文人肯定了妇女参政对民主的作用；其次，西方各国妇女的参政运动获得成功，如英国妇女 1917 年取得了选举权，美国妇女 1919 年有了参政权，苏联妇女在十月革命后与男子一样有了选举权与被选举权，这些成功的案例激励着中国的知识女性；再次，1921 年前后，为了对抗直系军阀“武力统一”的企图，一些省的地方军阀提出了“自治”的要求，并声言要制定“省宪法”。这个机会被女性知识分子看到，并乘胜追击争取了自己的民主权利。

湖南、广东、四川、浙江、江西、北京、上海等地掀起了女子参政的热潮。其中，有些地方的参政运动获得了阶段性成功，有的则再次受挫。湖南省是最早开展自治的省份。湖南女师学生联合各女校校长、教师、学生成立了长沙女界联合会，向省制宪委员会提出了女子的“财产均分权”“公民选举、被选举权”“教育同等权”“职业对等权”“婚姻自决权”等权利诉求。他们利用湖南《大公报》扩大宣传，通过举行 2 000 多人大规模的游行表达要求。最后，省制宪委员会表决通过的“省宪”草案第五条规定“人民在法律上一律平等，无男女种族宗教阶级之区别，无论何人不得以人身为买卖之目的物”，承认女子的公民权利。[①] 在妇女的多番努力下，湖南省的多个县均有女子当选为议员，其中，湘潭女议员有 7 人之多。

广东省的女子参政运动与湖南相比起来则不是那么顺意。广东省的知识妇女同样组成了参政团队，集合 700 多人进行示威游行，她们情绪激动，在议会上还与制宪审查委员会保守势力发生了冲突，邓惠芳等先进妇女被打成重伤。妇女群众转而向孙中山和省长陈炯明求助，得到他们的肯定答复后，游行队伍才解散。可惜在最后的表决大会上，保守派以多数的优势否决了女性的选举权。广东女子参政运动最终以失败落幕。

总体而言，这一时期的女子参政运动虽小有成效，但也不尽如人意。除了保守势力强行阻挠外，最重要的原因在于推动妇女运动的教育内部发生了分裂。早期的共产党员与党外进步知识分子产生了两种不同的声音。

---

① 中华全国妇女联合会编：《中国妇女运动史（新民主主义时期）》，春秋出版社 1989 年版，第 126 页。

在五四运动后，中国早期的共产党员提出了第三阶级、第四阶级的妇女运动理论。所谓第三阶级指的是资产阶级（当时称中产阶级），第四阶级则指无产阶级。陈望道指出：“第三阶级女人运动，目标在恢复‘因为伊是女人’因而失掉的种种自由和特权；第四阶级女人运动，目标在恢复‘因为伊是穷人’因而吃受的种种不公平和不合理。所以第三阶级女人运动，是女人对男人的人权运动，第四阶级女人运动，是劳动者对资本家的经济运动。”[①] 田汉指出：“第三阶级的女子对第四阶级的女子和第四阶级的男子利害相同，虽然异性，转有同病相怜之妙。”[②] 早期的中国共产党借用马克思主义的阶级斗争思想，希望尽可能多地动员底层大众一同加入反帝反封建的革命斗争中，因此鼓励更多的妇女（尤其是“第四阶级”妇女）起身同男子并肩作战，而不赞赏“第三阶级”妇女反对男人的斗争。

第三和第四阶级妇女运动的观点同样影响到女共产党员。王剑虹在《妇女声》的创刊号上运用这一理论观点分析了妇女解放的问题。她认为要把妇女解放与贵族思想区分开来。在她看来，女子参政运动只是第三阶级的运动，还不能说是妇女真正的觉悟。她甚至明确提出了“女权运动的中心应转移到第四阶级”，号召知识妇女“应该组织团体，加入无产阶级革命军的前线，努力反抗一切掠夺和压迫，从根本上去改造社会，建设自由平等、男女协作的社会”[③]，王会悟、向警予、高君宇等女性精英认同并响应这一号召。王会悟提醒妇女不要忘记自己的历史使命：“这历史的使命是什么呢？就是依据阶级的觉悟为阶级的结合去推倒资本制度。”[④] 王会悟并不主张妇女参政，她认为现实的政治是龌龊的，她认为：“女性参政若是抱了革命的要义跑到议会利用议席行宣传，要揭破军阀财阀的假面目，唤起被压迫者被掠夺者的精神从事根本的改革，那是可以的。不然，若专为要尝试议员的滋味，学做女政客，在无产阶级的妇女面前出风头，

① 陈望道：《我想》，载《新妇女》1920 年第 4 卷第 4 号，转引自中华全国妇女联合会编：《中国妇女运动史（新民主主义时期）》，春秋出版社 1989 年版，第 123 页。

② 田汉：《第四阶级的妇人运动》，载《少年中国》1919 年第 1 卷第 4 期，转引自中华全国妇女联合会编：《中国妇女运动史（新民主主义时期）》，春秋出版社 1989 年版，第 123 页。

③ 王剑虹：《女权运动的中心应移到第四阶级》，载《妇女声》1921 年第 1 期，转引自中华全国妇女联合会：《中国妇女运动史（新民主主义时期）》，春秋出版社 1989 年版，第 123 页。

④ 中华妇女联合会妇女运动历史研究室编：《中国妇女运动历史资料（1921—1927）》，人民出版社 1986 年版，第 33 页。

为军阀张目，那就是无产阶级的敌人了。”[①] 向警予对待当时广东的女子参政运动也不以为然，她批评运动主张者以为只有“女子自身操有立法权”，女子的教育平等与经济独立才得以如愿，她认为“代议制本是中产阶级革命的产物，现在又成了无产阶级的障碍”，对于这样的“猪仔代表制”，不值得女性加入[②]。她还说，女权运动的结果“不过是无聊的议员队伍里增加了无聊的女议员，可耻的官僚群中添了些可耻的女官僚”，脱离劳动妇女的女权运动“永远不能发展”[③]。高君宇认为，“现在中国妇女要求参政的呼声，是少数特权阶级妇女与官僚议员争座位的活动”，它“与‘妇女解放’毫不发生关联”。她希望妇女明确：她们“现在附属地位是封建制度和私产社会的自然结果；唯有到了打倒私产制度，建立一个共产社会的时候”，妇女才能完全解放[④]。

中国共产党对妇女运动的主张是：妇女与被压迫阶级同属一个等级，被压迫阶级的解放才是妇女的解放，因此，妇女运动不能与阶级斗争分离。当时在这一主张的宣传话语下，女性精英意见发生了分裂，这场唯一的一个女子向男子“斗争”的独立女权运动逐渐消逝在女工运动的浪潮中，女权运动又再次卷入了国家革命的洪流中。

（三）女工争取人权运动

1922 年至 1923 年是中国工人运动高涨一年，女工的罢工行动表现得尤为突出。女工常见的罢工理由是劳动强度大、生产条件差、工厂扣发工资、男女待遇不均等。上海、湖北、广东等地的丝厂、纱厂、烟厂中女工的反应十分激烈。例如，1922 年 4 月，上海日华纱厂 3 000 名女工为要求增加工资而举行罢工；同年 8 月，上海 44 家丝厂近 2 万名女工举行同盟罢工，要求允许成立工人组织，减少工时，增加工资；同年 10 月，武汉英美烟草公司香烟厂 3 000 多名男女工人举行罢工，要求改善工人的生活待遇、

---

① 王会悟：《为湘省运动参政的姊妹们进一言》，载《妇女声》1922 年第 10 期，转引自张素玲：《革命与限制：中国共产党早期妇女领袖（1921—1927）》，河南大学出版社 2011 年版，第 109 页。

② 参阅向警予：《女子解放与改造的商榷》，载戴绪恭、姚维斗：《向警予文集》，湖南人民出版社 1985 年版，第 14 ~ 15 页。

③ 戴绪恭、姚维斗：《向警予文集》，湖南人民出版社 1985 年版，第 82 ~ 89 页。

④ 中华妇女联合会妇女运动历史研究室编：《中国妇女运动历史资料（1921—1927）》，人民出版社 1986 年版，第 53 页。

保护女工和童工[①]。

1921 年成立的中国共产党接受了马克思主义的理论指导，十分重视工人阶级，将工人运动拔高到一个关系中国未来走向的重要位置上，并试图将工人运动纳入自己的政治旗帜之下[②]。女工集体行动的活跃让共产党欣喜若狂。因此，共产党希望可以深入女工群体，给女工灌输阶级意识，唤醒女工的阶级觉悟，指导女工的罢工运动，并促使女工成为国家革命的一分子。中共早期的领导人邓中夏、瞿秋白等挑起指导工人运动的担子，邓中夏、李立三、刘华等在工人夜校给女工上课，让女工明白工人与资本家的对立关系。

上海是全国女工的主要聚居地之一，中国共产党主管妇女工作的党员特别注重对该地女工的组织、联络和教育。1925 年的五卅运动期间，上海英美烟草公司的工人举行了为期四个月的罢工，这在上海工人运动史上独一无二。其中，包装部的女工是首先宣布罢工的。她们能积极参与政治性大于经济性的全厂大罢工应主要归功于共产党早期妇运领袖向警予和杨之华。她们时不时穿着工人服装，到女工家里探访，关心女工的生活、婚姻、孩子、住房等问题，与工人打成一片。杨之华会说上海话，女工们与她交谈起来感觉很亲切。向警予为了贴近女工，努力改变自己的湖南口音，还经常练习演说，鼓舞女工的斗争情绪，女工见了她犹如见了亲人一般。她们把关注女工的日常生活当作动员她们参加革命的一种工具。[③] 为了掩人耳目，杨之华经常在玉佛寺和工会分子召开会议，宣传、指导她们参加战斗。

然而，刚开始时，杨之华的工作进行得并不顺利。她未能与英美烟草公司的“骨干分子”建立联系。后来，杨之华经人介绍，与烟厂的两名女工相识，并按照社会“封建习俗”义结金兰，从而得到了接触烟厂工人的机会，女工们亲切地喊她“杨大姐”。很快地，杨之华与女工们拉近了关系。杨之华顺势动员了包装部的几位女工为罢工积极工作。在杨之华利他精神的感召下，包装部的许多女工开始投身五卅运动。[④] 这些女工十几个人一队，手提篮子，在大街上募捐，在她们的劝说下，不少店员和学生表

① 参阅刘红、刘光永：《妇女运动史话》，社会科学文献出版社 2012 年版，第 61 页。

② ［美］裴宜理：《上海罢工——中国工人政治研究》，江苏人民出版社 2001 年版，第 82 页。

③ ［美］裴宜理：《上海罢工——中国工人政治研究》，江苏人民出版社 2001 年版，第 178 页。

④ ［美］裴宜理：《上海罢工——中国工人政治研究》，江苏人民出版社 2001 年版，第 179 页。

示同情和支持，纷纷捐钱给她们。在罢工期间，女工还会得到共产党给予的生活费，一些女工表示“不上班也能拿钱，真是大好事”。

当然，并不是所有的工人罢工运动都与政党有关。许多工人参加罢工并不是出于阶级觉悟。他们有的是从维持生存的底线出发，有的则依赖于其所处的工作地位，在力图缩小、维持或扩大自己与其他工人在工资或工作条件上的差别而进行斗争①。例如，一些工人发出可怜的无助之声：“只要我们能够生存，只要厂里能够维持我们的生存，我们很愿意忍受苦难和压迫……我们所要的只是生存……现今再次削减工资，我们已经无法维持生存。为什么我们必须继续一天天熬下去？如此重压之下，我们别无选择，只有拿起最后的武器：罢工！”② 政党的加入只是增加了工人战斗的斗志与信心。

一些学者研究发现，工人会根据地缘、籍贯、教育程度、工作性质等的不同而发生分裂③。在女工群体当中，受过教育的，已经与农村断开联系的，从事技术类工作的年轻女工同男性一样积极从事党派活动，她们与男性的地位对等，自然而然地具有男女平等的观念，也富有战斗性；相反，受教育少的，与城市生活联系不紧密的，从事底层非技术性工作的女工的政治热情是短暂的，她们在罢工中也很少提出男女平等的要求。技术工人的难以取代性成为她们与工厂斗争的资本，因而她们参与的罢工更容易取得成功。而斗争的动员更多的是依靠在原先已存在的、规模较小的非正式网络基础上——虚拟的血缘关系、地缘关系、秘密结社之类④。政治危机，如同经济增长一样，容易导致工人罢工水平的全面增长⑤。通货膨胀与民族主义可以超越工人分裂激发更大规模的罢工，工人是以消费者或市民身份，而非作为积极的成员出现的。单就女工的行动而言，并不可视为女工群众开始萌发了男女平等的意识，生存底线的威胁和民族主义才是

① 参阅［美］裴宜理：《上海罢工——中国工人政治研究》，江苏人民出版社2001年版，第179页。

② 骆耕漠：《美亚工潮始末》，转引自［美］裴宜理：《上海罢工——中国工人政治研究》，江苏人民出版社2001年版，第225页。

③ 参阅［美］裴宜理：《上海罢工——中国工人政治研究》，江苏人民出版社2001年版。

④ 参阅［美］裴宜理：《上海罢工——中国工人政治研究》，江苏人民出版社2001年版，第294页。

⑤ Short'er Edward，Tilly Charles. *Strikes in France*，1830—1968. Cambridge，Mass.，1974，p. 104. 转引自［美］裴宜理：《上海罢工——中国工人政治研究》，江苏人民出版社2001年版，第81页。

女工斗争的内在动力。

三、女性的自我矛盾与困境

在这一时期的女权运动中，中国共产党的早期女性精英反对独立的女权运动，如女子参政运动，她们认为这是中、上层知识女性虚荣的表现。她们极力主张女子参加国民革命，坚信女性在推翻了导致妇女受压迫的根源时便会获得彻底的解放。她们也带着这份信仰动员广大的妇女大众。然而，在现实中，男女不平等的社会性别制度依旧存在，崇高理想与残酷现实的巨大差距深深地折磨着女性。无论是女性精英，还是普通妇女，都面临着自我内心的矛盾与冲突。在面对理想时，她们可以骄傲地、英勇地昂首阔步；而在面对现实生活时，她们却因无力改变传统的性别歧视而垂头丧气。

例如，青年女工积极参与罢工斗争的同时，还受到了家庭传统思想的束缚。工潮结束后，她们回到家便受到父母兄嫂的打骂和羞辱，甚至饭都不能吃。有的父母兄嫂说："几天不回去，一定在外边轧姘头，这样的女子可以去死了。"有一位女工的父亲甚至给她一条绳、一把刀，要她自己选择了断。①

早期妇运领袖向警予在思想上和工作中也遇到了无法克服的矛盾与困境。向警予是一位具有强烈性别意识的女性。她的女性关怀和女权思想曾发生过激烈的交战与转变。刚开始时，她对马克思主义关于妇女与阶级的问题产生怀疑，她希望人们不要忽视"小姐太太和女政客们"的运动，也不要用过于浓厚的"阶级主义"使女性们望而生畏；之后，在她全身心投入党的工作中时，她采取了"信仰马克思主义"的方法克服其内心的挣扎，转而反对"小姐太太和女政客们"的女权运动，主张将妇女运动与国民革命相联系，并为之付出了巨大的努力。

1923 年在中共第三次代表大会上，向警予并未当选为中央委员和候补委员，而是依旧负责妇女工作，这让她感觉异常的尴尬与不满。

自与和森恋爱及参加实际工作后，她精神上常常感受一种压

① 参阅杨之华：《1926 年上海丝厂女工罢工运动中的感想》，转引自［美］裴宜理：《上海罢工——中国工人政治研究》，江苏人民出版社 2001 年版，第 209 页。

> 迫，以为女同志的能力不如男同志，在她看来，仿佛是“奇耻大辱”。同志们愈说她是女同志中的最好的一个，她便愈不满足。她是五卅运动中有力的煽动者组织者之一；她是党的妇女工作的负责者；但她自己总是不甘于“妇女的”工作——纵然她在这种工作上得到了一般的信任。[①]

早期党组织内部的性别分工和“女同志不如男同志”“女子程度低”的社会意识对于追求两性平等与革命事业融为一体的向警予而言，无疑是一种精神上的痛苦[②]：一方面持两性平等观，希望通过社会革命或民族革命彻底解放妇女；另一方面又不得不忍受着现实生活中的性别分工与性别歧视。

向警予在面对这一冲突时，第一时间并不是想到假如男性霸权地位不打破，男女地位即使在革命胜利后也无法平等，而是通过否定自己的女性性别身份进入男性空间，来填补心中的失落与落差。在工作上，向警予模仿男性的做法来证明自己在党内的地位。在被任命为妇女部部长后，向警予没有为妇女做任何工作，反而投入大量精力与蔡和森一起办《向导》周刊，撰写了大量政论性文章。在生活中，向警予更是粗枝大叶、不拘小节，从不为家务琐事费心思。家里有时被弄得乌烟瘴气，她也不闻不问。平日里她让女佣叫她“向先生”，而非“蔡太太”。在一些学者看来，这反映出的是中国妇女长期受封建制度压迫的一种幼稚的初步解放的意识。[③]

第三节　中国共产党领导下的妇女解放运动

中国共产党成立伊始即已开始关注妇女的解放问题。五四运动至国民革命时期，早期的中国共产党党员开始联络学生、工人、农民队伍里的精英骨干，指导他们发动妇女的集体行动。随后不断升级的国家危机和党派之争使共产党深刻地认识到，只有扎根于社会的底层，动员底层群众参与

---

① 戴绪恭、姚维斗：《向警予文集》，湖南人民出版社 1985 年版，第 2 ~ 3 页。

② 张素玲：《革命与限制：中国共产党早期妇女领袖（1921—1927）》，河南大学出版社 2011 年版，第 153 页。

③ 陈碧兰：《我的回忆：一个中国革命者的回顾》，十月书屋 1994 年版，第 82 页。

斗争，才有获得最后胜利的可能。基于此，中国共产党党员深入到工人、农民队伍里，发动更多的群众参与革命战争，一场由中国共产党领导的“解放”妇女的运动也随之正式展开。直到新中国成立后，中国共产党掌握了国家的政权，其领导的妇女解放运动根据国家时事的需求，从革命运动转向了生产活动。

一、从革命动员到生产动员：妇女解放运动的发生逻辑

（一）从“女权”到“妇女解放”

“妇女解放”的提法来源于马克思主义，而不是女权主义。它的基本出发点是“阶级”阵线，而不是以“性别”划分[①]。“解放”是针对压迫和束缚而言的，只有推翻妇女身上所受的压迫，解除妇女所受的束缚，才能被称为“妇女解放”[②]。马克思主义者把妇女解放运动看作无产阶级革命的组成部分，认为妇女解放运动只有和无产阶级领导的革命相结合，共同推翻私有制和消灭阶级剥削，妇女才能获得完全而真实的自由。因此，中国的妇女解放运动与女权运动最大的区别在于，后者带有妇女自发形成的社会运动性质，前者则带有明显的政治性质，它可被看成“女权运动与社会革命/政治运动相结合的产物”。

妇女解放运动也可称作“共产党领导的妇女解放运动”，它不仅追求解除性别歧视，谋求两性平等，更是承载着党的革命意志，遵循着党的斗争逻辑，运动内容随着党的任务的变化而变化。共产党领导的妇女解放运动主要有两大内容：一是动员妇女参加革命斗争，二是鼓励妇女参与生产劳动。抗日战争和解放战争时期，中国共产党既强调革命，也关注社会生产；新中国成立后则把重心完全放在了生产活动上。实际上，这里遵循的是这样一个逻辑：妇女参加革命—推翻受压迫的根源—妇女获得解放—妇女参加生产—获得经济独立—提高经济地位—提高社会地位—男女地位平等。妇女同男子在革命战争与社会生产中实践男女平等。

（二）妇女解放运动的革命动员——以中央苏区妇女为例

早期的中国共产党人意识到，农民是中共需要依靠的中坚分子，占农

---

① 李小江等：《女性？主义——文化冲突与身份认同》，江苏人民出版社2000年版，第8页。
② 参阅李静之：《中国妇女运动研究文集》，社会科学文献出版社2011年版，第52页。

村人口百分之七八十的妇女虽然是作为一个“边缘化群体”，但她们也是革命中不容小觑的力量。然而，要发动这部分受封建思想影响最深的群体支持和参与革命，绝非易事。中国共产党若以“阶级意识”这一动员知识女性和女工的方式来动员农村妇女，是无法奏效的。它必须找出能拨动妇女起身反抗的那根关键的弦。

中国共产党人认真分析了中央苏区妇女的情况：政治上无权，经济上不独立、婚姻不自由，生活上百般痛苦。基于此，中国共产党设计了针对农村妇女的特殊的动员手段：

首先，指出农村妇女是社会上“最苦”的群体。毛泽东认为，苏区妇女的“痛苦比一切人大”，“男子虽已脱离了农奴地位，女子却依然是男子的农奴，他们没有政治地位，没有人身自由”①。蔡畅指出，农村的妇女是“伴着灾难而出世的，悲剧的一生往往又都是从嫁人开场”②。这些原本在妇女看来并非有悖常理的事，被中国共产党人贴上“最苦”的标签后，妇女心中也泛起了一片涟漪。人们只有意识到自己的苦楚，才会想办法脱离其中。正如托克维尔所说：“冤情只要看上去还无力解除，就一直耐心地忍受着；一旦消除冤情的可能性在人们的头脑中出现，它便显得无法忍受。”③ 中国共产党想要激起妇女“无法忍受”的情绪，然后利用这种情绪，“成为吸收一般农妇反对地主豪绅的斗争及夺取她们到革命方面来的条件”④。

在揭露社会腐朽和妇女困苦之后，共产党人为妇女规划了一个美好蓝图，让妇女憧憬与期许，并鼓励妇女只要通过实际行动，这些愿望便可实现。然而，思想上的动员只是“前奏”，这还不足以促使妇女行动起来。妇女要将观念转化为行动，还需要一些实际的激励手段——利益动员。为了广泛地发动妇女群众，中共“六大”《妇女运动决议案》明确指出，“应直接提出关于农妇本身利益的具体要求，如继承权、土地权，反对多党制，反对童养媳，反对强迫出嫁、离婚权，反对买卖妇女，保护女雇农

① 毛泽东：《毛泽东文集》（第1卷），人民出版社1993年版，第240页。

② 江西省妇女联合会编：《女英自述》，江西人民出版社1988年版，第237页。

③ ［美］费正清、费维凯著，刘敬坤等译：《剑桥中华民国史（1912—1949年）》（下册），中国社会科学出版社1998年版，第746页。

④ 中共“六大”《妇女运动决议案》，转引自中华全国妇女联合会编：《中国妇女运动史（新民主主义时期）》，春秋出版社1989年版，第294页。

的劳动”[①]。1929 年 12 月中共中央发出的第 58 号通告也指出：“在不与整个农民的利益冲突时，要特别注意提出农妇的特殊要求，而发动农村妇女参加一切斗争。”[②]“利益动员”使中央苏区妇女对革命的态度从“抗拒”，到逐渐“接受”，再到最后的“参与”起到了积极的效果。

从中国共产党动员农村妇女参与革命的具体措施上看，主要包括以下几种：

第一，以法律、政策等形式保障妇女的各项权益。1927 年 11 月江西省苏维埃颁布的《临时组织法》规定：“凡在苏维埃国家境内的劳动者无论男女均有选举权和被选举权。”[③] 1928 年 1 月《遂川工农县政府临时政纲》规定：“凡从事劳动及不剥削他人以为生活的男人和女人……都有参与政治的权利。……女士产前后须有八星期的休息，休息时间照给工钱。”[④] 1929 年 8 月，湖南省委规定：“在工会农会的组织中，应成立妇女部特别保护她们的特殊利益。……割据区域内，应有妇女教育之设施，创办各种妇女学校，设立妇女的工厂，奖励妇女学习职业。”[⑤]

第二，通过进行土地革命，使妇女获得“土地权”。各根据地相继颁布土地法，明确规定农村劳动妇女同男子一样，有获得土地的权利。1928 年制定的《井冈山土地法》规定：“以人口多少为原则，男女老幼一律平分。”1931 年的《中华苏维埃共和国土地法》规定：“劳动人民不分男女都有得到分配土地的权利。”[⑥] 于是，各家的土地证上第一次出现了妇女的名字。妇女们高兴地表示“以往无田无地难做食，路径分田分地有奔头”。农村妇女在实实在在的物质利益面前欢欣雀跃，为了保住这得来不易的土

---

① 转引自中华全国妇女联合会编：《中国妇女运动史（新民主主义时期）》，春秋出版社 1989 年版，第 294 页。

② 中华全国妇女联合会编：《中国妇女运动史（新民主主义时期）》，春秋出版社 1989 年版，第 294 页。

③ 中华全国妇女联合会编：《中国妇女运动史（新民主主义时期）》，春秋出版社 1989 年版，第 297 页。

④《井冈山革命根据地》写作组编：《井冈山革命根据地：上》，中央党史资料出版社 1987 年版，第 72 页，转引自杨会清：《苏区妇女对革命的态度演变：1927—1934》，《长江论坛》2010 年第 4 期，第 14～18 页。

⑤ 湖南省档案馆编：《湘鄂赣革命根据地文献资料：第一辑》，人民出版社 1958 年版，第 98 页，转引自杨会清：《苏区妇女对革命的态度演变：1927—1934》，《长江论坛》2010 年第 4 期，第 14～18 页。

⑥ 中华全国妇女联合会编：《中国妇女运动史（新民主主义时期）》，春秋出版社 1989 年版，第 298 页。

地，她们开始信任并配合共产党开展革命。

第三，实行婚姻制度改革，赋予妇女“婚姻自由权”。有学者认为，共产党正是通过“婚姻自由”这一杠杆，撬动了苏区妇女的革命积极性①。为了帮助农村妇女解除封建婚姻的迫害，中共苏区提出了“结婚、离婚绝对自由”的口号，还以政策、法令的形式保障妇女行使该权利。也许是长期以来农村妇女受婚姻的压迫十分严重的原因，当1931年《中华苏维埃共和国婚姻条例》正式实施时，许多妇女单方面提出了离婚，造成了离婚率的空前高涨，远远超过了结婚的数字。“婚姻自由”犹如潘多拉盒子，一经打开便一发不可收拾，但是中国共产党的目的是用“婚姻自由权”将妇女吸引到阶级斗争的道路上来。面对这一情况，共产党对《婚姻条例》进行了修改，增加了保护军婚条项，以免造成农民和部分红军士兵的恐慌。农村妇女骤然崛起的权利意识代替了阶级意识，成为激励她们走上革命道路、追求自由的动力基础。

第四，成立妇女组织，培养大量的妇女干部，最大规模地对妇女进行宣传和教育。中国共产党频繁的革命动员有时候难免忽略了部分妇女的特殊要求和情感，使一些妇女产生了“逆反”心理，挫伤妇女的积极性。如农村一些裹着小脚的、没有文化的中老年妇女，一生依靠丈夫、儿子为生，她们十分反对丈夫、儿子参军，有的甚至展开诅咒和谩骂。针对种种情况，中华苏维埃共和国中央政府设立了妇女生活改善委员会，深入关注妇女群体的利益和诉求，了解妇女的思想和生活状况，及时将妇女的要求向中央反映。生活改善委员会保护妇女的权利，为她们解决实际问题，受到了许多妇女的欢迎和支持，也缓和了部分妇女的“逆反”情绪。此外，中国共产党大力培养妇女人才和发展女性共产党员，以此形成动员妇女的人员网络。这些女党员、女干部孜孜不倦、反复耐心地做农村妇女工作，告诉她们参加革命与获得自身解放的重要性，鼓励她们学习文化知识，提高自身素质，摆脱对男性的依赖。这种强大、持续的社会宣传与社会动员收到了良好的效果。

（三）妇女解放运动的生产动员

早在土地革命时期，中国共产党已把农村妇女视为强大的潜在生产

① 参阅张宏卿、肖文燕：《“边缘化战略”：中共动员与中央苏区民众的基本利益、社会感情》，《开放时代》2011年第8期，第36～56页。

力，在动员农村妇女参加革命斗争的同时，力争发动更多的农村妇女参与社会劳动生产，一是为了前线的革命战争做好后方的经济支援工作，二是为了使妇女在社会劳动中获得解放。新中国成立初期，在以“妇女解放”“男女平等”等主流话语为表征的宏大叙事背景下，中国共产党和国家对妇女的生产动员进入了高峰阶段。党、国家和妇联以革命意识感召、以行政手段为主要推动力量、以强大又细致的宣传为主要手段动员农村妇女加入生产大军的队伍里，为国家贡献自己的一份力。

中国共产党将“动员妇女参加生产”置于一个重要的战略位置上。为了实现这一目标，党首先赋予“社会生产”以荣耀的光环，认为“广大妇女的努力生产，与壮丁上前线同样是光荣的任务”①；其次，党将妇女生产与妇女解放、家庭和睦有机地结合起来，指出“只有妇女积极起来劳动，逐渐做到在经济上能够独立，并不依靠别人，才会被公婆、丈夫和社会所敬重，才会更增加家庭的和睦与团结，才会更容易提高和巩固妇女们在社会上和政治上的地位，也才会使男女平等的各项法律有充分实现的强固基础”②，妇女才能最终实现解放。因此认定，经济工作是“妇女最适宜的工作”，动员农村妇女参加生产“是保护妇女切身利益最中心的环节”。③ 20世纪50年代，中国共产党将工作重心转向全面的社会主义建设。这时期对妇女的社会生产动员主要依靠强制性的行政力量。例如，在推进人民公社运动中，党和国家努力使人民公社“食堂化”“缝纫化”“托尔化”，即使各类家务劳动社会化④，以解脱妇女的家庭劳务束缚，让妇女走出家庭，参加社会生产。

1949年，中华全国民主妇女联合会（简称“全国妇联”）成立。全国妇联成立后便积极响应号召，帮助政府做好各项妇女工作。这一时期的妇联工作主要依靠行政力量“层层宣传”“层层教育”“层层发动”来形成妇女群众的总动员⑤。首先，妇联在各个阶段制定了明确的动员妇女社会生产的工作方针和目标，这在其拟定的几份工作报告上得到了充分的体

---

① 中华全国妇女联合会编：《中国妇女运动重要文献》，人民出版社1979版，第8页。

② 中华全国妇女联合会编：《中国妇女运动重要文献》，人民出版社1979版，第13页。

③ 中华全国妇女联合会编：《中国妇女运动重要文献》，人民出版社1979版，第8页。

④ 马慧芳、郝琦：《1950年代国家对农村妇女社会生产动员的启示》，《探索与争鸣》2008年第4期，第51～53页。

⑤ 陈琼：《现代国家建构与妇女公共参与——组织变迁的视角》，社会科学文献出版社2011年版，第216页。

现。见表1－7。

表1－7　1949—1957年妇联动员妇女社会生产的工作方针和目标

文　献	时　间	内　容	备　注
《中国妇女运动当前的方针任务报告》	1949年3月	改变“劳动为耻”的旧思想，建立“劳动光荣”的新观念 在解放区的城市……其工作任务主要是发动和组织妇女参加适合于城市经济建设的各种生产事业	中国妇女第一次全国代表大会的工作报告
《中国妇女运动当前任务的决议》	1949年4月	因之建设新中国的任务日益加重。解放区的妇女应继续积极支援人民解放战争，发挥高度的才能与智慧，努力参加新民主主义的政治、经济、文化等各种建设事业……妇女只有积极参加生产，才能提高并巩固妇女的地位，进一步改善自己的生活和人民的生活，更有效地支援人民解放战争，解除封建束缚	中国妇女第一次全国代表大会上
《关于城市妇女工作的几个问题的报告》	1950年9月	妇女只有参加了生产，成为社会和家庭财富的创造者，才能真正实现政府所规定的各项男女平等的法令，才能真正享受男女平等的各项权利	中华全国民主妇女联合会第三次执行委员会扩大会议
《四年来中国妇女运动的基本总结和今后任务》	1953年4月	提高妇女的政治地位、文化水平、改善生活，以达到解放的道路，亦须从经济丰裕与经济独立入手。……这就是在整个群众工作中广大农村妇女的特殊利益的中心所在……	中国妇女第三次全国代表大会工作报告

（续上表）

文　献	时　间	内　容	备　注
《中华全国民主妇女联合会关于当前农村妇女工作的指示》	1954 年 7 月	在国家过渡时期，农村妇女工作的根本任务，是要更进一步教育和组织广大农村妇女，坚决贯彻执行国家过渡时期的总任务，逐步实现对农业的社会主义改造……并在这基础上争取逐步实现农村妇女的彻底解放	
《勤俭建国、勤俭持家、为建设社会主义而奋斗》	1957 年 9 月	现阶段……我国妇女的总任务，就是继续建成和巩固我国的社会主义制度……就是集中一切力量来发展我国的社会生产力，尽可能迅速地把我国建设成为一个伟大的社会主义国家	中国妇女第三次全国代表大会上的工作报告

资料来源：中华全国妇女联合会编：《中国妇女运动重要文献》，人民出版社 1979 版。

其次，全国妇联鼓励妇女成立各类合作互助组织。妇女在互助组织中交流生产经验，学习生产的新知识，探讨如何提高生产技术。再次，全国妇联通过行政手段规定各地妇女的生产计划。例如，1956 年，陕西省妇联根据各地生产条件的情况，要求每个女劳动力每年的生产劳动时间为 80 ~ 140 个工作日。妇联根据生产需要和妇女的要求，把生产工作分配给妇女，并通过与农业部门、技术站、青年团订合同或发联合通知，分片定期向妇女们传授农业技术或输送一定比例的妇女上技术夜校。最后，妇联通过举办各种生产比赛、生产活动，鼓励妇女积极投入其中。如 1958 年，陕西省妇联提出“学秋香、赶秋香、促进全省粮棉产量加一番”的口号，开展“学先进、赶先进、个人争取先进”的活动。

从土地革命时期到新中国成立初期，国家和党对妇女的生产动员具有强烈的意识形态色彩和强制性的政治全能主义特征。无论是革命动员，还是生产动员，广大妇女始终在国家和党的革命意识形态之下。她们缺少主体的自觉与感悟，更多的是进行一种从众性活动。这虽使得妇女解放运动撼动了旧习俗，改变了妇女在家庭和社会中完全弱势的地位，但是，这种动员模式并没有从根本上改变和突破禁锢妇女的话语体系和制度体系。

二、女性形象的国家塑造及其话语体系

在妇女解放的进程中，女性在不同阶段被塑造成不同的形象，如抗日战争中的“危机女性”“巾帼英雄”“革命母亲”，社会主义建设初期的“女劳模”，“文革”时期的“铁姑娘”等。各种女性形象的塑造反映了国家赋予女性的“功能性”和“工具性”特征，以及背后影射的一套强大的话语机制。

（一）战争中的“危机女性”

在战争频发的年代，国家、政党帮助妇女摆脱传统的相夫教子的角色，培养她们具有国家民族大局的危机意识，让其成为能为国效力的“女战士”。国家、政党通过“国民如果不团结、不抵抗、不斗争，国家则会走向灭亡”的口号，肯定妇女的责任与作用，弘扬先进女性的英勇事迹，以此树立“危机女性”的形象。许多妇女相信，如果她们致力于国家事业，那么在危机解除之后，她们将会获得与男子同等的地位。

“危机女性”形象的塑造有其实际作用。首先，它可以鼓励妇女为战争服务，有的在父亲、丈夫、兄弟参军的情况下成为家长，管理家庭；有的努力从事生产劳作，为战争作后方支援；有的照护前线的伤员战士，为士兵作后勤工作；有的则直接参军，在战场上与敌人厮杀。其次，它可以激发男性作战的勇气，成为动员男性参与战争的一种手段，以此质问男性“连妇女都自愿参军，为什么你不行”？女性为战争牺牲的情景更是鼓舞着其他红军战士继续战斗。再次，一些学者分析指出，在以种族区分的“真实敌人”（如日本人）的概念下，“危机女性”帮助掩盖了男人对妇女暴力文化的持续性负面影响。[①] 在战争期间，不时会发生男性士兵对妇女的骚扰事件。妇女参加军事行动起到了支持这种暴力文化的作用。[②]

在实际行动中，许多妇女走上了国家和党设定的“危机女性”的道路，为国家作出了贡献与牺牲。以长征中的女战士为例，她们与男战士一样徒步负重行军，忍受漫长征途中的饥饿寒冷，她们吃遍了豆苗、野菜、

---

① 李木兰：《战争对现代中国妇女参政运动的影响：“危机女性”的问题》，王政、陈雁主编：《百年中国女权思潮研究》，复旦大学出版社2000年版，第224页。

② 李木兰：《战争对现代中国妇女参政运动的影响：“危机女性”的问题》，王政、陈雁主编：《百年中国女权思潮研究》，复旦大学出版社2000年版，第224页。

草根，甚至从牲畜的粪便中寻找未消化的麦粒用来充饥。除此之外，女战士们还要克服生理期的不适，过度的疲劳与疾病使许多女性得了妇女病，有些还从此终身不育。邓颖超在长征途中由于肺病而大量吐血，过草地时还掉进了沼泽地，紧接着发起了高烧，周围的同志都认为她不行了，可她依靠坚忍的意志奇迹般地活了下来。在战争中，一些女性生下了孩子，但这些在艰苦环境下诞生的孩子，要么冻死、饿死，要么被病魔夺去了生命。有的时候，在残酷的战争环境下，一些女性甚至为了保全队友的安全而不惜亲手弄死哭啼的婴儿。又如一位年近四十的女共产党员，她送自己的三个儿子参军，结果三个儿子全部战死沙场，她说道："我明白，没有流血牺牲，革命是不会成功的。"[①] 这位女性还因此被授予了"光荣母亲"的称号。这些母亲的选择，以一种特殊的方式烘托出"危机女性"的伟大形象。

在这种"危机女性"意识下产生了女战士、女英雄、革命母亲，虽然她们进入了原本只属于男性的领域，但是她们面对的敌人不是男性，而是一个既有男性又有女性的民族，因此她们的行动最终没有对男性权力和特征的基础提出挑战。相反，她们反而保卫和巩固了男性统治的现状——并没有为妇女的权力赢得更多的公众认可[②]。战争结束后，妇女并没有如愿以偿地获得与男性平等的权利与地位，而是回到了传统的男性统治的价值观念，抑或是再次被赋予新的女性形象，充当其他的社会角色。

（二）社会主义建设初期的"女生产能手"

20世纪50年代，中国农村与城镇妇女广泛地被动员起来参加社会生产劳动，一批"女子生产能手"随之产生。妇女们似乎都在用自己的辛勤劳动实践着马克思主义妇女解放理论。以50年代陕西省的妇女参加棉花生产为例，陕西省政府、党委、妇联对培养"女子棉花种植能手"做了大量的工作。

新中国成立初期，中国经济的复苏及人民购买力的提高刺激了对棉花的需求。而棉花的生产需要依靠较强的技术及大量的劳动力。为增加棉花产量，陕西省政府提出开展棉花增产运动，在全省范围内进行自上而下的

---

① 中华全国妇女联合会编：《中国妇女运动史（新民主主义时期）》，春秋出版社1989年版，第377页。

② 李木兰：《战争对现代中国妇女参政运动的影响："危机女性"的问题》，王政、陈雁主编：《百年中国女权思潮研究》，复旦大学出版社2000年版，第222页。

社会动员，妇女作为潜在的劳动力受到政府的格外重视。政府通过制造“劳动光荣”“走出家庭”“妇女解放”等口号并通过各种方式让其渗入大众生活的各个方面。中国共产党则运用其丰富的发动群众的工作经验，娴熟地发挥女共产党员先进分子的作用，把众多妇女吸引到农田劳动中去。农田生产实行按劳动工分分配制度，即一个家庭劳动力的多少和所挣工分的多少决定了一个家庭的收入水平与生活质量。这使得家里缺少男劳动力的妇女别无选择地去参加农田劳动以“挣工分”。

陕西省妇联为响应党和政府的号召，采取了一系列措施展开社会动员。第一，妇联构建出“棉花管理是适合妇女特点的劳动”“妇女适合种棉花”等话语并进行大力宣传（实际上，棉花的种植与采收工序烦琐，整天要弯腰蹲地，使人极不舒服，这些工作并不是女人适合干，只是男人不喜欢干）。第二，妇联组织妇女们学习棉田管理技术，并以张秋香为生产模范代表推广生产经验。第三，通过行政手段让妇女写下保证书，规定每个妇女全年工作不少于多少个工作日。第四，开展社与社、队与队、组与组、个人与个人间的劳动竞赛，提出“学秋香、赶秋香”的竞赛口号，激励妇女的竞争斗志。第五，授予生产能手“全国劳动模范”“三八红旗手”等荣誉称号，选拔一些表现优秀的女性为国家正式干部进入县、乡等低级领导班子，以此鼓励妇女再接再厉。

其中，在塑造张秋香为生产模范代表的过程中，妇联的女干部做了大量的工作。张秋香本是不识字、没文化、表达能力不佳的农村妇女，妇联中的知识女性硬是从她断断续续的表述中整理提炼出关键信息，然后加工总结出“完整”的棉花种植经验。劳模的宣传以及经验的推广都是在妇联的帮助下完成的。

与战争时期“危机女性”形象塑造相似的是，党、政府、妇联通过意识形态与行政命令等软硬手段的结合，塑造出了适合于国家发展的“女性形象”，使妇女在角色模糊或角色冲突中明确了自身的定位，从而从事符合角色的事情。在社会主义建设初期，国家的经济政策与妇女解放的策略是交织在一起的，妇女虽然完成了从家庭领域走向社会领域的过程，但这并不代表性别差异与性别不平等问题就此解决。

（三）“文革”中的“铁姑娘”

毛泽东的一句“妇女能顶半边天”和“时代不同了，男女都一样；男同志能办到的事，女同志也能办得到”成了“文革”时期城市女知青的座右铭，这也从道德制高点成为让女知青“上山下乡”强有力的政治动员。“铁姑娘”最早是人们对大寨青年妇女突击队的赞美之称，赞扬其铁肩挑重担，“一不怕苦，二不怕死”的精神，并无与男子竞争之意①。后来在“文革”时期，“铁姑娘”成为妇女的劳动英雄偶像的缩写，它形容女人也能完成男人做的工作，因而成了“女性男性化”“赶超男人”“与男人竞赛”的励志形象，这在到农村插队的城市女青年身上表现得最为突出。

女知青们多以“铁姑娘”的形象自居，她们相信“铁姑娘”是对男女平等的最好诠释，并将此信念在农村进行广泛宣传。一位女知青在回忆录里写道：“在农村的女青年都非常独立。干一样的活，拿一样的工分。我们中很多人都根本不觉得我们在任何方面比男人差。男人能干的我们都能干。实际上，我们总比他们干得好。”② 有的女知青回忆道，她们每天早上都要宣誓似地背诵“毛主席教导我们说：妇女能顶半边天”，用这种“仪式”强化她们的信念。当女青年发现，农村的男女关系是“男主外、女主内”——男的在外干苦活，女的在家伺候男的，以及即使男女干同样的活，女人的报酬也比男人少的时候，她们都感到很“震惊”，并开始以自己的行动和语言来挑战和批判种种“重男轻女”的现象。

例如，在内蒙古自治区下乡的女知青们对队长只安排她们拣棉花秆、平粪堆，而男人都去忙收割的工作分配十分不满。她们质问队长是不是看不起女人的“老封建”“反革命”，并对村党支书大喊：“共产党员还迷信吗？我们还能容忍对妇女的歧视吗？我们能顶半边天！”她们以此当作对村里男女进行“男女平等”思想的启蒙与教育。当她们成功与男人一起岔路收割时，一面为自己努力争取感到骄傲，一面却不得不忍耐这份想象之外的辛苦劳作。又如，女知青小苗原在农村工厂里当卫生员，但她并不满意这份“轻松而优越”的工作，于是，她主动向领导要求与男人一样下作业点采矿。领导告诉她上级规定女人不下井，她却说：“时代不同了，男女都一样……男同志能做的事，我们女同志为什么不能做到呢？”最后，领导答应了她的请求。讽刺的是，她的事迹被用来说服那些不愿下井的男

---

① 金一虹：《“铁姑娘”在思考——中国“文化大革命”期间的性别与劳动》，《社会学研究》2006 年第 1 期，第 169 ~ 193 页。

② Yang，Rae. *Spider Eaters*. Berkeley：University of California Press，1998，pp. 282 – 283. 转引自韩启澜：《跨越性别分界：“文革”时期的铁姑娘形象与知青》，王政、陈雁主编：《百年中国女权思潮研究》，复旦大学出版社 2000 年版，第 248 页。

工人去下井干活："女同志能下井干活，难道你们比女同志还不如?"① 可见，在用女性刺激、鼓励男性这点上，"铁姑娘"与"危机女性""女生产能手"有异曲同工之妙。

一些学者认为，对于某些女知青来说，"铁姑娘"形象为她们提供了一套关于性别角色的坚定信念以及用来挑战"传统"习俗的语言，这套语言赋予女青年道德权威和国家力量②。然而，"铁姑娘"的形象本身也隐藏着男女不平等的因素——性别分工。国家宣传"铁姑娘"不仅是为了让女人干与男人同样的活，更是为了让女人干原本由男人干、现在男人不干了的活。"男人都去公社加工厂了，因为那儿只要男的，不雇女的。"③ 这体现了在国家经济转型的特殊背景下，女人不自觉地被卷入其中，并扮演着国家所需要的角色。

（四）妇女解放运动的话语体系

李小江认为，意识形态下的话语是一串"意识符号"，其语义学意义上原有的文化内涵被消解了，变成塑造人的行为的标尺，而不再是反映人的心境的语言④。其实，用语言规范女人的行为早已有之：《女戒》《女训》《女则》《女论语》等是男人对女人行为的一批告诫与限制。"三从四德""贤妻良母"等话语有的已离妇女渐行渐远，有的仍在妇女耳边萦绕。女性似乎已经习惯被主流话语所规范。以"妇女解放"为主题的话语是中国共产党成立之后打造的一套话语之一。它主要表现在：党所反对的习俗和态度，被赋予政治上的贬义，如"封建的""落后的""反革命的""资产阶级的"等；而力图树立的新的习俗和态度，则在措辞上得到肯定，如"进步的""先进的""无产阶级的""社会主义的"等，从而在意识形态上为妇女解放运动定格定调。

---

① 韩启澜：《跨越性别分界："文革"时期的铁姑娘形象与知青》，王政、陈雁主编：《百年中国女权思潮研究》，复旦大学出版社2000年版，第252页。

② 韩启澜：《跨越性别分界："文革"时期的铁姑娘形象与知青》，王政、陈雁主编：《百年中国女权思潮研究》，复旦大学出版社2000年版，第246页。

③ 韩启澜：《跨越性别分界："文革"时期的铁姑娘形象与知情》，王政、陈雁主编：《百年中国女权思潮研究》，复旦大学出版社2000年版，第254页。

④ 李小江：《我们用什么话语思考女人——兼论谁制造话语并赋予它内涵》，《浙江学刊》1997年第4期，第81~91页。

在阶级语境中，妇女受压迫这一现实被假设为是所有妇女共同面对的①，因此构成一个基本同质的，有共同利益的妇女群体。这有利于把不同身份的妇女整合起来，实现最大范围的动员。在表达方式上，关于妇女解放的话语简短、干练、朗朗上口并具有气势，如“妇女翻身”“当家作主人”“走出家门”“彻底解放”“妇女能顶半边天”“时代不同了，男女都一样”等。对于妇女而言，这些话语符号无疑有很强的感染力、影响力和吸引力，它们易于被妇女接受并唤起妇女心中的激情，让妇女为了实现这些理想义无反顾地行动起来。

语言通过传播发挥作用。“妇女解放”话语的传播途径有几种。一是来自中央领导人的讲话。如在当时作为政治领袖和精神领袖的毛主席所说的“只有阶级的解放，妇女才能得到真正的解放”“妇女能顶半边天”“时代不同了，男女都一样”被人们频繁地引用，成为引领潮流的风向标。二是来自主流媒体报刊的宣传。如20世纪五六十年代，《人民日报》《红旗》等作为代表党的主流意识形态的报纸、杂志大量发文宣传党关于妇女解放运动的指标。自1955年以来，《人民日报》在每年的“三八”国际劳动妇女节上都要发表有关妇女的社论（见表1－8），这些社论是用一些高度政治化、意识形态化的政治语言自上而下地实行妇女动员。三是依靠妇女间的口口相传。例如，农村妇女相对于城镇妇女文化水平低、信息不畅通，城市的女知青在下乡时带着一种使命感宣传男女平等思想，身体力行地示范着“男的能做到的，女的也能做到”。

表1－8　1955—1974年《人民日报》“三八”社论

时　间	《人民日报》“三八”社论
1955年	《全国妇女动员起来，参加建设社会主义祖国、解放台湾、保卫和平的伟大斗争》
1962年	《把妇女工作做得更切实更深入更细致》
1956年	《充分发挥妇女在社会主义建设中的伟大作用》
1963年	《妇女们，为争取新的胜利而斗争》
1958年	《行行都出女状元》

① 陈琼：《现代国家建构与妇女公共参与——组织变迁的视角》，社会科学文献出版社2011年版，第211页。

（续上表）

时　间	《人民日报》“三八”社论
1964 年	《妇女们，发扬革命精神争取新的胜利》
1959 年	《妇女们，鼓足冲天的干劲，做出更大的贡献》
1965 年	《大树革命雄心，苦练过硬本领——纪念“三八”国际劳动妇女节》
1960 年	《我国妇女解放运动的新阶段》
1967—1973 年	空缺
1961 年	《妇女们，为今年农业丰收贡献更大力量》
1974 年	《妇女都动员起来》

资料来源：金一虹：《“铁姑娘”在思考——中国“文化大革命”期间的性别与劳动》，《社会学研究》2006 年第 1 期，第 177 页。

由此可见，党和国家的话语与利益可能掩盖了妇女自身的话语和利益，但在中国的特殊历史境遇下，国家话语优先于女权话语是不可避免的，它也必然成为妇女解放话语的生产机制。

三、妇女真的解放了

评判“妇女解放”的标准是什么？笔者认为，主要有两条评判线索。一条是以“革命观念话语”为线索，另一条是以“女权实践行动”为线索。在革命观念话语下，“解放”意味着“推翻压迫、解除束缚”，即推翻了阶级压迫和封建礼教等习俗的压迫，让妇女从家庭走向社会，妇女就能从依附走向独立，从而获得解放；在女权实践行动下，“妇女解放”意味着争取性别解放的实践运动，即以行动打破男性霸权地位，男女在经济、政治、文化、社会和家庭各个领域实现平等。中国共产党作为无产阶级政党，在所颁布的《中华人民共和国宪法》第八十六条规定：“中华人民共和国年满十八岁的公民，不分民族、种族、性别、职业、社会出生、宗教信仰、教育程度、财产状况、居住期限，都有选举权和被选举权。……妇女有同男子平等的选举权和被选举权。”第九十六条规定：“中华人民共和国妇女在政治的、经济的、文化的、社会的和家庭的生活各方面享有同男子平等的权利。”[1]

这是否意味着中国的妇女已经获得彻底的解放了呢？事实上，无论是“危机女性”“女生产能手”还是“铁姑娘”，她们在追求解放的道路上仍然不得不受到男权文化的限制，从而承受着一边享受“解放”，一边背负身体与精神双重痛苦的巨大矛盾。例如，妇女参加棉田劳动只是填补男性劳动者退出的空间，因为男性进入了更受尊重的水利建设领域，种植棉花才被建构为“适合妇女特点”的劳动，但实际上在种、摘棉花的过程中出现了很多损害妇女健康的事件，如农药中毒、闭经病、子宫脱垂等。[2] 在1958年“大跃进”的时候，许多妇女刚生完孩子就要下地劳动，所以子宫脱垂现象比较多。

> 很多妇女子宫脱垂非常痛苦，走路吧，一个大肉疙瘩。子宫就拖出来她还得下地劳动。有这个病还不能对别人说，拉个带子吊起来，挂在背上、脖子上，或腰带上。最严重的，我们发现，因为子宫脱出来，经常是臭乎乎的，有的被猫咬了，在被子里被老鼠咬了。[3]

一些妇女由于感觉太苦太累，就想尽办法找借口逃避劳动，实在没办法就拿娃娃病了作借口，因此有人编了顺口溜“娃娃是把伞，又挡日头又遮懒”。这暴露了在国家强势动员的情况下，妇女作为弱者别无选择地只能“服从安排”，即使想“反抗”，也最多是拿婴孩作为“武器”，以此躲避。

“文革”时期的“铁姑娘”虽然勇于挑战传统的性别分工，与男人干一样的活，但在忽视女性生理特点的情况下，这也是挑战自己的生理极限。许多妇女轻则落下病根，重则丢掉性命。一些女知青在坚持不住的情形下想办法调走，或想方设法请假，甚至有的不惜“下嫁”给她们“看不起”的农村男人，让这些男人帮她们干重的体力活。可见，这种以“男女都一样”为宗旨的“男女平等”在现实中是不符合女性利益诉求的，也不

---

① 《中华人民共和国宪法》（1954），转引自中华全国妇女联合会编：《中国妇女运动重要文献》，人民出版社1979版，第184页。

② 参阅高小贤：《“银华赛”：1950年代农村妇女与性别分工》，王政、陈雁主编：《百年中国女权思潮研究》，复旦大学出版社2000年版，第275页。

③ 高小贤：《“银华赛”：1950年代农村妇女与性别分工》，王政、陈雁主编：《百年中国女权思潮研究》，复旦大学出版社2000年版，第276页。

利于女性的全面发展。事实上，真正的“铁姑娘”只是少数，广泛的性别分工依旧存在。大多数妇女仍然未曾逃脱“男强女弱”的霸权文化的统治。

妇女走出家庭、走向社会、参加革命与生产劳动其实是一种“不可选择”的“权利”与“义务”，她们以这种方式服从党、配合党并报答党，将自己代入党和国家赋予的角色之中。可以说，作为“社会主义革命”的妇女解放运动是成功的，它在可能的最大限度内解放了妇女，帮助妇女走出了封建家庭，从而跨越了一个“旧时代”①，妇女也以“自我牺牲”的精神完成了党与国家交给的“任务”；而作为“女权主义革命”的性别解放运动是未完成的，它仅从法律上和意识形态上确定了男女平等的合法性，要将其落实到实践生活中，仍有很长的路要走。

从中国近现代妇女运动的发展脉络看，它具有以下几个明显的特点：

第一，女性与男性是并肩作战的“朋友”，而非相互对立的“敌人”。中国女权运动在初兴之时，男性精英发挥了关键的作用，男性精英对妇女的启蒙大致经历了男性精英的“唤”，到女性精英的“觉”，再到妇女大众的“醒”的过程。妇女从一开始就不是因为自己的觉醒去寻求解放，而是国家危机与男性肩上的“历史使命感”将妇女问题推上了社会的议事日程，妇女的作用前所未有地被放大，从而造就了一大批觉醒的女性。“同为国民、同担责任”的革命动员成了先进妇女配合男性一同参加反封建反帝国主义斗争的最初动力。“义务平等”成为中国“男女平等”的最初形式。女性首先通过“尽义务”跳出封建家庭，走向社会，体现其主体性。

第二，女权运动总是与其他革命运动相联系。在辛亥革命和五四运动时期，以参政为目的的女权运动曾经尝试以独立的姿态出现，但它不被鼓励也不受认可，被认为是资产阶级妇女为了“出风头”的无聊之举，在这顶以阶级画线的意识形态“高帽”之下，参政运动以失败告终。从辛亥革命、五四运动，到国民革命、土地革命，再到抗日战争、社会主义民主革命，女权运动一次又一次地被纳入这些革命运动的轨道里，成为被反复利用的利器。这种阵发性的女权运动没有明确的目标，其目标会随着革命性质变化而变化，其进程会随着革命战争的结束而出现多次断裂，从而大大影响了以追求妇女权益与男女平等为宗旨的女权运动的发展。

---

① 揭爱花：《国家干预：中国妇女解放实践模式的体制建构》，《湖北社会科学》2011 年第 10 期，第 51 ~ 56 页。

第三，国家、政党在女权运动中的作用开始突显。自中国共产党成立以来，它便把解放妇女作为自己的政治目标之一，致力于让全体妇女从“政权、族权、神权、夫权”四大权力的压迫中解脱出来，因此领导了红红火火的妇女解放运动。其主要方法是让妇女走出家庭并参加社会革命与生产劳动。妇女解放运动从头到尾是一场自上而下的政治运动。其结果是，妇女从对男人的依赖转向了对国家和政党的依赖（因为是中国共产党解放了妇女，让妇女获得了与男性平等的地位与权利），妇女在运动中对国家和政党的认同大于对女性身份的认同（即妇女不是因为自己是女性、为了女性的整体利益才参与解放运动，而是为了响应国家与政党的号召而运动）。由此，妇女又从社会场域进入了现代意义上的民主——国家场域。

综上所述，虽然中国近现代的女权运动未能像西方国家那样发展成为独立的社会运动，未能完成对男权和父权制度的彻底清除，但是我们是否对它完全持消极评价呢？非也。中国近现代的女权运动也有其积极的一面。

首先，妇女解放运动通过国家的革命与解放得以间接地超越性实现①。妇女走进了原是男性一统天下的社会和政治生活，她们在法律上获得了与男人平等的地位，在婚姻选择和职业选择上获得了相对的自由。其次，革命开启了女权运动的空间，妇女在国家革命与女权主义之间的冲突与反思中构建着自我的主体意识与主体身份，并开始发出自己的声音，塑造女性自己的语言体系。

中国近现代的女权运动对当代的女权运动有一定的影响，其中的一些特点延续到了今天，如国家、政党、妇联对女权运动的作用在不断加深；而一些特点则消失了，如女权运动已逐渐脱离了与其他政治运动捆绑在一起的命运，发展成为追求性别平等、增进妇女权益的独立运动。这些我们将在后面几章进行详细探讨。

---

① 张素玲：《革命与限制：中国共产党早期妇女领袖（1921—1927）》，河南大学出版社2011年版，第323页。

第二章

转型期中国女权运动的组织动员

中国实施改革开放30多年来，从经济领域开始，到政治、社会领域，乃至文化领域都在发生着不同程度的变化，学术界把这一时期统称为中国的转型时期。在转型时期，中国的女权运动既沿袭了历史的一些传统，又富含着新时期所赋予的时代特点。中国的女权运动逐渐从过去带有强烈的革命性、意图性、依附性的政治运动中独立出来，形成了政治性、社会性运动并存的多种发展态势，包括常规型的妇女运动、社会运动型的女权运动，以及社会抗争型的女权行动。无论在常规型的妇女运动或是社会运动型的女权运动中，组织都发挥着关键作用。本章重点考察不同的组织对中国女权运动带来了怎样的影响及发挥着怎样的作用。

在本章中，出于研究的需要，笔者将组织划分为两大类：政治组织和社会组织。影响中国女权运动的政治组织包括国家、政党和妇女联合会①，社会组织包括民间妇女组织和国际社会组织。毫无疑问，在女权运动或妇女运动中，这些组织有着共同的目标追求——性别平等。然而，这些组织又可被看作是独立的政治行为体，它们有各自的组织利益与政治立场。不同的组织利益与立场引导着怎样的行为方式？不同的行为方式又产生了怎样的效果？组织之间的关系是怎样的？它们在面对各自的机遇与挑战时如何进行互动？各方力量的较量对女权运动的发展带来了怎样的影响？这些是本章力图解决的问题。

第一节 国家动员

如果说新中国成立之后至改革开放之前的女权运动是对国家与共产党具有极强依赖性的政治运动的话，那么，随着中国的改革开放为社会创造出更多的自由空间，女权运动也渐渐地独立出来而具有了更多的社会性质。因而，国家与女权运动的关系可置于国家与社会关系这一大范畴之下进行探讨。这里的国家是指宏观层面上的民族国家。在讨论国家对女权运动的动员及影响时，这里的国家更多地指向一个行使权力的机构，它拥有

① 以下简称“妇联”，妇联虽然在名义上被定义为社会组织，但在其实际运作和行动中，更多的带有官方的组织性质，故本书将其归为政治类组织。本章在讨论“妇联组织与女权运动”一节中会详细阐述。

着在自身的结构和性质以及与这些结构与性质相应的行为方式[①]，它是一个有着独立利益与目标的行为体。因此，在中国女权运动的研究中，必须把国家当成一个独立的结构来看待，国家是影响女权运动发展的一个重要变量。本节着重探讨转型期的中国为女权运动带来了哪些政治机会，以及作为有着独立旨趣、目标、利益的政治行为体，国家的具体行为对女权运动产生了怎样的影响。

一、国家转型与女权运动

（一）国家转型为女权运动创造政治机会

在社会运动理论中，对国家与社会运动的关系研究常常锁定在对政治机会结构的研究。蒂利与麦克亚当两位学者对政治机会结构有过深入的研究。蒂利认为，政治机会结构是指各种促进或阻止某一政治行动者集体行动的政权及制度/机构特征[②]。它对一个社会运动能否兴起、怎样发展起着至关重要的作用。麦克亚当认为，任何能改变现有政治秩序的社会变化对于社会运动群体来说都可以是一个政治机会[③]。社会运动发展的阻碍与推动力量和政治机会或威胁在相当程度上是由国家以及国家性质决定的[④]。从国家与社会的关系角度上看，国家结构与性质的变迁，以及它所引起的国家与社会力量对比的变化，为一国的社会运动提供了重要的政治机会。因此，要厘清中国的国家行为对女权运动带来的影响，首先要知道国家的转型对中国女权运动意味着什么，它给女权运动创造了怎样的政治机会。

我们一般把1978年开始的中国政治经济体制改革视为中国国家与社会转型的分水岭，新中国成立至改革开放为转型前时期，改革开放后至今为转型后时期。中国的转型可分为国家结构转型、社会结构转型和经济体制转轨三个维度。在转型前时期，它们分别对应的形态是全能政治、总体性社会和计划经济体制。邹谠教授指出，全能主义政治与全能主义政治制度

---

① 赵鼎新：《社会与政治运动讲义》，社会科学文献出版社2006年版，第123页。

② ［美］查尔斯·蒂利、西德尼·塔罗著，李义中译：《抗争政治》，译林出版社2010年版，第250页。

③ 赵鼎新：《社会与政治运动讲义》，社会科学文献出版社2006年版，第193页。

④ 赵鼎新：《社会与政治运动讲义》，社会科学文献出版社2006年版，第194页。

的基本特点是这个社会中没有一个政治权利机构不能侵犯的领域[①]。总体性社会的主要特征则是国家对经济和社会领域的总体性控制，即国家对社会资源的全面控制和垄断。这些社会资源不但包括物质、资金，还包括权力、威望以及机会等。[②] 国家对社会的控制还突出地表现在行政性整合模式的出现，它替代了过去地方层级上民间精英的社会整合机制。20 世纪 50 年代中后期，无论是农村出现的人民公社，还是城市的单位，或是工青妇等群众团体，都是国家渗透社会、在社会的行政化延伸，是国家控制社会的有力工具。以单位制为例，它是集各种职能于一身的综合性组织，功能齐全的单位就是一个社会，成员的生老病死、吃喝拉撒都能够包办[③]。“国家办单位、单位办社会”是其典型特征，民众对单位的高度依附与服从，实质是在国家组织化的背景下，人们不自觉地被国家管理、被国家控制，出于义务性的听从国家安排，服从国家意志。“单位人”也不可避免地进入了一种政治化（“革命化”）的生活模式当中。

国家除了通过单位制控制社会之外，还把各种可能具有社会性、民间性的群众组织或社团组织（如工会、妇联等）全部收编，纳入国家政治体制的结构内[④]，工会、青年团、妇联等在名义上属于“社会组织”，实际上是贯彻国家意图、执行国家使命的官方组织。

反观中国转型前妇女群体与国家的关系，妇女群体一直被视为国家现代化建设的重要人力资源。国家运用其极强的动员能力，通过妇联等人民团体动员广大妇女群众参加政治运动及生产劳动；女权运动表现出对国家资源的高度依附，完全依赖国家体制的力量而发展。“男女平等”虽从政治口号上升为国家意志，但它更多的只是国家对妇女的一种政治激励手段，妇女群体参加政治动员是出于对国家的政治效忠，拥护国家政策，服从党的领导。社会上也缺少专门为妇女争取利益的社会团体。

中国国家与社会关系的转折始于 1978 年党的十一届三中全会提出的改革开放政策。改革开放 30 多年来，国家从过去的总体性组织构造后退，努力朝着现代有限政府的构造发展，并以分权和放权的方式向经济与社会领

---

① 邹谠：《二十世纪中国政治——从宏观历史与微观行动的角度看》，牛津大学出版社 1994 年版，第 7 页。

② 参阅孙立平：《改革前后中国国家、民间统治精英以及民众间互动关系的演变》，《中国社会科学季刊》1993 年第 6 期。

③ 高丙中、袁瑞军主编：《中国公民社会发展蓝皮书》，北京大学出版社 2008 年版，第 7 页。

④ 陆学艺主编：《当代中国社会结构》，社会科学文献出版社 2010 年版，第 327 页。

域让渡发展空间、机会和资源。从组织结构上逐步形成现代意义的国家、市场经济组织和公民社会组织三元结构格局①。中国的转型首先起始于经济领域。三中全会把全党的工作重心从“以阶级斗争为纲”转移到社会主义现代化建设上来，提出了“以经济建设为中心”的发展战略。计划经济体制转向市场经济体制，这意味着市场拥有对更多资源的配置权和控制权。经济领域随即释放出“自由流动资源”和“自由活动空间”，这标志着中国改革前的总体性社会中的资源垄断体制已经发生变化②。因此，经济体制的改革促进了社会的解放，使社会获得相对独立的发展、发育空间，这也促使各种新的社会力量成长。

从国家与社会的关系角度考量，三个方面的巨大变革使社会获得重新发展的可能性和必要性。第一，改革开放后，政府的职能在不断转变，政府逐渐放弃其在计划经济时代承担的社会职能，将一些职能归还给社会，如政府不再为人们分配工作，人们需要自行寻找就业机会。第二，国家对行政管理体制进行改革，其最突出的表现是行政审批制度的改革。行政审批制度的减量式改革，必然向社会开放自我行动进而自我组织起来的政策和制度空间。③ 第三，单位制度的萎缩和瓦解，个人渐渐从单位的“束缚”中解脱出来，从而减轻了对国家的依赖。

那么，国家的一系列转型，为女权运动创造了哪些政治机会呢？首先，中国朝着规范化、法制化的方向演进。中国经济的自由化转型使得国家更加尊重国际上的一系列惯例和规则，这促使国家以更加公平、公正的程序和原则解决问题，因而更注重法制化和规范化。经济领域的法治化无疑也会促进政治和社会领域的法治化。政府的权力受到法律的约束，人民的权利受到法律的保护，人们活动的自由空间（如结社自由、言论自由等）也得到法律的相应保障。妇女的合法权益也在国家法律条文中得以体现，并不断清晰化与细致化，许多条规不再是空洞的泛泛而谈，而是有了明确、具体、可操作的规定。

其次，随着国家对社会的总体性控制的收缩，随着社会经济活动空间的扩大，社会利益开始分化，导致各种新的个人利益和群体利益的形成，

---

① 参阅陆学艺主编：《当代中国社会结构》，社会科学文献出版社 2010 年版，第 322 页。

② 参阅孙立平：《改革前后中国国家、民间统治精英以及民众间互动关系的演变》，《中国社会科学季刊》1993 年第 6 期。

③ 陆学艺主编：《当代中国社会结构》，社会科学文献出版社 2010 年版，第 359 页。

加上国家对权力的让渡，于是，社会组织纷纷兴起（见表 2－1 和图 2－1）。在有关中国社会发展的经验研究中，甚至是世界银行的年度报告，都将民间（非营利）组织的数量进展，看作一个国家内部发展的主要证据。①

表 2－1　1988—2011 年中国民政部门登记的民间组织的发展情况　（单位：个）

年　份	民间组织合计			
		社会团体	民办非企业	基金会
1988 年	4 446	4 446	—	—
1989 年	4 544	4 544	—	—
1990 年	10 855	10 855	—	—
1991 年	82 814	82 814	—	—
1992 年	154 502	154 502	—	—
1993 年	167 506	167 506	—	—
1994 年	174 060	174 060	—	—
1995 年	180 583	180 583	—	—
1996 年	184 821	184 821	—	—
1997 年	181 318	181 318	—	—
1998 年	165 600	165 600	—	—
1999 年	142 665	136 764	5 901	—
2000 年	153 322	130 668	22 654	—
2001 年	210 939	128 805	82 134	—
2002 年	244 509	133 297	111 212	—
2003 年	266 612	141 167	124 491	954
2004 年	289 432	153 359	135 181	892
2005 年	319 762	171 150	147 637	975
2006 年	354 393	191 946	161 303	1 144
2007 年	386 916	211 661	173 915	1 340

① 参阅高丙中、袁瑞军主编：《中国公民社会发展蓝皮书》，北京大学出版社 2008 年版，第 118 页。

(续上表)

年 份	民间组织合计	社会团体	民办非企业	基金会
2008 年	413 660	229 681	182 382	1 597
2009 年	431 069	238 747	190 479	1 843
2010 年	445 631	245 256	198 175	2 200
2011 年	461 971	254 969	204 388	2 614

资料来源：1988—2009 年数据来自国家民间组织管理局主办的“中国社会组织网”上的统计资料中的“民间组织历年统计数据”网页上的表“A4 民间组织理念统计数据”，http：//www. chinapo. gov. cn/，2010—2011 年数据来自《中国统计年鉴—2011》，“中华人民共和国国家统计局”网页，http：//www. stats. gov. cn/。

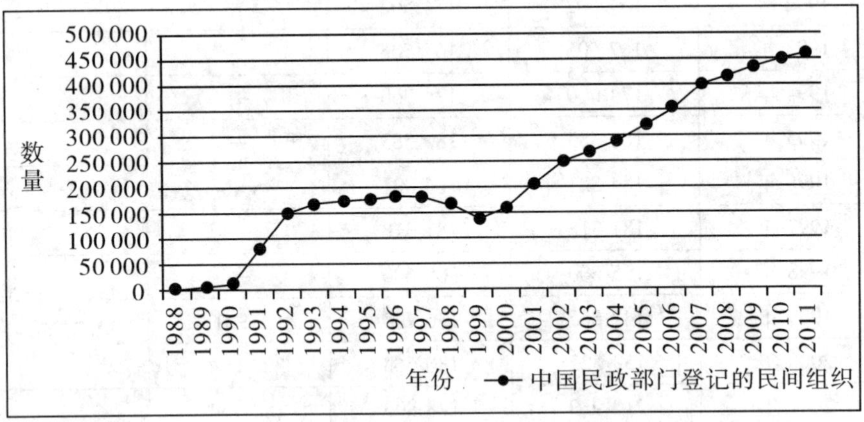

图 2－1　1988—2011 年中国民政部门登记的民间组织的发展情况

从表 2－1 和图 2－1 中可看出，中国民间组织的数量从 20 世纪 90 年代开始迅猛增长，除了 1996 年至 1999 年民政部对社会团体的清理整顿阶段民间组织数量有所下滑外，从 2000 年开始民间组织的数量实现了稳定的增长态势。截至 2011 年年底，全国各级各类民间组织已经有 46 万多个，其中社会团体接近 25. 5 万个，民办非企业单位 20. 4 万个，基金会 2 614 个。这意味着，在中国，社会力量正在逐步壮大；人们在个人与民间组织之间也拥有了更自由、更灵活、更开放的选择；人们在参与社会组织的过程中培养的公民志愿精神、团结合作精神更是公民社会发展必不可少的精神品质。

中国国家的转型与社会结构的变迁同样促使了妇女群体需求与利益的

增加，新时期女性问题（婚姻家庭问题、女大学生就业难、女童失学、家庭暴力、性侵犯等）的凸显也刺激了更多民间妇女团体的成立（见表2－2、表2－3）。

表2－2 1990—2004年妇女组织状况 （单位：个）

年 份	妇联组织数	基层妇代会	工会女职工委员会	机关事业单位妇女组织数	非公有制经济组织中妇女组织数	妇女研究机构数	民主党派妇委会
1990年	66 025	809 773	255 269	46 706	—	446	1 390
1992年	56 848	178 180	183 449	59 944	—	443	1 150
1994年	55 303	178 180	181 462	59 365	—	252	1 387
1995年	—	—	181 462	130 938	—	—	—
1996年	—	—	163 574	134 193	2 782	—	—
1997年	—	—	221 308	137 904	4 813	—	—
1998年	—	—	320 033	139 644	7 762	—	—
1999年	—	—	309 620	—	—	—	—
2000年	—	—	431 828	86 349	15 027	82	
2001年	—	—	—	—	—	—	—
2002年	—	—	466 329	72 282	22 147	—	—
2003年	50 868	684 000	463 197	72 286	24 060	—	1 392
2004年	—	—	587 372	71 611	33 321	180	—

资料来源：陈琼：《现代国家建构与妇女公共参与——组织变迁的视角》，社会科学文献出版社2011年版，第153页。

表2－3 民政部登记注册的民间妇女组织发展状况 （单位：个）

年 份	民政部登记注册的妇女团体	民政部登记注册的民办企业妇女组织
2002年	1 212	4 488
2003年	1 212	4 488
2004年	1 762	7 253

资料来源：陈琼：《现代国家建构与妇女公共参与——组织变迁的视角》，社会科学文献出版社2011年版，第154页。

民间妇女组织的发展填充了妇联组织和国家在社会上对于解决众多妇女问题的缺位，使得不同阶层的妇女可以讲自己想讲的话，做自己想做的事。更重要的是，民间妇女组织对政治机会的正确把握和利用，可以促进中国女权运动的发展。

国家转型为女权运动创造的第三个政治机会来自其政治承诺。1995 年联合国在中国举办的第四次世界妇女大会给中国性别平等问题的解决带来重要契机。中国政府对性别问题提高关注，并提出“把男女平等作为促进我国社会发展的一项基本国策”，开始将性别意识纳入决策主流。中国政府于 1995 年世界妇女大会上签署了《北京宣言》和《行动纲领》，2000 年纪念北京第四次妇女大会五周年时签署《政治宣言》，2005 年“北京 +10”时签署《北京 +10 宣言》[①]，对联合国和国际社会作出庄严承诺。1990 年，政府建立了国务院妇女儿童工作委员会，它担负起对政府纲要和规划的实施和检测的责任，推进政府承诺落实于行动。国家作出的政治承诺在主观上是要顺应全球化、时代社会性别主流化的国际人权观念，树立良好的国际形象，建立新的合法性权威；在客观上则促进了中国的性别平等。

（二）国家为女权运动提供制度资源

1. 妇女权利的法律保障机制

国家除了为中国女权运动创造政治机会外，还为其提供了重要的制度资源。这些制度资源主要表现为国家通过“赋权”的方式构建了一整套保护妇女权益的法律体系，并通过制定法律政策文本与落实行动两种进路，使两性的平等从形式平等走向实质平等。

堪称中国保护妇女权益基本法的《妇女权益保障法》于 1992 年颁布实施，它将妇女权利分为政治权利、文化教育权益、劳动和社会保障权益、财产权益、人身权利与婚姻家庭权益六大方面。为了保障妇女的这些权益，中国已经建立了“以《中华人民共和国宪法》为根据，以《中华人民共和国妇女权益保障法》为主体，包括《中华人民共和国婚姻法》《中华人民共和国继承法》《中华人民共和国劳动法》《中华人民共和国母婴保健法》《女职工劳动保护规定》等法律、行政法规和地方性法规在内的一

---

① 全国妇联妇女研究所主编：《中国妇女组织发展的理论与实践》，社会科学文献出版社 2007 年版，第 289 页。

整套保障妇女权益和促进妇女发展的法律体系"①。

中国妇女权利的法律保障体系主要包括六个方面（详见图2－2）。第一，以宪法为基础的根本法保障；第二，以妇女权益保障法为主体的专门法保障；第三，《中华人民共和国民法通则》《中华人民共和国婚姻法》《中华人民共和国继承法》《中华人民共和国劳动法》《中华人民共和国刑法》《中华人民共和国诉讼法》等国家法，对妇女的各项权利予具体保障的部门法（详见表2－4）；第四，国务院根据宪法和法律制定的保护妇女权益的一系列行政法规、决定和命令等，如1988年国务院颁布的《关于女职工劳动保护规定》，2003年《国务院工伤保险条例》、2004年《劳动保障监察条例》等（详见表2－5）；第五，中国各省、自治区、直辖市及地方各级的人民代表大会及常务委员会依据法律、法规所制定的地方性法规、决定和命令等，如各省立法机构颁布的本地执行妇女权益保护法办法、各省市女职工劳动保护暂行规定等；第六，经中国政府批准的有关妇女人权保障的国际公约和建议书的保障，主要包括：1979年联合国《消除对妇女一切形式歧视公约》、1990年国际劳工组织《男女工人同工同酬公约》、2001年的《经济、社会和文化权利国际公约》、2005年国际劳工组织的《关于就业及职业歧视的公约》（第111号公约）等②。

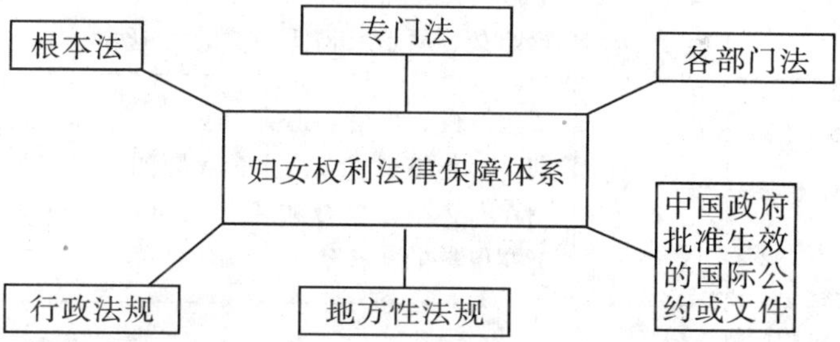

图2－2　中国妇女权利法律保障体系结构图

① 引自《中国妇女发展纲要（1995—2000年）》序言。

② 参阅薛宁兰：《社会性别与妇女权利》，社会科学文化出版社2008年版，第63～64页。

表 2-4 中国保障性别平等的主要法律

法律名称	颁布年份	主要内容
《中华人民共和国宪法》	1954 年	中国妇女在政治、经济、文化、社会和家庭生活各个方面享有与男子平等的权利
	1982 年	再一次规定了妇女享有的平等权利
	2004 年	将保护人权条款写入宪法
《中华人民共和国妇女权益保障法》	1992 年	妇女在政治、经济、文化和社会生活，以及财产、结婚、离婚和家庭生活方面享有和男子同等的权利
	2005 年	将“男女平等基本国策”写进法律
《中华人民共和国婚姻法》	1950 年	彻底废除包办强迫、男尊女卑的封建婚姻制度，实行男女婚姻自由，保证在婚姻方面妇女和男子享有事实上同样的合法权利
	1980 年	重申婚姻自由、一夫一妻、保护妇女和子女的合法权益，禁止包办婚姻、禁止重婚
	2001 年	反对家庭暴力第一次被明确地写进法律
《中华人民共和国农村土地承包法》	2003 年	确保妇女与男子享有平等的土地承包权利，将男女平等作为基本原则写入总则，同时明确规定保护出嫁妇女、离婚及丧偶妇女的土地承包权
《中华人民共和国人口与计划生育法》	2002 年	禁止歧视、虐待、遗弃女婴，禁止非医学的选择性别；禁止歧视、虐待生育女婴的妇女和不孕的妇女；妇女在怀孕、生育和哺乳期间，可享受特殊保护并可获得帮助和补偿
《中华人民共和国工会法》	2001 年	保护女职工的合法劳动权益
《中华人民共和国职业病防治法》	2001 年	用人单位不得安排孕期、哺乳期的女职工从事对本人和胎儿、婴儿有危害的作业
《中华人民共和国村民委员会组织法》	1998 年	对农村妇女政治权利有具体的规定：“村民委员会成员中，妇女应当有适当的名额。”

（续上表）

法律名称	颁布年份	主要内容
《中华人民共和国刑法》	1979年	对拐卖妇女儿童罪、收买被拐卖妇女儿童罪有明确的规定，对怀孕妇女、哺乳期妇女的犯罪行为的定罪有规定
	1997年	对拐卖人口罪作了重要补充和修订
《中华人民共和国职业教育法》	1996年	国家采取措施，帮助妇女接受职业教育
《中华人民共和国母婴保健法》	1995年	母亲和婴儿有获得婚前保健、孕产期保健等医疗保健服务的权利
《中华人民共和国广告法》	1995年	广告不得含有性别歧视内容
《中华人民共和国全国人民代表大会和地方各级人民代表大会选举法》	1995年	规定全国人民代表大会和地方各级人民代表大会的代表中，应当有适当数量的妇女代表，并逐步提高妇女代表的比例
《中华人民共和国地方各级人民代表大会和地方各级人民政府组织法》	1995年	县级以上的地方各级人民代表大会，民族乡、镇的人民代表大会和县级以上的地方各级人民政府，民族乡、镇的人民政府保障宪法和法律赋予妇女的男女平等、同工同酬和婚姻自由等各项权利
《中华人民共和国教育法》	1995年	公民不分民族、种族、性别、职业、财产状况、宗教信仰等，依法享有平等的受教育机会
《中华人民共和国劳动法》	1994年	妇女享有与男子平等的就业权利，并就女职工的劳动保护作出了具体规定
《中华人民共和国全国人民代表大会常务委员会关于严禁卖淫嫖娼的决定》	1991年	严禁卖淫、嫖娼，严惩组织、强迫、引诱、容留、介绍他人卖淫的犯罪分子

（续上表）

法律名称	颁布年份	主要内容
《中华人民共和国全国人民代表大会常务委员会关于严惩拐卖、绑架妇女、儿童的犯罪分子的决定》	1991 年	严惩拐卖、绑架妇女、儿童的犯罪分子，保护妇女、儿童的人身安全，维护社会治安秩序
《中华人民共和国残疾人保障法》	1990 年	保护妇女残疾人的教育、劳动、文化生活等合法权益
《中华人民共和国义务教育法》	1986 年	所有 6 岁以上的儿童，无论性别、民族和种族，必须上学接受九年制义务教育
《中华人民共和国民法通则》	1986 年	妇女享有和男子同等的民事权利
《中华人民共和国继承法》	1985 年	男女享有同等的继承权
《中华人民共和国民族区域自治法》	1984 年	注重在少数民族妇女中培养各级干部和各种专业技术人才
《中华人民共和国刑事诉讼法》	1979 年	对应当逮捕的犯罪嫌疑人、被告人，如果正在怀孕、哺乳自己婴儿的妇女，可以采取取保候审或者监视居住的办法；对于被判处有期徒刑或者拘役的怀孕或者正在哺乳自己婴儿的妇女，可以暂予监外执行

资料来源：谭琳、杜洁等著：《性别平等的法律与政策》，中国社会科学出版社 2008 年版，第 70 ~ 77 页；中华全国妇女联合会、中国妇女研究会：《中国非政府妇女组织对中国政府执行〈行动纲领〉和〈成果文件〉的评估报告——中国非政府妇女组织〈紫皮书〉》，2004 年 6 月；中华人民共和国国务院新闻办公室：《中国性别平等与妇女发展状况》，2005 年 8 月；中国妇女网的“法律法规”栏，http：//www. women. org. cn/。

表 2－5　中国促进妇女权益的主要行政法规

行政法规	颁布机构	颁布年份	主要内容
《中国妇女发展纲要》	国务院	1995—2000 年 2001—2010 年 2011—2020 年	中国政府在不同时期颁布的关于妇女发展的专门性规划

（续上表）

行政法规	颁布机构	颁布年份	主要内容
《流动人口计划生育管理和服务工作若干规定》	国家人口和计划生育委员会	2004 年	提高妇女流动人口计划生育管理和服务水平，维护妇女流动人口实行计划生育的合法权益，稳定低生育水平，促进人口与经济、社会的协调发展
《关于进一步做好培养选拔女干部、发展女党员工作的意见》	中共中央组织部	2001 年	提出 2001—2005 年培养选拔女干部工作的目标，重申了“同等条件下优先选拔女干部”的原则，要求省、自治区、直辖市和市（地、州、盟）党委、人大、政府、政协领导班子至少要各配 1 名以上女干部，县（市、区、旗）党委、政府领导班子各配 1 名以上女干部
《关于努力保证农村妇女在村委会成员中有适当名额的意见》	民政部	1999 年	提出了保障村委会成员中妇女占一定比例的具体要求和措施
《流动人口计划生育工作管理办法》	国家计划生育委员会	1999 年	加强妇女流动人口计划生育管理工作，维护妇女流动人口的合法权益，有效地控制人口增长
《女职工保健工作规定》	卫生部、劳动部、人事部、全国总工会、全国妇联	1993 年	保护女职工的身心健康及其子女的健康发育和成长，提高民族素质
《卖淫嫖娼人员收容教育办法》	国务院	1993 年	怀孕或者哺乳本人所生一周岁以内婴儿的卖淫、嫖娼人员，可以不予收容教育；收容教育所对被收容教育人员，应当按照性别和有无性病实行分别管理。被收容教育的女性人员，应当由女性工作人员进行管理

（续上表）

行政法规	颁布机构	颁布年份	主要内容
《女职工禁忌劳动范围的规定》	劳动部	1990年	根据《女职工劳动保护规定》第十六条的要求，为保护女职工身心健康及其子女的正常发育和成长
《女职工劳动保护规定》	国务院	1988年	维护女职工的合法权益，减少和解决女职工在劳动和工作中因生理特点造成的特殊困难，保护其健康

资料来源：谭琳、杜洁等著：《性别平等的法律与政策》，中国社会科学出版社2008年版，第70~77页；中华全国妇女联合会、中国妇女研究会：《中国非政府妇女组织对中国政府执行〈行动纲领〉和〈成果文件〉的评估报告——中国非政府妇女组织〈紫皮书〉》，2004年6月；中华人民共和国国务院新闻办公室：《中国性别平等与妇女发展状况》，2005年8月；中国妇女网的“法律法规”栏，http：//www. women. org. cn/。

2. 国家保障妇女人权实现的行动计划——以三部《中国妇女发展纲要》为例

1995年世界妇女大会（以下简称世妇会）之后，国务院开始制订和实施促进社会性别平等、保障妇女人权实现的国家行动计划——《中国妇女发展纲要》①。迄今为止，中国已颁布了三部妇女发展纲要②，并建立健全了实施纲要的检测评估机制。通过越来越频繁的国际交流与吸取外国先进理念，国家对于妇女工作有很多细微的变化，对于保障妇女权益、促进性别平等已渐渐从政治承诺上升为国家意志，国家从制定法律政策到教育、宣传，都开始注重引入性别视角，审视言论、政策、行动是否体现性别平等，经过对国务院制定的三部妇女发展纲要的社会背景和主要内容的认真分析，可得出国家对待妇女工作的一些重要转变的特点：

首先，从强调妇女在经济建设中的作用到更关注妇女本身。党的十一届三中全会确立了“以经济建设为中心”的基本路线，经济发展成为我国这30多年的主旋律与首要目标。这一宏观大背景在三部妇女发展纲要中均有体现，其中，《中国妇女发展纲要（1995—2000年）》（以下简称’95纲

① 薛宁兰：《社会性别与妇女权利》，社会科学文化出版社2008年版，第24页。

② 分别是《中国妇女发展纲要（1995—2000年》）《中国妇女发展纲要（2001—2010年）》和《中国妇女发展纲要（2011—2020年）》。

要）体现得尤为明显。’95纲要把妇女定位为国家发展的重要人力资源，“妇女的素质影响到民族的素质，妇女的发展水平影响着一个国家的综合国力”，并在序言中确立了未来几年妇女发展的任务是：“动员和组织全国各族妇女投身改革开放和社会主义现代化建设，全面提高妇女素质，依法维护妇女权益，进一步提高妇女地位。”① 在妇女发展的具体目标中，第二条则是“组织妇女积极参与改革开放和现代化建设，推动社会生产力的发展”②，然后才到关注妇女的劳动权、教育权、健康权、人身权及贫困等切身问题。《中国妇女发展纲要（2001—2010年）》（以下简称’01纲要）在前言中也开宗明义地提出“2001—2010年是我国经济和社会发展重要时期”这一社会背景，倡导妇女发展必须在面对国家现代化建设的新形势下确立更高的目标，在“总目标”设置中也提到“推动妇女充分参与经济和社会发展”③，意在说明妇女的发展目标同样也要遵从与服务于国家现代化建设的宏观背景。有所改变的是，’01纲要没有在制定具体目标时强调妇女要积极参与经济建设、推动社会生产力发展等字句，但在确定妇女的6个优先发展领域时，仍将“妇女与经济”置于首位，以显示其重要性。《中国妇女发展纲要（2011—2020年）》（以下简称’11纲要）虽也明确表示妇女是“经济社会发展的重要力量”，但已明显把重心转移到妇女自身的发展上来。’11纲要正视了妇女工作在过去十年中的成绩与不足，在纲要“指导思想”中强调男女平等这一项基本国策，努力“保障妇女合法权益，优化妇女发展环境，提高妇女社会地位”等④，在“总目标”中指出“将社会性别意识纳入法律体系和公共政策，促进妇女全面发展，促进两性和谐发展”⑤，并在妇女主要发展领域中，将“妇女与健康”置于首位，说明国家过去的逻辑始终是将妇女发展与国家发展、综合国力的提高联系起来，现在则明确妇女的发展是为了妇女本身，妇女在国家中的位置逐渐从客体（强调妇女在经济建设中的作用）转化为主体（关注妇女本身存在的问题）。

其次，妇女发展从单纯地依靠国家政策倾斜到强调培育社会力量。世界银行于2002年撰写的《中国国别社会性别报告》指出，“中央政府的职

---

① 引自《中国妇女发展纲要（1995—2000年）》。
② 引自《中国妇女发展纲要（1995—2000年）》。
③ 引自《中国妇女发展纲要（2001—2010年）》。
④ 引自《中国妇女发展纲要（2011—2020年）》。
⑤ 引自《中国妇女发展纲要（2011—2020年）》。

责下放，越来越依赖法治，非政府组织的出现，公民社会对政策和立法过程的参与”① 是推动中国社会性别平等的良好的社会环境。妇女权益的切实推进不能仅依靠国家给予的政治承诺和政策保护，更应该注重让民间妇女组织、妇女自身更多地参与到妇女工作和妇女运动中。《中国国别社会性别报告》中指出，中国的性别问题仍面临着许多挑战与尚未解决的问题：城乡贫困女性化、劳动性别歧视、收入差距大、机会不平等、妇女地位仍然低下等等。在提出改善措施时，世界银行优先考虑的是“改革法律和公民社会，以改善促进社会性别平等的环境”②，由此可见社会力量的增长对于妇女发展的重要性。中国也渐渐注意到此问题，意识到光靠国家的力量不能真正达到与落实推动妇女发展的目标，于是，’01 纲要里关于推进妇女发展的各个领域的诸多“策略措施”都设置了“国家宏观政策”“法律和部门政策”以及“社会保障和服务”三大模块，三管齐下保障妇女权益。’11 纲要则把“妇女与社会保障”独立出来为一个领域，在当中的“策略措施”第 8 条提出“倡导社会力量参与救助。大力支持和规范社会组织和公民的救助活动，鼓励社会组织开展公益活动，多方动员社会资源，为困难妇女提供救助”③。

最后，国家法律政策的制定更加具体和具有操作性。对比三部妇女发展纲要，第一部纲要制定的妇女发展“具体目标”是粗线条式地笼统列出要注意保障的妇女的一系列权益，一些提法甚至是口号式的，如“切实保障妇女的劳动权益”“提倡建立平等、和睦、稳定的家庭”“改善妇女发展的社会环境，提高她们的生活质量”等，政策和措施的制定也不具体，没有数据作为支撑，难以落到实处，这给最后的监测和评估带来难度。一些涉及妇女切身利害关系的条款（如家庭暴力侵害、贫困等）只是一笔带过，没有指出相应的有力保障措施。与此相比，后两部纲要则具体、明确得多。’01 纲要确定了妇女发展的六大领域：妇女与经济、妇女参与决策和管理、妇女与教育、妇女与健康、妇女与法律、妇女与环境。’11 纲要在此基础上添加了“妇女与社会保障”领域。两部纲要在妇女发展的各个领域设置了“主要目标”与“策略措施”两项，目标更明确，措施更详细、具体。以“妇女参与决策和管理”领域为例，’01 纲要的“主要目标”提出

---

① 引自世界银行：《中国国别社会性别报告》，2002 年 6 月。

② 引自世界银行：《中国国别社会性别报告》，2002 年 6 月。

③ 引自《中国妇女发展纲要（2011—2020 年）》。

“各级政府领导班子中要有一名以上女干部”，“国家机关部（委）和省（自治区、直辖市）、地（市、州、盟）政府工作部门要有一半以上的领导配备女干部”①；’11 纲要的“主要目标”提出“村委会成员中女性比例达到30%以上。村委会主任中女性比例达到10%以上”“居委会成员中女性比例保持在50%左右”等②。又如“妇女与教育”领域，’01 纲要的“主要目标”提出“高中阶段教育女性毛入学率达到75%左右，高等教育女性毛入学率达到15%左右”③；’11 纲要把高中阶段教育女性毛入学率提升到90%，把高等教育女性毛入学率提升到40%④。这与’95 纲要相比，具有很大的进步。

3. 制度资源的不足与完善

中国为女权运动提供了丰富的制度资源与制度环境，但仍有许多不足之处需要进一步改善。在法律政策方面，一些女性主义法学人士认为，国内法中没有对妇女歧视作出明确的定义；中国缺乏全面的法律来制止对妇女的暴力行为；中国尚无保护女性难民和寻求庇护者的法律法规⑤；国内的一些立法缺乏性别视角。因此，国家应在以后制定或修改法律时充分采用到性别视角，增加对女性权益保护的专门立法，如把《家庭暴力防治法》《中华人民共和国反就业歧视法》《性骚扰防治法》等列入国家立法规划，在《中华人民共和国妇女权益保障法》和《中华人民共和国治安管理处罚条例》的修改中增加反对家庭暴力、性骚扰等相关条款。

在监管机构方面，目前，国务院下设的妇女儿童工作委员会（以下简称妇儿工委）是国务院推动落实维护妇女儿童权益法律法规，组织实施妇女儿童发展纲要，推进妇女儿童事业发展的协调机构。国务院制定的《中国妇女发展纲要》由国务院及地方各级妇儿工委负责组织、协调、指导和监督的。有学者批评指出，妇儿工委是中国为迎接1995年世妇会的召开，应国际社会要求而建立的一个跨部门的非常设机构，它“实际上有名无实、职能不清、权责不明、资源缺乏、没有人才保障”⑥，无法真正胜任妇

---

① 引自《中国妇女发展纲要（2001—2010年）》。
② 引自《中国妇女发展纲要（2011—2020年）》。
③ 引自《中国妇女发展纲要（2001—2010年）》。
④ 引自《中国妇女发展纲要（2011—2020年）》。
⑤ 参阅薛宁兰：《社会性别与妇女权利》，社会科学文化出版社2008年版，第66~67页。
⑥ 陈琼：《现代国家建构与妇女公共参与——组织变迁的视角》，社会科学文献出版社2011年版，第178页。

女政策的制定与监管工作。为此，对妇儿工委的改革势在必行。妇儿工委应成为政府的专门职能部门，有自己的组织制度和专门人员配备，这样才能使妇女工作常规化有效运转。

在社会力量的培育方面，国家已经意识到社会力量的增长与援助对妇女发展的益处，国家的参与虽然能够大幅度、超越式地提升妇女地位、促进妇女发展，但由此使得妇女对国家的依赖性增强。一旦国家退出，妇女自身的力量不足，社会没有形成合力，就难以保障妇女的权益。因此，国家应进一步放宽权限，倡导并支持越来越多的性别平等的非政府组织的建立，并为其提供必要的财政支持，这才是妇女发展的长久之策。

二、女权运动中的国家行为

前面讨论了中国的转型为女权运动带来的政治机会和必要的制度资源，这给女权运动创造了良好的发展空间与机会。然而，国家也可被看作一个有着独立利益和组织目标的政治实体，那么，国家的利益与目标会与女权运动产生怎样的化学效应呢？我们通常认为，社会运动试图影响国家的发展与转型，但是反过来也是正确的，国家何尝不是在采取策略塑造着社会运动？中国的女权运动与国家的关系便是最好的例证。

（一）国家将女权运动纳入常规政治

社会运动与国家的关系是复杂的、多变的。国家对待不同社会运动的策略和态度是不同的。根据美国政治学者杰克·A. 戈德斯通的总结，国家通常会采取以下几种方式回应社会运动：①镇压社会运动，进行机构变革；②镇压社会运动，不进行机构变革；③容忍或者鼓励社会运动；④影响社会运动，不进行机构变革；⑤影响社会运动，进行机构变革；⑥通过持久联合影响社会运动；⑦通过使社会运动脱离政党而影响社会运动。[①] 通过前文分析我们可知，中国的女权运动从形成之初就不是以政府的“挑战者”或“对抗者”角色自居，它是以一种更为温和的方式甚至是依靠国家、政府的形式取得某种“飞跃式”的前进的，它与国家的关系是共生的、互助的。因此，中国对待女权运动的态度是支持和鼓励的，它更像上

---

① ［美］杰克·A. 戈德斯通主编，章延杰译：《国家、政党与社会运动》，上海人民出版社2009年版，第XXXV～XXXVⅢ页。

述③、⑤、⑦方式的综合体，同时，中国也试图从女权运动中寻求妇女群体的支持。为此，中国政府对女权运动采取的是融合、吸纳的策略。中国试图将女权运动转变为妇女运动，再将妇女运动转变为常规的妇女工作，在政府中成立妇女机构来发挥作用。

中国为何试图将女权运动纳入常规政治？在许多国家，女权运动始终不同于农民运动、学生运动、工人运动等对抗性强、牵一发而动全身的社会运动，它属于亚文化运动的范畴。亚文化运动的目标主要是要求社会对其成员的认同感有一个全面的尊重和承认[1]，它对现行政权不构成威胁，始终处于社会的边缘。面对这种运动，国家采取吸纳、整合的策略非但不会影响政府的日常运作，还会带来许多好处。首先，将女权运动制度化有利于国家的稳定。“稳定压倒一切”是中国建设社会主义现代化国家长期的战略选择，把社会上一切不稳定的因素“和谐化”也一度成为中国对待社会不同声音的行为选择。有西方学者认为，许多民主国家现已成为“社会运动社会”，因为大多数社会运动已经被制度化，成为规范政治的一部分[2]。受此启发，有中国学者倡议，在中国社会的发展中，建立一个能在将大多数社会运动制度化的同时将极端行为边缘化的国家社会关系，才是实现长治久安的真谛所在[3]。其次，将中国女权运动纳入常规政治有利于扩大国家的合法性基础。20 世纪 80 年代之前，中国政治的合法性主要通过计划经济、群众运动、意识形态和暴力来维系[4]，随着中国政治、经济体制的改革，合法性基础也发生了转变。不同于民主国家政府与政体相分离，政府的合法性基础来源于民主选举，中国具有政府与政体合一的国家性质，其合法性基础转向建立在绩效之上。国家的绩效合法性包含经济表现、道德表率和国家防御三个维度[5]。要维持这一合法性基础，国家必须在努力促进经济发展的同时，在道德上作出表率，实现其政治承诺。将“男女平等”的政治承诺上升为国家意志，并将妇女运动纳入常规政治，这是国家巩固其合法性基础的策略之一。国家的逻辑是，吸收一切可以吸收的力量，最大限度地降低转型期发生社会动荡的风险，从而为经济发展

① 赵鼎新：《社会与政治运动讲义》，社会科学文献出版社 2006 年版，第 203 页。

② ［美］杰克·A. 戈德斯通主编，章延杰译：《国家、政党与社会运动》，上海人民出版社 2009 年版，第 XXⅡ页。

③ 赵鼎新：《社会与政治运动讲义》，社会科学文献出版社 2006 年版，第 50 页。

④ 谢岳：《社会抗争：国家性变迁的民间反应》，《当代中国研究》2008 年第 2 期。

⑤ 参阅赵鼎新：《社会与政治运动讲义》，社会科学文献出版社 2006 年版，第 130 页。

提供一个稳定的社会环境，进而反过来提升绩效的合法性。从国家和执政党的角度看，这是一种巩固合法性基础的良性循环。

从女权运动发展的角度看，国家将它纳入常规政治的行为如同是一把"双刃剑"——既有有利的一面，也存在不利的一面。其优势在于：第一，妇女平等权利的落实，可以不需要妇女自身通过组织社会抗争、表达政治诉求来形成督促国家行动的社会压力机制，男女平等的价值诉求已上升到国家意志的高度，国家通过政治社会化的手段使人们在日常生活中便可树立这一意识，国家的政策导向也促使男女平等的进程大大加快。妇女解放与妇女权益保障一旦融入国家的体制力量，女权运动的发展便超过了其本应达到的程度和预期的速度。第二，女权运动的常规政治化有利于增加妇女参与政治的机会。传统的女性一直被排斥于政治领域之外，女权运动一旦进入常规政治，意味着正式权力结构中必然有妇女代表份额，部分精英女性有机会在国家决策中代表妇女发出声音，并试着在与国家的互动中影响国家政策的制定。对于正式进入政治领域的女性精英来说，她们与社会上的女性主义根基保持联系，可为更广大的妇女架起政治后盾，鼓励广泛的基层妇女参与政治。第三，国家保护妇女权利的实质是保护人权，这同样为社会带来了巨大的福利，从而有利于整个国家利益的获得。

然而，国家将女权运动纳入常规政治的弊端在于，一方面，女性对国家容易形成制度依赖，不通过自身的努力争取权益，从而出现"搭便车"行为，不利于发挥广大女性的主体性作用。另一方面，有学者指出，国家的权威仍然是建立在对资源的垄断基础上的①。国家可以通过妇儿工委、妇联等机构的组织力量，一层层地把国家新时期的命令、任务渗透到广大妇女群众中，让妇女以妇女运动的形式配合完成。

（二）国家政策对妇女权益的影响——以生育政策为例

国家作为一个有着独立目标、利益的政治行为体，它有时候制定的政策或政策会影响妇女的权益，以中国制定的计划生育政策为例。

生育，是女性不同于男性的最根本生理特征之所在，这一生理差异也直接影响了两性不同气质与社会性别的形成。公民的生育权是一项基本的人权，它应被视为女性所有权利的根基，它是女性公民—政治—社会三位

① 孙立平：《改革前后中国国家、民间统治精英以及民众间互动关系的演变》，《中国社会科学季刊》1993年第6期。

一体权利体系的延伸。大卫·黑尔德认为这一权利是“妇女可能真正有效地参与市民社会和政治的真正基础”。[①] 生育权包括选择生育子女或不生育子女，生育时间、生育数量、生育间隔及生育健康等一系列的权利。看似属于私人领域的生育权其实涉及法律、经济、伦理等诸多方面，因此，许多国家或地方都会出台相应的法规或政策影响或限制公民的这项权利。例如，美国、英国、意大利等发达国家不准许人流、堕胎、药流等行为，而中国、印度、泰国等发展中国家则实行控制人口增长的计划生育政策。

从新中国成立至今，中国的人口政策经历了几次变化。1949 年后毛泽东的“人多力量大”“人口众多是一件极大的好事”，促使政府限制堕胎、禁止绝育，放任人口无限制地增长。随后伴随着中国人口的激增，经济的不稳定使领导人开始意识到控制人口增长的重要性，但其后几年接连出现的大跃进、三年自然灾害和“文化大革命”，给国家、社会及人们的生活造成了不稳定的局面，人口出生率在“高—低—高”中反复变化。直至 20 世纪 70 年代，国家提出了“晚、稀、少”的计划生育政策[②]。1980 年 9 月在第五届全国人民代表大会第三次会议上，国务院正式宣布调整计划生育政策，提出为争取全国总人口在 20 世纪末不超过 12 亿，提倡一对夫妇只生育一个孩子。1982 年，计划生育被列为基本国策，“农村普遍提倡一对夫妇只生一个孩子，某些群众确实有实际困难要求生二胎的，经过审批可以有计划地安排。不论哪种情况都不能生三胎”。20 世纪 80 年代末 90 年代初，许多省、市、自治区相继出台了《计划生育条例》及其相关政策。1991 年 5 月，中共中央、国务院发布了《关于加强计划生育工作，严格控制人口增长的决定》。此文件指出，计划生育“已经到了刻不容缓、非抓紧不可的地步……要把计划生育工作和完成人口计划作为考核各级党委、政府及其领导干部政绩的一项重要指标”。计划生育的地方性法规进一步完善，根据已出台的《计划生育条例》制定了更加严厉的“实施细则”，对无法完成人口计划的单位及其党政领导在评先、提拔等方面实行一票否决，对主要领导实行降职使用、就地免职。1990 年以后，生育率迅速下降。

---

① ［英］露丝·里斯特著，夏宏译：《公民身份：女性主义的视角》，吉林出版集团有限责任公司 2010 年版，第 28 页。

② “晚”是年龄方面的控制，提倡晚婚晚育；“稀”是生育间隔方面的控制，要求生育间隔 3 年以上；“少”是生育数量的控制，一对夫妇最多生育两个孩子。

毫无疑问，中国的计划生育政策是基于“人口多、底子薄、经济基础较差、人均资源相对不足”这一基本国情，为控制人口增长、发展国民经济、建设现代化国家而制定的，这一政策使生育率得到了迅速有效的控制。20世纪80年代至90年代的中国，生育孩子的行为变成了一个刚性极强的行政规定。除了自愿不生或只生一胎的人们之外，每个家庭出生的孩子数量与出生时间间隔都是人们不可控制的。某人想要生第二个孩子，就必须符合生二胎的条件，还要有生二胎的指标。在数量上，即使符合生二胎条件的人也不允许生超过两个孩子；在间隔上，根据各地的不同规定，从4至6年不等。即使等到了规定的间隔年限，也可能为把指标让给生育头胎的人或条件更差的人而再等上一两年。[①] 换言之，个人的生育行为在这一行政力量面前，不是一个可以权衡成本与效用、讨价还价、然后按行为者意愿作出选择的经济行为，而是违反还是服从现行政令的政策行为。[②]

对于中国的妇女，尤其是农村妇女而言，这项政策有其积极的一面：它深深地改变了农村妇女的生活，改变了人们性活动的意义。它使妇女除了生育、照顾孩子之外有了更多的闲暇时间。她们从过去“传宗接代”“生育机器”的桎梏中解脱出来，有了其他新的追求，并能为此付诸实践；性生活除去“生育”的帽子后，还给妇女带来了愉悦的感受，增加了快乐的意义，女人可以从被动地接受男人的性要求、为男人的性要求服务，转变为男女两性相互的性要求和相互的满足[③]。虽然这是一个由外力（计划生育政策）造成的转变，但这一变化对人们生活方式的革命意义是不可低估的。

尽管如此，中国的人口政策与家庭的私人愿望还是发生了许多冲突，人们生育意愿[④]与生育行为的差异（尤其是在农村地区）促使人们对国家政策的抗争行为出现。这些抗争行为不局限于妇女群体，它一般会扩散至一个家庭、一个家族，甚至是一个村落。这部分人对国家计划生育政策的回应通常有四种态度：第一，忍受。计划生育政策约束最多的是城镇中那些有“单位”的人，对他们来说，违反计生规定意味着夫妻双方丢失“饭碗”，丧失公职、丧失分配住房权利等，从此家庭没了生活来源；对于城镇、乡村的党政干部而言，违反计生规定就等于丢掉了“乌纱帽”，再无

---

① 李银河：《生育与村落文化》，内蒙古大学出版社2009年版，第47页。

② 李银河：《生育与村落文化》，内蒙古大学出版社2009年版，第47页。

③ 李银河：《后村的女人们——农村性别权力关系》，内蒙古大学出版社2009年版，第147页。

④ 生育意愿包括意愿生育数量、意愿生育时间和意愿生育性别。

仕途可言；对于农村的穷困人家来说，超生、多生要缴纳一大笔无法支付的罚款（又称“社会抚养费”）。因此，大多数还有生育意愿的妇女与家庭三思过后都会遵从国家的计生政策，压制自己的意愿。

回应国家的第二种态度是超生。有人认为，计生政策对于社会上的一些富人、名人或某些官员不具有约束能力，他们的超生问题严重。民间总结了这部分人合法超生的六种方式：伪造证明（如通过关系找人证明自己的孩子得了“先天疾病”，符合再生二胎的要求）、借腹生子（通过代孕方式将受精卵植于其他女性的子宫）、搞假离婚、“买”准生证、到香港生（在香港生育，孩子一落地就是香港户口，并不占用夫妻的准生指标）以及到国外生。这几种超生的方式在民间早已是司空见惯，人们不惜以钻法律漏洞或犯法的方式与国家对抗。对于那些生活在社会最底层的农民而言，他们一无职务，二无工资，三无福利，四无晋升机会，有的甚至连罚款也交不出来，处于所谓“要钱没有，要命一条”的境地①，他们就是纯粹地想多要孩子，国家有时对这部分人也无可奈何。

人们回应国家的第三种态度是性别选择。国家对生育数量有法律限制，但对于堕胎却没有。这使得那些“抵死要生男孩”的人不惜流掉、杀害、贩卖女婴。性别偏好植根于中国的传统生育文化。在中国的传统生育文化中，一是祈求儿孙满堂、家族兴旺，二是希望多生男孩，继承香火。这种传统文化延续至今，现代的人们（尤其是农村人口）认为生育男孩主要有几种保障：自我传承、养老保障、心理需要、经济反馈、家族势力、社会认可，并且这些功效呈递减关系，自我传承是最核心的。有的人为了生个儿子，不惜弄得倾家荡产、一贫如洗，以至逃亡在外（“超生游击队”）。根据国家卫生和计划生育委员会发布的《2012 年我国卫生和计划生育事业发展统计公报》，2012 年末，全国总人口为 13.54 亿人，出生人口性别比为 117：100。在正常情况下，世界各国出生婴儿性别比是基本一致的（一般在 104～107），那么男性富余即意味着女孩的稀少，这一问题十分严峻。

人们回应国家最极端的态度是通过暴力。以 2007 年的广西“计划生育”风暴为例。广西的博白县被自治区的计生调查小组揭发出超生情况严重，属于广西计生不达标的“重灾区”，于是被予以“黄牌”警告。上级给该县施加压力，勒令在规定时间内整改，并下达了计生硬指标和数额庞

① 李银河：《生育与村落文化》，内蒙古大学出版社 2009 年版，第 47 页。

大的罚款任务，否则县委书记的“乌纱帽”不保。在这种强压下，县政府出台二十八项政策，以“铁的决定、铁的手腕、铁的纪律”对付超生者。县计生工作队开始其野蛮执法的行动。一方面，他们“见男就抓、见女就扎”，强迫妇女结扎、堕胎；另一方面，1980 年后的超生者必须缴纳 1 万至 7 万不等的“社会抚养费”（罚款），拒交者将被扣押、虐打、撬门、抄家等，所有值钱的家电、农具、牲畜，甚至口粮将被掠走，不值钱的家具通通被砸碎，致使人们无家可归、无粮可食。这种野蛮的行径激起几万民众的愤怒，农民们聚集起来围攻乡政府、殴打计生干部、烧毁车辆、砸毁政府办公设施、推倒政府院墙，以暴力的形式表示抗议。

尽管计划生育政策客观上对个人和国家都是有利的，但人们对该政策的四种回应，从一个侧面反映了国家政策或地方政府在执行该政策的过程中对妇女及其家庭利益的伤害，使得人们从容忍走向暴力。这也说明，国家出于整体利益的考虑，其行为有时会影响到妇女个体的利益。

综上所述，国家对女权运动的影响主要依靠其行政力量，进行行政动员和政策动员，它的主要手段是将女权运动纳入常规政治中，使女权运动变为国家的妇女工作，通过体制内自上而下的方式下达命令与任务。虽然国家为女权运动提供了丰富的制度资源、组织资源和人才资源，但仍延续了全能国家要控制一切关键资源的传统，女权运动的常规政治化的实质是妇女仍需依赖国家，妇女的权益要靠国家“赋予”而非自身“争取”。从国家、社会与个人的关系上看，国家依然强势地凌驾于社会与个人之上，社会的力量还不足以与国家相抗衡。但是，从长远的角度考虑，妇女的解放与妇女权益的保障终究要依靠妇女自身的觉醒和能力的提高，而不是国家的外力作用。在男女平等的话语中，国家更多强调的是义务平等，而妇女要争取的是权利与义务的双向平等，要实现这两者的平衡只能依靠妇女本身的力量与社会的力量。

第二节　政党动员

在中国，中国共产党具有“建党在先”和“以党建国”的历史逻辑和历史使命[1]，即在历史顺序上，先有中国共产党，后有社会主义国家政权，

---

① 王韶兴主编：《政党政治论》，山东人民出版社 2011 年版，第 363 页。

中国共产党通过领导革命胜利、建立新中国政权，顺理成章地成为新中国的执政党。执政党的领导地位决定了党的系统的权力大于政府行政权力。[①]坚持中国共产党的领导，是中国政府的主导原则。

研究中国的女权运动，绝不能忽视这一基本国情。尽管共产党与国家的关系长期处于党政合一、党领导国家的状态之下，国家对女权运动施加影响的实质可看作是党的路线对女权运动施加影响，但是，从组织的行为上看，国家与政党对女权运动的作用还是有所不同的。国家偏重对女权运动的行政规范与领导，而政党则偏重通过意识形态把握妇女运动的政治方向。在中国的语境下，政党动员和带领的女权运动通常被称作妇女运动。作为革命党的中国共产党与作为执政党的中国共产党对妇女运动的动员与影响也有异同。本节着重分析，中国共产党作为一个掌握国家命脉的特殊组织，它与妇女运动的关系是怎样的，它对妇女运动进行动员的目的和方式分别是什么。

一、中国共产党动员妇女运动的目的

（一）巩固执政地位，扩大合法性基础

自马克斯·韦伯以来，众多政治学者对合法性问题进行了深入的探究。按照《布莱克维尔政治学百科全书》的释义，合法性“是一种特性，这种特性不是来自正式的法律或法令，而是来自由有关规范判定的、‘下属’据以（或多或少）给予积极支持的社会认可（或认可的可能性）和‘适当性’”[②]。按照马克斯·韦伯的理论，合法性的实质是正当性问题，其基础都是“一种对规范的规则模式‘合乎法律’以及根据这些规则有权发布命令的那些人的权利的确信”[③]。它表现为对现存统治秩序的信仰，以及对该统治秩序规范下的章程的自觉服从。对一个国家或一个政党（尤其是执政党）而言，合法性是其存在之根本。一个政党只有获得了合法性，才能使其成员在心理上逐步从“不得不”到“不能不”对其准则、规范的服

① 陆学艺主编：《当代中国社会结构》，社会科学文献出版社2010年版，第343页。

② ［英］米勒·波格丹诺主编，邓来正译：《布莱克维尔政治学百科全书》，中国政法大学出版社1992年版，第410页。

③ 许和隆：《冲突与互动：转型社会政治发展中的制度与文化》，中山大学出版社2007年版，第48页。

从。对于执政党而言，它只有很好地解决了合法性的问题，才能吸引并凝聚更多的社会成员，从而巩固其执政地位。

虽然合法性话语来自西方，但对中国共产党来说同样适用。中国共产党从创始之初就是一个具有崇高社会理想与价值追求、自觉民本的政党，崇高的信念、宏大的理想、务实的理论以及长期艰苦卓绝的革命历练，赋予了中国共产党充足的合法性资源①。中国共产党通过与群众的密切互动，组织动员群众参与革命，并最终获取革命的胜利，在身份上完成了革命党向执政党的转变。然而，身份的转变并不代表意识、组织和制度上的彻底转变，革命党时期流传下的意识形态和组织制度与中国社会经济的快速发展产生了冲突，这使得中国共产党不得不改变“革命后”的领导统治逻辑，思考如何真正实现由革命党向执政党的转变，获得执政的合法性。

中国共产党执政以来致力于两项基本事务：一是通过对国家公共权力的控制和影响保障国家社会生活的有序健康发展，二是用各种方法和手段巩固自己的执政地位。巩固执政地位的关键在于扩大政党的合法性基础。中国共产党从革命党转为执政党之际，就意味着它不再仅为实现本党所代表的部分人的利益，而是同时还要满足社会各个群体的意愿，保证国家和社会的发展。中国共产党深刻懂得，执政权力的维系不取决于政党本身或是法律条文，而是取决于社会公众。“为人民服务”“实现广大人民群众的根本利益”是中国共产党一以贯彻的执政理念。经济的发展、社会的和谐、政治的稳定及文化的繁荣是其交出的执政“答卷”，高质量的“答卷”便会得到民众的信任与认可，从而成为中国共产党继续执政的重要资源。妇女解放的现实成就、男女平等基本国策的落实，是中国共产党彰显和巩固自身执政合法性最重要的政治资源之一。政党领导本质上是一种政治动员力。② 中国共产党对妇女运动的动员有助于增加其执政资本。

然而，中国共产党对妇女运动的动员经历了革命党时期、后革命党时期到执政党时期的逻辑转变。在革命党时期，共产党动员一切可以动员的力量，鼓励、吸引广大妇女参与革命，让女性在与男子共同参加政治革命的过程中解放自身，妇女运动也成为政治革命的一个分支；在后革命党时期，即新中国成立初期，中国共产党沿用革命时期的逻辑，通过自上而下的政治动员让妇女参加社会生产劳动，一方面吹响“参加社会劳动是解放

① 王智：《当代中国政治结构变迁》，中国社会科学出版社 2010 年版，第 27～28 页。

② 王韶兴：《政党政治论》，山东人民出版社 2011 年版，第 172 页。

妇女的一个先决条件”的号角，依靠劳动解放妇女，另一方面把女性当作同男性一样的社会劳动力，男女共同参加生产劳动，加快国家社会经济建设的步伐，妇女运动实质上是“共产党领导下的妇女解放运动”；当中国共产党意识到要改变“革命党”的作风并明确执政党要义时，其越发关注妇女自身的利益诉求，设身处地地从女性的角度为妇女立法、保障妇女权益，并鼓励妇女发出自己的声音，妇女运动被纳入了常规政治的范畴，成为党与政府必须纳入重要议程的“妇女工作”。政党具有独立的意志和对自身权利利益的追求。可以看到，各时期的妇女运动都带有党的“目的性”。如果说革命党时期和后革命党时期的中国共产党更多的是利用妇女运动为党和国家服务的话，执政党时期的妇女运动及性别平等的意识理念则是增加中国共产党执政合法性的有效砝码与政治资源。妇女，作为人口的二分之一的群体，其力量不容小觑。中国共产党在思想上坚持男女平等观念，在行动中为妇女谋求利益，这有利于增加女性群体对党的信赖与认可，从而有助于巩固党的执政地位。

（二）实现社会整合，进行政治社会化

中国共产党与妇女运动的关系实质上是政党与社会的关系（简称党社关系）。执政党要巩固其执政地位，必须处理好党社关系。执政党既要领导社会，又要通过服务社会来实现自身的发展。中国共产党明白，社会是政党的根基，而整合社会则是保护好这一根基的有效方法。在新中国成立初期，中国共产党依靠实行单位制、人民公社制等手段治理社会。但改革开放以来，随着我国经济体制发生的深刻变革，社会结构正在变动，利益格局正在调整，而人们的思想观念也随之发生了变化，政党通过控制社会以达到整合目的的方式已不适用，中国共产党必须在新的背景环境下重新寻找出一个社会整合的新方式。

在新时期，中国共产党思想社会整合的逻辑是努力化解各种社会矛盾。目前，中国出现了利益的分化，众多的利益群体已形成，而许多的社会矛盾缘起于利益之间的冲突。社会行动者的种种政治表达与利益维护活动，成为当前中国政治生活中的重要问题。中国共产党要在社会上树立权威并形成感召力，就不能只依靠口号与纲领，而应该重视广大社会成员的切身利益，并妥善处理好各种利益冲突。从中国共产党提出的“三个代表”论、和谐社会论以及现今的“中国梦”可看出，党始终把人民的利益问题放于重要位置，党的理论也从高屋建瓴转向脚踏实地，并通过具体的

行动、策略来满足人民的需求。例如，中国共产党提出的“中国梦”归根到底是人民的梦，必须紧紧依靠人民来实现，必须不断为人民造福。而民生是中国梦的落脚点，增加居民收入、教育、医疗、社保等具体问题的解决成为人民群众的“梦想”，每个小梦想汇成了整个国家的大梦想。马克思曾经说过，人们奋斗所争取的一切都同他们的利益有关。作为执政党，中国共产党积极回应人民的民生诉求，满足人民基本的利益需求，才能使国家繁荣安定，从而使党获得继续执政的合法性。

在西方发达国家，统治阶级为了持久稳定地进行社会统治与治理，他们会改变统治与治理的策略，如福利国家政策的普遍施行、公民的政治参与机制的日益完善、传媒对政治权利的监督职能的不断强化等[①]。中国共产党要管理并引领社会，就必须搭建一个统治阶级与社会和谐互动的桥梁。执政党对社会的整合也要转为凝聚，通过凝聚社会的各种力量，实现社会和解、社会建设和社会发展的目的。而执政党对社会运动（如妇女运动）的利用及吸纳有助于以上目标的达成。在中国，妇女运动的产生与发展都离不开中国共产党的影响，妇女运动俨然成为党与妇女相联系的一条重要绳索。可以说，妇女运动是党实现社会整合的一种方式以及进行政治社会化的一种途径。那么，中国共产党是如何利用妇女运动实行社会整合及政治社会化的呢？笔者认为，他们主要通过以下两种方式：

第一，意识形态整合。意识形态是一党组织整合与党内凝聚的基础[②]，它同样也是党统领社会的精神支柱与合法性基础。1998 年修订的《中华全国妇女联合会章程》（以下简称《妇联章程》）在总则里就明确提出：“中华全国妇女联合会以马克思列宁主义、毛泽东思想和邓小平理论作为行动指南。在社会主义初级阶段，妇女联合会要团结、教育广大妇女，贯彻党的基本路线，在建设社会主义物质文明和精神文明中发挥积极作用。”[③] 随后，在 2003 年修订的《妇联章程》中，“三个代表”重要思想被作为行动指南添于其中；2008 年则新添“深入贯彻落实科学发展观”。《妇联章程》总是与中国共产党的精神保持高度一致，随着党的意识形态的发展而调整其行动指南。除此之外，妇联当中女性共产党员的数量也能反映出党与妇

① 参阅王韶兴：《政党政治论》，山东人民出版社 2011 年版，第 474 页。

② 萧功秦：《中国的大转型——从发展政治学看中国变革》，新星出版社 2008 年版，第 237 页。

③ 全国妇联妇女研究所编：《中国妇女组织发展的理论与实践》，社会科学文献出版社 2007 年版，第 422 页。

联的紧密关系。从表2-6中可以看出，妇联女党员的数量均占六成以上，2005年以后更是达到八成或接近八成。

表2-6 妇联党员干部情况

年 份	干部总数（人）	共产党员数（人）	百分比（%）
1990年	97 566	59 097	60.6
1995年	82 834	54 038	65.2
2002年	52 529	40 714	77.5
2003年	52 649	41 733	79.3
2004年	57 336	44 868	78.3
2005年	61 565	49 516	80.4
2006年	75 236	60 408	80.3
2007年	76 144	60 259	79.1
2008年	77 567	61 396	79.2
2009年	73 059	60 248	82.5
2010年	78 122	63 322	81.1
2011年	89 951	71 782	79.8

资料来源：中国民共和国统计局网，http：//www.stats.gv.cn。

这样，在妇联领导下的妇女运动成了宣传党的意志、贯彻党的精神的有效途径。党可以借此引导与规范部分社会活动与社会行为。

第二，群众路线的延伸。中国共产党为维持稳定的执政领导地位，从新中国成立初期便建立起由中央到地方自上而下的全国组织体系。然而，在实践上，党对不同层级的领导与管理有所不同。在中央一级，中国共产党的精英更多地获得话语权；在中等级别，共产党员在领导职位中所占的多数比例足以保证党对政府机关的统治；在基层级别，在党员与非党员共同构成的委员会中，处于“领导核心”的党员需通过对非党员干部进行说服性合作来贯彻党的政策；而在最小的初级单位，中国共产党只有很少的代表。① 因此，党要向社会基层灌输党的方针政策并要获得广大人民的认

① ［美］詹姆斯·汤森、布莱特利·沃马克著，顾速、董方译：《中国政治》，江苏人民出版社2010年版，第213页。

同，就需要通过“群众路线”直达基层。毛泽东把政策过程看作领导与群众之间相互交流的动态过程。他对群众路线有过经典论述：

> 在我党的一切实际工作中，凡属正确的领导，必须是从群众中来，到群众中来去。这就是说，将群众的意见（分散的无系统的意见）集中起来（经过研究，化为集中的系统的意见），又到群众中去作宣传解释，化为群众的意见，使群众坚持下去，见之于行动，并在群众行动中考验这些意见是否正确。然后再从群众中集中起来，再到群众中坚持下去。如此无限循环，一次比一次地更正确、更生动、更丰富。这就是马克思主义的认识论。①

中国共产党把群众路线奉为“执政生命线”，其重要性显而易见。群众路线也可被视为党的社会整合路线。中国共产党坚信，“从群众中来，到群众中去”的工作方法可以获得亿万群众的支持和信任，使党与群众“心心相印”，能“把党的正确主张变成群众的自觉行动”。同样，“从群众中来，到群众中去”也是整合社会的一种方式——群众表达他们分散的、无系统的意见，党把它们综合为集中的、系统的意见，通过党政组织、群众运动、传媒宣传等方式把党的意志向社会传播。其中，妇女运动便是党宣传其政策目标，呼吁妇女群众接受党的政策的一种方式。

党加强基层组织建设的力度是贯彻群众路线的一个重要表现。基层是党执政的基础，而那些损害群众合法正当利益的地方，绝大多数是基层组织建设出了问题。因此，党一般通过增加基层党支部并吸纳社会新生力量来提高党支部在群众中的凝聚力和号召力。随着改革开放的深入和社会的发展，中国出现了众多的利益主体——农业家庭承包户、个体工商户、私营企业、集体企业、国有企业、三资企业、股份制企业等②。面对这种状况，中国共产党只有不断增加基层党支部的建设，并吸收各个社会阶层的优秀分子参与组织，壮大党的队伍，才能增强党的阶级基础和扩大党的群众基础。从性别的角度看，妇女群众占据这些利益主体的一半，党若通过扩建基础党支部吸收优秀的女性，并通过妇女运动把党与其他基层女性联系起来，将妇女带入党所创造的政治环境中，使广大妇女感觉到党心系自

---

① 毛泽东：《关于领导方法的若干问题》，《毛泽东选集》（第3卷），第899页。

② 王韶兴主编：《政党政治论》，山东人民出版社2011年版，第266页。

己，关心自己的利益，那么，这便能增加妇女群众对党的信任和支持。截至2012年年底，中国共产党党员总数达8 512.7万名，其中女性党员2 026.9万名，占党员总数的23.8%；党的基层组织总数达420.1万个，全国7 245个城市街道、3.3万个乡镇、8.7万个社区（居委会）、58.8万个建制村建立了党组织。机关、事业单位党组织覆盖面分别达到99.97%、99.4%。公有制企业党组织覆盖面达到99.98%。147.5万个非公有制企业建立党组织，占具备建立党组织条件的非公有制企业数的99.95%。4.03万个社会团体建立了党组织，占具备建立党组织条件的社会团体数的99.21%。3.95万个民办非企业单位建立党组织，占具备建立党组织条件的民办非企业单位数的99.61%。① 可见，中国共产党金字塔状庞大的组织网络遍布于中国社会的方方面面，参与各行各业工作，党依靠其组织网络整合着整个社会。党同样通过其组织网络对妇联及其他社会妇女组织的渗透来整合着中国妇女群体。学者王邦佐认为，“古老的中国社会从来没有享受过如此程度的统一、如此程度的政治社会化”②。

为了巩固党的执政地位，中国共产党把妇女运动纳入党的政治谋略及政治考虑中，将其转化为利于党掌控的妇女运动。中国共产党利用其庞大而精细的组织网络，渗透到妇联及各个妇女组织中，以自上而下的方式，通过众多妇女组织对广大妇女群众进行政治社会化，让她们听从党的安排、服从党的命令、开展党的活动，从而实现妇女群体的政治整合。中国共产党也利用此机会更好地融入社会，实现社会整合。

二、中国共产党动员妇女运动的方式

（一）*为妇女运动确立政治方向*

中国共产党对妇女运动的吸纳——使其变为党领导下的妇女运动、妇女工作——可谓是一种国家发展特定阶段的战略安排。而这些安排通过党根据自身的路线、方针、政策为妇女运动确立政治目标与行动方向得以实现。每当党和政府作出新的战略部署和发展规划时，我们必然会在妇联领导下的妇女运动中找到相应的结合点。妇女运动总会紧密追随党的步伐，

---

① 《人民日报》第A1版，2013年7月1日。

② 王邦佐：《中国政党制度的社会生态分析》，上海人民出版社2000年版，第193页。

以完成党的任务为己任。如学者揭爱花所言，“妇女运动从属于执政党的国家建设意志，并从服务于国家建设的现实作用中体现自身的社会价值，从执政党的现实政治意图中获得目标、任务、议程的具体设定”①。每五年一届的中国共产党全国代表大会（以下简称党代会）都会制定近五年党的工作任务与目标。同样，在党代会次年召开的全国妇女代表大会（以下简称妇代会）也会为同时期的妇女运动定下运动方针。对1978年以后的党代会与妇代会的工作报告主题作一简要对比，便可证实党引领着妇女运动的结论，如表2-7所示。

表2-7的对比使我们一目了然，历届妇代会的工作报告主题与党代会的工作报告主题有很高的契合度。在内容上看，每届的妇代会报告都强调妇女运动必须坚持党的领导，“党的领导是妇女运动的生命线”②。妇女运动的方针、任务体现党的意识形态，紧跟随党同时期建设国家的目标战略。具体来看，党的十一届三中全会前后召开的中国妇女第四次全国代表大会和全国妇联四届二次执委会，根据党的发展目标，明确提出“四个现代化需要妇女，妇女需要四个现代化”，妇联组织为适应党的工作重点的转移，提出“以生产为中心”开展工作。

表2-7　改革开放后党代会与妇代会工作报告主题对比

会议名称	党代会主题	妇代会主题	妇女运动任务、方针
1978年党的十一届三中全会、1978年妇女四大	解放思想，实事求是，团结一致向前看	新时期中国妇女运动的崇高任务	在本世纪内把我国建设成为农业、工业、国防和科学技术现代化伟大的社会主义强国。四个现代化需要妇女，妇女需要四个现代化。实现四个现代化，是建设社会主义强国、通向共产主义的必由之路，是实现妇女彻底解放的金光大道

① 揭爱花：《国家干预：中国妇女解放实践模式的体制建构》，《湖北社会科学》2011年第10期，第51~56页。

② 《全国妇女团结起来　为建设有中国特色社会主义努力而奋斗——在中国妇女第七次全国代表大会上的报告》。

（续上表）

会议名称	党代会主题	妇代会主题	妇女运动任务、方针
1982年中共十二大、1983年妇女五大	全面开创社会主义现代化建设新局面	奋发自强开创妇女运动新局面	在党的“十二”大精神指引下，同全国人民一起在社会主义物质文明和精神文明建设中充分发挥自己的主动性和创造性，为全面开创社会主义现代化建设的新局面，为使共产主义事业代代相传，精心培育儿童少年，为进一步实现宪法和法律赋予妇女儿童权益，开创妇女运动的新局面努力奋斗。还要为台湾早日回归祖国，促进祖国的大统一、大团结，为维护世界和平，反对霸权主义，作出新的贡献
1987年中共十三大、1988年妇女六大	沿着有中国特色的社会主义道路前进	自尊、自信、自立、自强，为深化改革，振兴中华建功立业	在党的基本路线指引下，各族各界妇女团结起来，自尊、自信、自立、自强，全面提高素质，积极投身改革和建设，为夺取改革攻坚阶段的胜利，促进妇女的进一步解放而奋斗
1992年中共十四大、1993年妇女七大	加快改革开放和现代化建设步伐，夺取有中国特色社会主义事业的更大胜利	全国妇女团结起来，为建设有中国特色社会主义努力奋斗	以建设有中国特色社会主义理论为指导，坚持党的基本路线，广泛动员妇女投身改革开放和社会主义现代化建设事业，大力提高妇女素质，依法维护妇女权益，全面提高妇女地位，以行动谋求平等和发展
1997年中共十五大、1998年妇女八大	高举邓小平理论伟大旗帜，把建设有中国特色社会主义事业全面推向21世纪	高举邓小平理论伟大旗帜，团结动员各族各界妇女为实现我国跨世纪的宏伟目标努力奋斗	高举邓小平理论伟大旗帜，坚持党在社会主义初级阶段的基本路线和基本纲领，坚持马克思主义妇女观，弘扬“四有”“四自”精神，团结动员广大妇女全面参与有中国特色社会主义的经济、政治、文化建设，促进妇女的发展，为实现我国跨世纪的宏伟目标作贡献

（续上表）

会议名称	党代会主题	妇代会主题	妇女运动任务、方针
2002年中共十六大、2003年妇女九大	全面建设小康社会，开创中国特色社会主义事业新局面	以“三个代表”重要思想为指导，团结动员全国各界妇女，为全面建设小康社会而奋斗	根据全面建设小康社会的奋斗目标，本世纪头二十年中国妇女事业发展的总目标是：妇女儿童发展环境得到全面优化；妇女在经济、政治、文化、社会和家庭生活等领域的平等权利得到切实尊重和保障，性别平等意识在全社会日益深入人心；妇女的综合素质明显得到提高，参与可持续发展的能力显著增强；男女平等基本国策和儿童优先原则得到进一步贯彻落实
2007年中共十七大、2008年妇女十大	高举中国特色社会主义伟大旗帜，为夺取全面建设小康社会新胜利而奋斗	充分发挥妇女“半边天”作用，为夺取全面建设小康社会新胜利贡献智慧和力量	贯彻落实党的十七大精神和国家“十一五”规划纲要，依据中国妇女发展纲要，今后五年我国妇女发展的目标是：妇女的素质和能力进一步提高，在全面建设小康社会中的重要作用充分发挥，在经济、政治、社会和家庭中的地位不断提升，各项合法权益得到切实保障，男女平等基本国策进一步落实，妇女发展环境更为优化
2012年中共十八大、2013年妇女十一大	高举中国特色社会主义伟大旗帜，以邓小平理论、“三个代表”重要思想、科学发展观为指导，解放思想，改革开放，凝聚力量，攻坚克难，坚定不移沿着中国特色社会主义道路前进，为全面建成小康社会而奋斗	高举旗帜，凝心聚力，团结动员各族各界妇女为实现中国梦而奋斗	巾帼建新功、共筑中国梦：牢固树立实现中国梦的共同理想，激扬巾帼之志；积极投身实现中国梦的火热实践，奉献巾帼之力；携手共创实现中国梦的幸福生活，彰显巾帼之美；实现中国梦中创造出彩人生，唱响巾帼之歌

我们再来看《人民日报》有关"三八"国际劳动妇女节的社论及评论员文章。《人民日报》是中国具有权威性和影响力、发行量大的综合性报纸。考察历年《人民日报》的"三八"国际劳动妇女节相关报道，对了解中国共产党与中国妇女运动的关系有重要的作用（见表2-8）。

表2-8　1980—2013年《人民日报》"三八"国际劳动妇女节社论/评论员文章列表

时　间	《人民日报》"三八"国际劳动妇女节社论/评论员文章
1980年	《全世界妇女光辉战斗的节日》
1981年	《全社会都要重视和关心妇女儿童》
1982年	《发挥妇女在建设"两个文明"中的作用》
1983年	《充分发挥妇女在两个文明建设中的作用——纪念"三八"国际劳动妇女节》
1984年	《围绕党的总任务做好妇女工作——庆祝"三八"国际劳动妇女节》
1985年	《在经济体制改革中提高妇女素质——纪念"三八"国际劳动妇女节七十五周年》
1989年	《面对时代的挑战——纪念三八国际妇女节》*
1990年	《在社会主义旗帜下推进妇女解放事业》
1991年	《巾帼建功　奋发进取——庆祝"三八"国际劳动妇女节八十一周年》
1995年	《展六亿巾帼之风采——庆祝"三八"国际劳动妇女节八十五周年》*
1997年	《坚定不移地贯彻男女平等的基本国策——纪念"三八"国际劳动妇女节》
1998年	《把妇女工作全面推向新阶段 ——庆祝"三八"国际劳动妇女节》*
2001年	《谱写妇女事业新篇章——纪念"三八"国际劳动妇女节九十一周年》
2003年	《与时俱进，开创妇女工作新局面——纪念"三八"国际劳动妇女节九十三周年》*
2004年	《男女平等携手共进——纪念"三八"国际劳动妇女节》*
2005年	《发展妇女事业　构建和谐社会——纪念"三八"国际劳动妇女节九十五周年》

（续上表）

时　间	《人民日报》“三八”国际劳动妇女节社论/评论员文章
2007 年	《促进妇女发展　共建社会和谐——纪念“三八”国际劳动妇女节》*
2009 年	《当好主力军谱写新篇章——纪念“三八”国际劳动妇女节》*
2010 年	《纪念“三八”国际劳动妇女节 100 周年》*
2012 年	《勇立时代潮头　展现巾帼风采》*
2013 年	《男女平等是一种现实权利》*

注：标注 * 为评论员文章，其余为社论。

《人民日报》具有较强的政治指引性，它对女性形象的刻画、宣扬，对妇女大众提出的期望、目标，都对中国社会性别观念的传播及妇女团体、妇女大众的行为带来影响。《人民日报》自 1980 年至今的“三八”国际劳动妇女节社论及评论员文章共有 21 篇。从文章的主题来看，呼吁关心妇女儿童、强调保障妇女权益的文章 2 篇（1981 年、2013 年），约占改革开放以来“三八”国际劳动妇女节社论及评论文章总数的 9.5%；号召妇女为国家、社会奋斗，强调妇女作用的文章 12 篇（1982 年、1983 年、1984 年、1985 年、1990 年、1991 年、2001 年、2003 年、2005 年、2007 年、2009 年、2012 年），约占文章总数的比例的 58%，纪念“三八”国际劳动妇女节庆典，突显妇女工作成绩的文章 6 篇（1980 年、1989 年、1995 年、1998 年、2004 年、2010 年），约占文章总数的 29%。文章对妇女积极向上、乐于奉献的正面形象的歌颂，刻画着党和国家所需要的妇女的社会角色。文章多倾向于强调妇女发展的社会意义，或者将她们作为国家进步的一个象征符号。对比看来，改革开放后中国共产党对妇女运动的动员及对妇女群体的期望仍然延续了新中国成立初期的逻辑——妇女要为国家建设发挥自身的作用。

（二）通过妇联实行政治动员

中国共产党在长期的革命时期积累了丰富的政治动员经验，中国共产党成功地运用了大规模的政治动员方式，通过严密的党组织深入基层，广泛地发动群众，把军事努力、建立政权和解决社会经济问题结合起来，从而赢得了革命的胜利[①]。这种政治动员的优势在于它能快速有效地聚集起大量的人力、物力，使大家同心协力地完成目标。因此，这一经验被延续至新中国成立后。中国共产党通过发动政治动员来进行经济建设和完成政治任务。政治动员的手段不但在革命战争时期与国家快速发展建设时期行之有效，在当前社会转型期，要维持社会稳定、促进国家平稳发展，同样也可通过政治动员的方式进行社会管理。

目前，中国共产党对管理社会的设计是“党委领导、政府负责、社会协同、公众参与”，党对社会的领导与整合主要是通过对社团的组织吸纳来实现，这有利于扩展执政的社会空间，成为扩大政治认同的一种有效策略。中国共产党对妇女运动的引领与动员主要依靠妇联组织进行。妇联是共产党领导的政治性群众团体[②]，是国家政权的重要社会支柱，为国家政权核心功能的实现提供强力支持。例如，当国家政权的核心功能是行政汲取时，它就帮助这种汲取的实现；当国家核心功能转向社会服务时，它的主要功能就是整合社会（主要是对妇女群体的整合），为社会管理、社会服务创造社会条件。[③] 妇联将职能定位为“党政所急，妇女所需，妇联所能”，提出“党建带妇建，妇建服务党建”的组织建设思路，以及“统筹城乡妇女发展，建立区域妇女发展”的工作机制。[④]

改革开放后，中国共产党领导妇联开展了以“三八”红旗手、“三八”红旗集体评选、争创“五好”家庭、“四自”教育、“双学双比”、“巾帼建功”等为主体的活动及一系列的相关工程与计划（见表 2 -9）。这些活动、工程、计划汇成了中国共产党所动员的妇女运动的具体内容。

① 李凡：《中国民主的前沿探索》，世界与中国研究所 2008 年版，第 36 ~ 37 页。

② 李静之：《中国妇女运动研究文集》，社会科学文献出版社 2011 年版，第 289 页。

③ 参阅陈琼：《现代国家建构与妇女公共参与——组织变迁的视角》，社会科学文献出版社 2011 年版，第 149 页。

④ 顾秀莲：《亲历妇联这十年（1998—2008）》，中国妇女出版社 2008 年版，第 5 ~ 25 页。

表 2－9　中国共产党领导下动员的妇女运动

党领导下动员的妇女运动	提出时间	运动简介	与国家建设的关系
“三八”红旗手、“三八”红旗集体评选活动	1978 年	“三八”红旗手，是我国在3月8日妇女节颁给优秀劳动妇女的荣誉称号。主要是表彰在中国各条战线上为社会主义物质文明和精神文明建设作出显著成绩的妇女先进人物和妇女先进集体	动员妇女进行自我教育，加强互助互学，为两个文明建设再立新功
争创“五好”家庭活动	1981 年	热爱社会主义祖国、热爱集体、遵纪守法好；努力生产、工作、学习、完成任务好；实行计划生育、教育子女、勤俭持家好；移风易俗、文明礼貌、清洁卫生好；尊老爱幼、家庭民主和谐、邻里团结互助好	建设民族和睦、美满幸福家庭，加强人民群众的有爱团结，推进两个文明建设
“四自”教育活动	1988 年	在改革竞争的大环境中，当代妇女要争取自身的进一步解放，必须努力提高思想道德素质和科学文化素质，树立自尊、自信、自立、自强的新女性意识	“五大”提出的“自尊、自重、自爱、自强”口号的进一步发展。“四自”教育的意义在于唤起女性的自我意识的觉醒，促使广大妇女增强历史使命感和社会责任感，走向有理想、有道德、有文化、有纪律的“四有”境界，为社会主义现代化建设作出贡献
“双学双比”活动	1989 年	全国妇联联合农业部、林业部等 12 个部委和单位，在全国各族农村妇女中发起的“学文化、学技术、比成绩、比贡献”活动	为加强农业的基础地位，发展高产、优质、高效农业，繁荣农村经济作贡献

（续上表）

党领导下动员的妇女运动	提出时间	运动简介	与国家建设的关系
“巾帼建功”活动	1991 年	全国妇联总结“双学双比”活动的经验，联合共青团等 12 个部委发起的做“‘四有’‘四自’女性，为‘八五’计划建功”的活动。巾帼系列行动：巾帼扶贫、巾帼创业、巾帼扫盲、巾帼成才、巾帼文明	立足于鼓励城镇各条战线妇女岗位建功，岗位成才，争创一流工作成绩，广大女职工特别是国有企业女职工，要在转换企业经营机制、深化企业改革中，增强适应能力，正确对待利益关系的调整，树立适应社会主义市场经济体制的就业观，发扬新时期的创业精神，以国家主人翁的姿态作贡献
“千万农家女百项新技术”推广培训计划	1996 年	围绕国家“九五”计划期间重点推广农业技术，以在农村妇女中普遍开展的“双学双比”活动为载体，结合农业部门组织实施的“绿色证书工程”，对 1 000 万农村妇女实施百项新技术、新品种的推广培训计划	此计划为全面发展和繁荣农村经济，加快先进实用农业技术的推广与普及，不断提高农村妇女的文化科学素质，充分发挥农村妇女在实现农业和农村“九五”计划和 2010 年远景目标中的重大作用
“建西部美好家园”活动	2000 年	妇女参与西部大开发的系列项目	响应党中央提出的实施西部大开发战略，加快西部地区发展

（续上表）

党领导下动员的妇女运动	提出时间	运动简介	与国家建设的关系
“巾帼科技致富工程”	2006年	全国妇联、农业部、科技部、中国科协、国家林业局、国务院扶贫办推出“巾帼科技致富工程”是贯彻落实党的十五大和十五届三中全会精神，为大局服务，为妇女增收致富服务的具体体现，是在世纪之交抓住机遇，推进科技进步、促进妇女事业发展的重要举措，是在新形势下农村妇女“双学双比”活动的深化与发展	促进农村妇女参与有中国特色社会主义新农村建设
妇女创业就业促进行动	2008年	以激励妇女建功创优为目标，以创业带动就业为重点	在就业形势严峻的社会环境下，妇女的就业压力加大，此行动鼓励妇女自我创业谋生路，扩大就业的发展战略，为国家分忧

中国共产党动员下的妇女运动是如何开展的？我们以“双学双比”活动为例。“双学双比”活动被称作“具有中国特色的妇女运动”，妇联将它看作推动农村社会性别主流化的运动①。这一活动主要从以下几个方面展开：

1．颁发行政命令、政策通知

从“双学双比”活动开展至今，全国妇联与各协调单位共发布了19份相关的政策性文件，详见表2－10。

① 参阅全国妇联、妇女研究所：《具有中国特色的妇女运动实践探索——“双学双比”活动评估报告》，《妇女研究论丛》2008年第2期，第15～27页。

表2－10　全国妇联与各协调单位下发的“双学双比”活动政策性文件

序　号	发文时间、文号	发文单位	文件名称
1	1989年3月8日妇字〔1989〕7号	全国妇联、农业部、林业部、国家科委、国家教委、国家民委、水利部、商业部、广播电影电视部、中国科协、中国农业银行、国务院贫困地区经济开发领导小组	《关于在全国各族农村妇女中开展学文化、学技术、比成绩、比贡献竞赛活动的联合通知》
2	1989年7月14日妇字〔1989〕11号	全国妇联、中国农业银行	《关于扶持贫困地区农村妇女发展商品商场典型示范户的联合通知》
3	1990年3月15日妇字〔1990〕10号	全国妇联、林业部	《关于开展〈全国三八绿色工程〉活动的联合通知》
4	1996年2月28日妇字〔1996〕7号	全国妇联、国务院扶贫开发领导小组	《关于实施“巾帼扶贫行动”的通知》
5	1996年5月30日妇字〔1996〕3号	全国妇联、农业部	《关于“九五”期间实施“千万农家女百项新技术推广培训计划”的通知》
6	1996年7月18日供销合联字〔1996〕第16号	全国供销合作总社、全国妇联	《关于动员广大妇女群众积极参与兴办专业合作社的通知》
7	1999年12月28日妇字〔1999〕22号	全国妇联、教育部、科学技术部	《关于实施“女性素质工程”的意见》

（续上表）

序　号	发文时间、文号	发文单位	文件名称
8	2000 年 2 月 29 日妇字〔2000〕5 号	全国妇联、农业部、国家科委、中国科协、国家林业局、国务院扶贫办公室	《关于实施“巾帼科技致富工程”的意见》
9	2002 年 6 月 18 日妇字〔2002〕19 号	全国妇联、国务院扶贫办、中国人民银行	《关于进一步深化“巾帼扶贫行动”的意见》
10	2002 年 6 月 18 日妇字〔2002〕20 号	全国妇联、农业部、科技部、中国科协、国家林业局、国务院扶贫办	《关于进一步深化“巾帼科技致富工程”的意见》
11	2004 年 2 月 26 日妇字〔2004〕7 号	全国妇联、财政部、农业部、科技部、教育部、国家林业局、中国科协	《关于加强农村妇女教育培训工作促进农村妇女增收致富的意见》
12	2004 年 4 月 23 日妇字〔2004〕14 号	全国妇联、劳动和社会保障部	《关于进一步推进妇女创业与再就业工作的通知》
13	2004 年 10 月 20 日妇字〔2004〕38 号	全国妇联、文化部	《关于加强农村家庭文化建设的通知》
14	2005 年 6 月 28 日妇字〔2005〕22 号	全国妇联、农业部	《关于加强农村妇女富余劳动力转移培训工作的意见》
15	2006 年 2 月 18 日妇双领字〔2006〕19 号	全国妇女“双学双比”活动领导小组	《全国妇联关于动员组织广大妇女积极参与社会主义新农村建设的意见》

（续上表）

序　号	发文时间、文号	发文单位	文件名称
16	2006 年 6 月 12 日妇字〔2006〕19 号	全国妇联、国务院三峡工程建设委员会办公室	《关于促进三峡库区移民妇女创业就业工作的意见》
17	2006 年 12 月 12 日妇字〔2006〕43 号	全国妇联、中国科协	《关于深入开展农村妇女科学素质教育工作的意见》
18	2007 年 9 月 20 日妇字〔2007〕44 号	全国妇联、农业部	《关于进一步动员组织广大农村妇女参与现代农业建设的实施意见》
19	2007 年 9 月 14 日妇字〔2007〕45 号	全国妇联、中国农业银行	《关于进一步做好农村妇女小额信贷工作的意见》

资料来源：全国妇联，妇女研究所：《具有中国特色的妇女运动实践探索——“双学双比”活动评估报告》，《妇女研究论丛》2008 年第 2 期，第 15～27 页。

2. 进行大力宣传、动员

一则运用广播、电视、宣传栏等形式，将支持农村妇女发展的各项政策宣传到农村妇女之中，让妇女群众了解政策。二则认真总结“双学双比”活动的成果，充分展示妇女在推动农村经济和社会发展中所展现的重要作用，激发妇女的劳动热情。三则宣传在活动中涌现的先进典型，发挥榜样的引领示范作用。

3. 对农村妇女进行培训与教育

对农村妇女开展多层次、多门类、多形式的科技培训，以提高妇女文化科技素质、开发妇女智力、增强妇女生产技能为目的。让文盲妇女边自我扫盲边学技术；对有一定文化程度的妇女进行种植、养殖、加工等实用技术培训；对掌握一定技术的妇女进行专业技术培训；对达到相应技术水平的妇女，组织她们参加在农技校、农广校、农函大学习，考核合格者，获“绿色证书”和农技员职称。

4. 创办“双学双比”系列活动与工程

各级各地妇联以系列活动与系列工程为载体，推进“双学双比”活动的开展。如1996年全国妇联和农业部又联合开展了“千万农家女、百项新技术”的推广培训活动，提高农村妇女的文化科学素质，发挥农村妇女在实现农业和农村“九五”计划中的重大作用。2006年全国妇联、农业部、科技部、中国科协、国家林业局、国务院扶贫办推出了“巾帼科技致富工程”，从技术、信息、服务，特别是资金等方面加大了帮扶力度，帮助农村妇女增收致富；一些地区如山东省妇联推出“双百万”（“百万新型女农民培训计划”“百万农村妇女创业行动”）活动，培养出一大批带头创业和带领群众创业致富的新型女农民。

5. 进行竞赛与表彰奖励

“双学双比”在有的地区被改称为“双学双赛”，各地围绕地区农业发展的总体规划，根据地区资源优势和妇女劳动特点，组织妇女在粮棉油菜生产区、农业综合开发区、庭院经济和乡镇企业等领域参与各种各样内容与形式都丰富多彩的开发性、专业性和规模化竞赛活动，如组织“吨粮田开发”“丰产方竞赛”“银花金花达标赛”，创设“桑蚕工程”“鹅鸭工程”“菜篮子工程”“林果工程”“温饱工程”等。竞赛培育出“巾帼科技致富示范村”“巾帼科技培训示范基地”“三八绿色工程”等先进集体；设置“三八绿色奖章”“女农民状元”“双学双比”女能手等奖项；颁发女农民技术员证书、绿色证书等。

6. 开展服务与帮助

在“双学双比”活动中，各级妇联和有关部门为妇女建立了服务体系，设立包括农技、林果、畜禽、金融、购销在内的服务组织。专业的服务队定期为妇女送技术、资金、物资和信息。各级妇联还有针对性地引导妇女成立自我服务组织，全国各类妇女科技协会和专业协会的成员达103万人。许多地区还创办了一批集生产、科研、培训、创收于一体的示范基地，组织妇女到基地参加实验，学习技术。

7. 与其他部门协同合作

“双学双比”活动的第一份文件是由全国妇联联合农业部、林业部、国家教委、国家科委、国家民委、水利部、商业部、广播电影电视部、中国科协、中国农业银行、国务院扶贫开发领导小组共同发起的。这11个部委与妇联搭建起了具有中国特色的妇女工作社会化平台①，后来该活动领

---

① 全国妇联、妇女研究所：《具有中国特色的妇女运动实践探索——“双学双比”活动评估报告》，《妇女研究论丛》2008年第2期，第15~27页。

导小组的成员单位由 12 个增加至 19 个，形成了各部门相互合作的工作机制。

在中国共产党的领导下，妇联带领的妇女运动形成了“政党定目标，政府出政策，妇联设活动，妇女卖力气”四位一体的运动形式。正是这样具有中国特色的妇女运动形式，使得“双学双比”这个已持续 20 多年的妇女运动依旧开展得如火如荼。全国妇联主席顾秀莲在“全国农村妇女‘双学双比’活动 20 年理论研讨会”的讲话中，用几个“双”来形容“双学双比”活动的成效——“双提高”：提高妇女素质，提高妇女地位；“双促进”：促进经济社会发展，促进妇女自身发展；“双受益”：国家受益，广大妇女受益。可见，在中国共产党的“总指挥”下，“双学双比”运动实现了“双赢”，它既促进了中国农村经济的发展，也提高了农村妇女的社会地位和家庭地位，推动了妇女进步发展的进程。

三、对政党动员妇女运动的评价

中国共产党与妇女运动的关系深刻影响着中国主流女权运动的发展。中国共产党对妇女运动的政治动员主要依靠权威支配、组织控制、宣传鼓动和群众动员这几种方式。这些方式多少沿袭了革命时代共产党政治动员的传统。中国共产党通过对妇女运动的吸纳，获得了更多体制外的执政资源，达到了提高政绩、整合社会、保持长期执政的目的，使女权运动转为党所领导的妇女运动，再由妇女运动转为常规化的妇女工作。从此，妇女事业成了党的事业、妇女发展纳入了国家发展、妇女工作融入了党的工作。这场自上而下的“运动”成了中国女权运动的重要组成部分。

从辛亥革命时期开始，中国女权运动从未逃脱与国家紧密相依的命运。新中国成立后，国家的兴盛发展更是决定了妇女的发展，国家的繁荣昌盛成为妇女地位提高、获取更多权益的前提条件。由此，中国共产党领导下的妇女运动由始至终都与国家建设、国家发展息息相关。中国共产党为妇女运动确立政治方向，保证了党对妇女运动的领导，党领导的妇女运动的首要目的是让妇女“成才”，成为一支能为国家作贡献、为国家的发展出力的重要力量，在党需要妇女的时候可以迅速有效地将她们动员起来，让妇女为国家服务，然后妇女再在这一过程中解放自己。因此，从国家与党的视角出发，妇女群体首先被看作一支“力量”，其次才是妇女个体本身。

党对妇女运动的影响还体现在意识形态上。对一个社会运动而言，运动团体的集体意识是运动得以开展和持续的重要动力。如工人运动，工人首先产生了被资本家压迫的集体意识，然后自发形成工人组织，再进行与资产阶级对抗的抗争行动。又如西方的女权运动，女性普遍意识到自己是作为女性被男性压迫着的，因而形成了女性集体意识，团结起来共同反抗男权，并与男权统治下的政府进行抗争。由此可见，一场社会运动的集体意识是来自对自身群体的认同感，它是纯粹的。而当女性集体意识夹杂了政党的意识形态，背负着政党的使命的时候，这会更好地促使女性为争取利益而奋斗，还是会削弱女性争权夺利的行动？笔者认为是后者。女性的行动已不单代表着女性自己，还代表着党和国家。女性的行为已变得不够纯粹，而是背负着其他的责任——国家建设的责任。女性也会因为过分地依赖政党而减少了行动的主动性。

中国的性别不平等存在已久，中国也存在结构性的性别不平等与性别冲突，但这种冲突在开始时被民族冲突所掩盖，后又被国家建设的宏伟目标遮蔽，结构性性别不平等又在党依靠妇联为妇女争取权益中消沉下去，妇女很少自发组织起来为自己代言，即使有自发组织，也需要挂靠在妇联名下，听从妇联指挥。这导致妇女自身的社会力量是薄弱的，无法形成明确的具有反抗意识的女性意识，女性群体因此呈现出碎片化、利益分散化的形态。

国家的价值观念与宏观话语对女性群体的逐渐渗透，促使女性减少了对国家及政党具有冲击力的行动，而是进行着利于政党、国家的行为。妇女运动成了政党实现目标的有利工具。中国共产党的行为削弱了女性作为同性的集体意识，赋予她们作为重要人力资源的集体身份，这种身份在战争洗礼、政治运动和国家政策中得以固化。这样，妇女运动就从作为争取女性群体利益的社会运动转变成为听从国家安排、服务国家需求的政治活动。在中国，国家与中国共产党塑造了女性的形象，指挥着女性的行动与发展方向。妇女运动借助体制的力量成了一种制度化的存在。

第三节　妇联组织动员

妇联是中国最大的妇女组织，它拥有其他妇女组织所不具备的得天独厚的政治资源与群众基础。妇联组织领导和动员的女权运动通常也被称作妇女运动。妇联组织的特殊地位决定了其在中国妇女运动发展的历史中占据着重要的位置。它对中国妇女运动的推动及对中国妇女地位的提升作用是巨大的。然而，作为一个妇女组织，妇联的性质与角色定位是具有争议的，它坚持的究竟是官的道路还是民的方向？半官半民的矛盾属性会对妇女运动造成怎样的影响？当国家利益与妇女利益发生冲突时，妇联的立场与实际行为会发生怎样的变化？它会如何平衡国家与妇女的关系？这是本节要讨论的问题。

一、妇联的组织特征与行动逻辑

（一）组织特征

妇联组织的角色定位、组织职能和组织结构构成了该组织的特征。妇联与党和政府部门的关系是妇联角色定位的根本所在，这个关系又决定了妇联的职能结构与行为模式。妇联的角色定位在学术界一直存在争议。从出身背景看，妇联组织是新中国成立时由中国共产党与政府共同扶助成立的，这个出身就决定了它的官方背景与政治地位。1978 年修订的《中华全国妇女联合会章程》首次开宗明义地将妇联组织定义为“中国共产党领导下的，以各族工农劳动妇女和革命知识妇女为主体，广泛团结各界妇女的群众组织，是党联系妇女群众的桥梁”①。而在之后每一次的章程修订中，妇联组织的性质无外乎是“党领导下的群众组织”、“党领导下的社会群众团体”（1988—2008 年）、“党领导下的人民团体”（2003 年）。其中，“人民团体”的定义是最近一次的全国妇女第十一次全国代表大会上再次修订后才确立的。《社会团体登记管理条例》同样将妇联与共青团、工会、科协、文联等定义为人民团体。与西方意义上的社团不同，人民团体的主要特征，一是享有法律赋予的权利，具有广泛的代表性；二是作为团体参加人民政协，是政治协商会议的组成部分，参与参政议政；三是由中国共产党的一级委员会直接领导。它具有典型的官民二重性，且更偏向于“官”的一方。由此可见，妇联是带有官方性质的群众组织，它是统一战线的组织形式，并且承担着部分政府转让出来的职能。它有时甚至被当作政府的

---

① 《中华全国妇女联合会章程》，1978 年 9 月 17 日中国妇女第四次全国代表大会通过。

第二行政系统或者亚行政系统①。然而，随着市场化改革、非政府组织概念的引进、学术界对社会团体的探讨，妇联是否是非政府组织的疑问油然而生。尤其是在1995年第四次世妇会上，妇联以“非政府组织”的名义称谓与会成员，这一尴尬的身份使得妇联的组织定位问题凸显出来。妇联组织内部也开始了关于组织定位与组织职能的讨论与反思。从妇联对外宣称的组织性质看，它是各族各界妇女为着相同的利益联合而成的，目的是进一步解放妇女，代表和维护妇女的利益，通过组织推动妇女运动，推进妇女解放事业。先不论“解放妇女”这一话语本身就蕴含着党与国家的意志，单从妇联自身的组织定位看，它的立脚点是妇女大众，它的目的是维护妇女利益，促进男女平等进程，这是妇联组织获得妇女大众认同的基础，体现了妇联组织的“社会性”。可以说，妇联是潜在的具有社会组织性质但目前与国家权力关系密切的组织②，它是国家机器的组成部分。

犹如一把秤的两端，一边是作为联系党、国家与妇女群体的桥梁，一边是作为妇女大众的利益代表者，如何在两端取得平衡，既能为党和国家做好妇女工作，又能为妇女发展作贡献，是妇联一直努力的方向。尽管妇联半官半民的属性充满着冲突和矛盾，但在实际运行中，妇联若能在双重空间中游刃有余，充分把握政治机遇，利用好政治与社会资源，便能更好地为妇女服务。

妇联的政治角色与社会角色决定了她的双重职能——政治职能与社会职能。妇联的政治职能是要承担起党和国家联系妇女群众的桥梁和纽带的作用：一方面协助执行党和国家的各项政策、方针、命令，并将其向妇女群众传达，转化为妇女群众的行动；另一方面了解、收集妇女群众的意见、愿望和利益诉求，并将其带回到党和国家的政策制定过程之中，使党和政府的决策体现性别观点，从而使上情下达、下情上传。妇联的社会职能主要是代表和维护妇女权益，促进男女平等。从1988年中国妇女第六次全国代表大会上通过的《中华全国妇女联合会章程》起，这项职能成为妇联组织的基本职能。它可以细化为以下职能：①保护职能：保护妇女的合法权益不受侵犯；②教育职能：引导妇女提高素质，促进妇女人才成长；③服务职能：提供妇女所需要的服务，推动协调社会有关部门支持妇女事

① 周健：《“官的道路”还是“民的方向”？——从妇联所处的网络关系引发的思考》，全国妇联妇女研究所编：《中国妇女组织发展的理论与实践》，社会科学文献出版社2007年版，第298页。

② 参阅陆学艺主编：《当代中国社会结构》，社会科学文献出版社2010年版，第329页。

业；④联络职能：发展各类妇女组织，联系各族各界妇女群众，开展国内外友好交往和联谊活动。[1] 妇联把维护妇女合法权益作为妇联组织的基本职能写入章程，预示着妇联组织不仅是一个行政性泛化的组织，而且是一个有着明确目标与追求的组织，它有自身的代表对象。妇联也将工作重点从一般政治职能为主向本位职能转移，把反映妇女群众的呼声、维护妇女权益作为组织使命。[2] 尽管“党政所急、妇女所需、妇联所能”是妇联的工作准则，但在当今时代，能否代表妇女群体的共同利益，并卓有成效地推动男女平等进程，成为妇联组织是否具有现实存在的合法性的主要依据[3]。

妇联的组织结构由在全国按层级模式[4]建立起来的纵向组织体系和以团体会员为联络纽带的横向组织体系共同构成（见图2－3）。

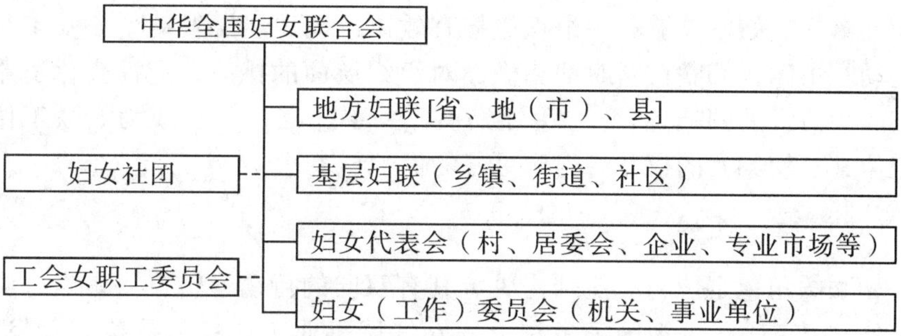

图2－3　妇联的组织网络

妇联的组织网络建设从一开始就依托党和政府的行政架构，中央、省、地（市）、县、乡五级组织每一级都相应地建立一级妇联，村级成立妇女代表会，在机关、事业单位中成立妇女委员会。改革开放后，妇联在加强和巩固纵向组织网络的同时，不断拓展横向组织网络，如建立各类女

---

① 李静之：《中国妇女运动研究文集》，社会科学文献出版社2011年版，第291页。

② 谭琳、周颜玲主编：《全球背景下的性别平等与社会转型》，社会科学文献出版社2011年版，第604页。

③ 谭琳、周颜玲主编：《全球背景下的性别平等与社会转型》，社会科学文献出版社2011年版，第605页。

④ 这不是严格意义上的层级式组织结构，因为上一级妇联与下一级妇联之间只有业务上的指导和被指导关系，每一级妇联都必须接受同级党和政府在人、财、物等方面的领导和控制。参阅袁北星、康风云：《论社会转型时期妇女组织的职能和作用》，《社会主义研究》2003年第5期。

性协会、研究会、联谊会，发展非公有制经济领域中的妇女组织和团体会员，成立农村妇女专业技术协会、专业合作组织和科技信息指导中心等各种服务机构，通过多种方式加强与这些组织的联系与指导，并将它们发展为妇女的团体会员，扩大妇联的工作覆盖面。[①] 纵向到底的网络结构与横向伸展的团体会员使得妇联的组织结构十分庞大，使它能够更灵活、更全面地为妇女服务。

妇联的组织特征为其领导的妇女运动带来了强大的组织优势。首先，妇联能够上达中央，下至基层，沟通上下，联系左右，它既能了解不同层级妇女的需要和诉求，帮助她们把心声反映给国家、政府，又能通过制度化渠道影响国家立法与政策的出台。其次，妇联能够通过发展自身的组织网络广泛地吸纳妇女中的优秀人才与精英，如女市长、女企业家、女教授、女人大代表、女政协委员等，她们的加入有助于更好地推动中国妇女运动。第三，妇联能够利用组织优势有效快速地“层层发动”妇女参与妇女运动。第四，妇联在新时期积极面对组织层面的挑战，走社会化道路将是妇联今后发展的趋势，“一手抓发展、一手抓维权”也成为妇联工作的新定位，这使妇女的权益将得到更好的保护与表达。

（二）行动逻辑

妇联的角色定位与职能结构决定其有双向的行动逻辑：一是当好党与国家的“传声筒”，为国家发展、妇女发展事业工作；二是替妇女发声，维护妇女权益。从前者来看，妇联由党与国家而建，但由于党内不设妇女部门，政府也没有专门的妇女机构，因而，党与政府有关妇女的工作自然而然地就落到了妇联的头上。妇联因此承担着处理各种妇女事务和促进妇女发展的职能。从新中国成立一直到改革开放的时间里，中国是一个总体性社会，党是领导核心，妇联的主要工作：一是辅助完成党与国家的中心任务，发动城市与农村的广大妇女为国家发展作贡献；二是给妇女大众灌输党的指示与精神，学习党的理论、文件。妇联在妇女心中的权威来自它是“党和政府联系妇女群众的桥梁”的政治地位。然而，在如今全球化、社会转型、体制改革的三大时代背景下，妇女的利益呈现多元化、复杂化的趋势，妇女群体也逐渐走向分化，在这种情况下，“一句口号，一种号

---

① 谭琳、周颜玲主编：《全球背景下的性别平等与社会转型》，社会科学文献出版社 2011 年版，第 606 页。

召”的运动动员模式已不适用，妇联想要获得妇女大众的认同，其职能与功能应发生相应的转变，工作重心需由为党政服务转移到为妇女群体服务上来。妇联不仅仅给党政当配角，也要在中国妇女运动中唱主角，不辜负妇女群众的期望。

妇联在对待党、妇女之间的关系上采取艺术性的互动方式。尽管妇联在名义上是全体妇女的利益代表者，但它不像西方的利益集团一样对政党进行游说，也不批评现行政治，它仍然将自己置于执政党的领导之下，积极配合执政党和国家的行动。妇联始终保持着对妇女需求的高度敏感性，它会在一个“安全范围”内大胆地提出要求，对政策的形成施加压力，定期而有效地在政治制度中保障妇女的利益。妇联作为能够影响政策制定的组织，它在与党的总体目标、框架达成共识的前提下，通过重新解释、讨论和提议的方式来追求其团体利益。执政党和政府也需要通过妇联了解广大妇女的意见和要求，改进其工作，从而获得妇女群体的认可。

全国与各地级市妇联都会周期性地向执政党与政府表达妇女群众的意见与心声。如妇联领导在“三八”国际劳动妇女节这种具有仪式性的节日中发表的重要讲话，妇联在全国人民代表大会、全国人民政治协商会议中提交的议案，妇联在全国妇女代表大会上作的报告等。妇联可以定期提出保障妇女利益的建议，通过公开的讨论与交流，积极参与公共政策的制定与实施，努力将妇女群众合理的利益诉求转化为可操作性的政策建议。这些是作为常规政治的组成部分。在2013年中国妇女第十一次全国代表大会上，全国妇联党组书记宋秀岩在作大会报告时指出，五年来全国妇联向“两会”提交提案、议案和建议108件，参与制定和修改法律法规130件次，大到妇女参政议政问题、人才培养问题、就业歧视问题、家暴问题，小到增设母婴室、增加女公共厕所等，都在议案和建议的范畴内，有关对策建议也得到立法和决策部门的重视与采纳。

二、妇联推动妇女运动的实证分析

（一）妇联对妇女运动的贡献

在中国妇女运动的历史中，妇联作为最大的妇女组织，它对维护妇女权益、推进性别平等的作用是显著的。归纳起来，妇联对妇女运动的贡献主要表现在以下几个方面：

1. 贯注理论养分

妇女学、女性主义理论的研究者们通过潜心学习国内外经典妇女理论，用以分析中国实际存在的妇女问题。理论研究的目的是理论服务于行动、应用于行动。通过研究表达妇女声音，推动政策改革，促进妇女发展，促进社会变迁，到达社会性别制度与结构的改变。因此，妇女理论研究是中国妇女运动的重要组成部分。

在妇女理论研究方面，妇联作出了重要的贡献。妇联有专门的妇女研究机构（全国妇联妇女研究会）与研究团队。妇女研究所当中设有妇女理论研究室、妇女历史研究室、政策法规研究室和国际妇女研究室，力求从多学科视角开展妇女理论研究、历史研究、实证研究、法规政策研究和中外妇女理论比较研究。妇女研究所关注社会经济、政治、文化等领域的妇女发展和性别平等问题。它开展了中国妇女地位调查研究、中国妇女运动研究、先进性别文化研究、促进妇女参政研究、大众传媒与妇女发展研究、妇女生育健康研究、西部妇女人力资源开发对策研究、推动法律/政策制定与制定中的性别平等、社会性别平等倡导项目、在3+1机制中提高社会性别主流化能力、中国妇女研究年鉴、社会性别与发展培训等一系列国内国际研究课题。妇联妇女研究所还会定期组织召开与承办妇女研究的论坛、研讨会，就一些妇女的重点、热点问题展开讨论，主要包括“中国妇女50年理论研讨会”、“北京+5”和“北京+10”非政府论坛、“第二期中国妇女社会地位调查研讨会”、“中国妇女参政研讨会”、“中国妇女健康促进论坛”、“大众传媒与妇女发展研讨会”、“中国妇女就业论坛”、“社会主义初级阶段男女平等理论研讨会”、“全面建设小康社会，促进性别平等研讨会”、“推动妇女研究进入社科研究和学科建设主流高层论坛”、“建设社会主义新农村与性别平等：多学科和跨学科的研究”研讨会、“两性平等与和谐社会建构：多学科和跨学科的研究”研讨会、“改革开放三十年中国妇女/性别研究”研讨会、“全球背景下的性别平等与社会转型：基于全球的、跨国的及各国的现实与视角”国际研讨会等，形成了一批翔实的调查报告和丰富的理论研究成果。此外，研究所会把这些研究成果以出版物的形式展现给社会。目前较有影响力的著作有：《中国妇女运动百年简史（上）》《世纪之交中国性别平等与妇女发展状况》《国际妇女运动和妇女组织》《中国妇女研究十年（1995—2005）——回应〈北京行动纲领〉》《1995—2005年：中国性别平等与妇女发展报告》《社会转型中的中国妇女社会地位》《性别平等的法律与政策：国际视野和本土实践》

《2006—2007年：中国性别平等与妇女发展报告》《20世纪中国妇女运动史》《国际妇女百科全书（上下·精选本）》《中国妇女研究年鉴（2001—2005）》《妇女/性别调研报告选编》《中国妇女组织发展的理论与实践》《中国妇女研究年鉴（1996—2000）》《中国特色社会主义妇女理论探索》《中国妇女就业：现状与对策》《中国妇女研究年鉴（1991—1995）》《中国性别统计资料（1990—1995）》《马克思主义妇女观》《中国妇女运动历史资料》"中国妇女社会地位调查丛书"以及"女革命家的故事丛书"等。这些研究成果为中国妇女理论贯注了充足的养分，为中国妇女运动的发展奠定了理论基础。妇女研究成了一种变革现实的力量。

妇女理论研究对推动中国妇女运动的作用在于：首先，妇女理论研究对解决妇女问题作出了科学论证，推动了改革中保护妇女权益的政策的出台及保护妇女权益的改革措施的完善；其次，它促进了妇女自主意识的觉醒，让妇女对自身所处的形势与地位有较好的检视与反思；第三，中国妇女学作为一门学科越来越受到关注，吸引了众多感兴趣的学者和研究者，换个角度看是为中国妇女运动网罗了人才，让更多人为妇女问题出谋划策，从而扩大了妇女运动的影响力。然而，中国妇女理论研究也存在着一些不足：第一，虽然妇女理论的研究成果在总量上数不胜数，所及问题几乎延及妇女问题的每一个方面，但这些成果在实际运用中能够转化为具体政策和实施步骤者的比例较小。解决妇女热点问题的应用性研究离具体政策的制定尚有一段距离。① 有些问题甚至被反复争论，但仍未能引起政策制定者的足够重视。第二，妇联所做的妇女理论研究的理论基石多局限于马克思主义妇女解放理论及西方女性主义理论，而对国内外其他学科领域的新兴理论或观点接受程度不高，如哲学中的后现代主义理论、政治学中的抗争理论，未能将其融入解释或解决妇女问题的框架内，导致一些观点滞后、呆板，研究成果也多有重复，不能突破老掉牙的陈述。

2. 促进法律法规的制定与完善

妇联的一项重要工作是参与涉及妇女权益的法律和公共政策的制定与修改。全国妇联与地方各级妇联在这方面取得了丰硕的成果，为促进保障妇女合法权益、推动男女平等作出了重要的贡献。

多年来，全国妇联参与了《中华人民共和国妇女权益保障法》《中华

---

① 刘宁：《成就与局限：妇女理论研究在中国妇女政策制定中的影响》，载《社会科学战线》，1995年第5期。

人民共和国刑法》《中华人民共和国人民调解法》《中华人民共和国侵权责任法》《中华人民共和国农村土地承包经营纠纷调解仲裁法》《中华人民共和国村民委员会组织法》《中华人民共和国婚姻法司法解释（三）》《中华人民共和国物权法》《中华人民共和国未成年人保护法》《中华人民共和国就业促进法》《中华人民共和国治安管理处罚法》《中华人民共和国劳动合同法社会保险法》《中华人民共和国禁毒法》《中华人民共和国农民权益保障法》等百余件次涉及妇女利益的法律和公共政策的制定与修改。其中，在2005年新修订的《妇女权益保障法》中，"男女平等"作为基本国策被正式写入法律，这是妇联积极推动的成果之一。妇联还从妇女的六大权益领域、法律责任等十大方面进行了全面的补充完善。多个省区市妇联还参与修改完成了《中华人民共和国妇女权益保障法》的实施办法，充分体现了时代特征和地方特色，让一些条款更具有可操作性，如明确人大代表候选人的女性比例等。黑龙江省把取暖费平等发放的问题写进了实施办法，安徽省规定企业要与女职工签订专项集体合同，上海市、江西省以法规形式明确了维权工作专项经费等，这些规定为妇女维护权益提供了依据。又如，全国妇联积极参与《中华人民共和国未成年人保护法》的修改，提出的多条关于家庭保护的建议被采纳；参与《中华人民共和国物权法》的制定，提出的"集体成员依法定程序作出的决定侵害部分集体成员合法权益的，该集团成员可以请求人民法院予以撤销"的建议被采纳；参与就业促进法的起草，提出"增设公平就业专章"的建议被吸收。

全国妇联也积极鼓励地方妇联发挥自身及地域的优势，促进地方性别平等的法规政策出台。例如，在深圳这个国际化城市中，当地妇联借鉴国外性别平等立法的先进经验，促使了首部性别平等地方性法规——《深圳经济特区性别平等促进条例》的出台，以法规的形式明确了性别平等的含义，创设了促进性别平等的工作机构，建立了反性别歧视制度、性别统计制度、公共政策性别分析评估制度和性别预算制度。它为国家层面的性别平等立法奠定了基础。

妇联在日常的工作中会注意收集各类妇女存在的问题，并通过议案、提案、调研报告、信息报送等形式，积极向党委、人大、政府、政协和有关部门提出具有针对性和可操作性的对策建议，适时给当局制造民意压力，如反对家庭暴力、男女同龄退休、取消嫖宿幼女罪、保护农村妇女土地权益、综合治理买方市场打击拐卖妇女儿童罪、对《中华人民共和国妇女权益保障法》的实施情况进行执法检查等。妇联长期的立法努力使得各立法组织在制定法律、修改法律时，如涉及妇女的重大权益问题时，都会听取妇联的意见，努力把女性视角带进立法中，这在很大程度上维护了妇女的权益。

（二）妇联促进反家暴立法的实证分析

1. 立法背景

我国家庭暴力的现象一直存在，它长期被遮蔽在“打是亲，骂是爱”“家暴是家内私事”的传统观念下。2003 年全国妇联进行的一项调查显示，我国有近四成的夫妻在发生冲突时会使用“武力”。在家庭暴力中，女性往往是受害者。她们要么忍受丈夫的“暴行”，要么解除婚姻关系，要么以杀夫的极端方式走上一条不归路。因此有人这样形容遭受家暴的妇女的境遇——“以沉默隐忍暴力，以分手离开暴力，以暴力消除暴力，以生命结束暴力”。家庭暴力对妇女的身心造成了极大的伤害，并成了引发社会不安定的因素。

在我国，目前涉及家庭暴力的法律法规有《中华人民共和国宪法》《中华人民共和国婚姻法》《中华人民共和国妇女权益保障法》《中华人民共和国未成年人保护法》《中华人民共和国老年人权益保障法》《中国妇女发展纲要（1995—2000 年）》等，而《中华人民共和国刑法》《中华人民共和国刑事诉讼法》《中华人民共和国民法》《中华人民共和国民事诉讼法》《中华人民共和国继承法》则对相关的暴力惩处作出了相应的规定。上述法律分别从不同的角度对家庭成员在家庭中享有的婚姻家庭权利进行了确立和保护。其中，《中华人民共和国宪法》《中华人民共和国婚姻法》《中华人民共和国妇女保障法》《中国妇女发展纲要（1995—2000 年）》等法律法规明确禁止了对妇女的暴力行为：

> 《中华人民共和国宪法》第 49 条规定：“父母有抚养教育未成年子女的义务、成年子女有赡养扶助父母的义务；禁止破坏婚姻自由；禁止虐待老人、妇女和儿童。”
>
> 《中华人民共和国妇女权益保障法》第 6 章第 34 条规定：“妇女的人身自由不受侵犯。禁止非法拘禁和以其他非法手段剥夺或者限制妇女的人身自由。”第 35 条规定：“妇女的生命健康权不受侵犯。禁止溺、弃、残害女婴。禁止歧视、虐待生育女婴的妇女和不育妇女；禁止用迷信、暴力手段残害妇女；禁止虐

待、遗弃老年妇女。”第39条规定：“妇女的名誉权和人格尊严受法律保护。禁止用侮辱、诽谤、宣扬隐私等方式损害妇女的名誉和人格。”

2001年新修改的《中华人民共和国婚姻法》第43条指出：“实施家庭暴力或虐待家庭成员，受害人有权提出请求，居民委员会、村民委员会以及所在单位应当予以劝阻、调解。对正在实施的家庭暴力，受害人有权提出请求，居民委员会、村民委员会应当予以劝阻；公安机关应当予以制止。实施家庭暴力或虐待家庭成员，受害人提出请求的，公安机关应当依照治安管理处罚的法律规定予以行政处罚。”第45条规定：“对重婚的，对实施家庭暴力或虐待、遗弃家庭成员构成犯罪的，依法追究刑事责任。受害人可以依照刑事诉讼法的有关规定，向人民法院自诉；公安机关应当依法侦查，人民检察院应当依法提起公诉。”

《中国妇女发展纲要（1995—2000）》在其“主要目标”部分，确定了妇女发展的11项具体目标，其中第（七）项目标为：有效遏制对妇女的暴力侵害及拐骗、买卖妇女的犯罪行为和卖淫嫖娼违法活动。在其“政策和措施”部分，规定“依法保护妇女在家庭中的平等地位，坚决制止家庭暴力”。

在国家层面，我国还未有一部专门关于反家庭暴力的法律，只是在一些省、地区、市、县出台了预防、制止家庭暴力的地方性法规条例或法规性文件。如1996年湖南省长沙市出台了《关于预防和制止家庭暴力的若干规定》，1997年安徽省制定了《关于预防和制止家庭暴力的意见》，1999年湖北省发布了《十堰市关于预防和制止家庭暴力的工作意见》，2000年辽宁省出台了《关于预防和制止家庭暴力行为的规定》，2004年甘肃省制定了《甘肃省预防和制止家庭暴力的若干规定（试行）》，2013年宁夏回族自治区出台试行了《宁夏回族自治区高级人民法院关于加强对家庭暴力受害妇女的司法保护指导意见》。

尽管如此，我国有关家庭暴力的法律规定仍有明显的不足。首先，国家性法律中的禁止家庭暴力的规定往往是站在不同立场上进行立法的，法条之间缺乏有效衔接，体例不够系统、规范，内容不够周延、完整。其次，地方性法规过于零散，规范较为抽象与空泛，可操作性不强。再次，现行法律对家庭暴力只有制裁施暴者的功能，却没有预防和制止暴力、救助受害人的措施，尤其是对正在进行的暴力或者持续发生的暴力无法及时、有效地干预。最后，没有对家庭暴力的概念予以界定，导致警察、检察官、法官对家庭暴力行为的认定存在分歧，在处理案件时自由裁量权较大。[①] 因此，全面禁止家庭暴力的全国性专门立法急不可待，对家庭暴力的规定要明确化、系统化与具体化，以此预防及遏制针对妇女的家庭暴力事件的发生。基于这样的现实背景与法律背景，全国妇联致力于促成反家庭暴力法律的出台。

2. 立法努力

全国妇联一直十分关注我国家庭暴力事件对妇女身心及权益的损害问题。全国妇联指出，近年来，在妇女维权的工作中，有关“家暴”的投诉最多。从2004年起，各级妇联每年要接待和处理40 000～50 000件家庭暴力问题的投诉，并且数量和所占比例连年上升。最近十年，全国妇联致力于推动反家庭暴力的立法，并为此做了许多努力（见表2－11）。

表2－11　近十年全国妇联推动反家庭暴力立法大事记

时间	事件
2005年	由全国妇联带头，联合中央综治办、公安部、司法部、共青团中央、国家广电总局开始共同开展“平安家庭”创建活动，其目标任务之一是家庭“无暴力”
2007年	全国妇联成立了法律帮助中心，建立了中国妇女维权与法律帮助网，组建了维权志愿者队伍，在全国31个省、自治区、直辖市妇联及大连市妇联开通了“12338”妇女维权公益服务热线和“16838198”全国妇联玫琳凯反家暴热线。妇联组织通过自办、与司法行政部门合作等形式，在全国建立了2.7万多个妇女法律帮助机构和维权站点，为妇女提供免费法律咨询、诉讼代理等帮助
2008年	全国妇联首次在“两会”期间提出将制定反家庭暴力法列入全国人大常委会立法工作计划的建议

① 《全国妇联：将反家庭暴力法列入全国人大立法计划》，广西妇女网，2011年10月25日，http：//www. gxwomen. org. cn/news/show. php？fid＝1&id＝1185。

（续上表）

时间	事件
2008年	全国妇联联合中宣部、最高人民检察院、公安部、民政部、司法部和卫生部，共同制定下发了《关于预防和制止家庭暴力的若干意见》，明确了预防为主、标本兼治、综合治理的方针，规范了相关部门的职责
2009年	全国妇联在“中澳合作反对家庭暴力立法培训研讨会”上阐述了《预防和制止家庭暴力法》建议稿
2010年	全国妇联根据国务院法制办的意见对《预防和制止家庭暴力法》建议稿进行了修改，从家庭暴力的定义、反家暴的政府责任、社区预防、证据收集、人身保护措施、庇护救助等方面作了规定，为国家立法提供参考
2010年	全国妇联为反家庭暴力立法做前期准备工作，在全国10省区市的72个基层法院开展了家暴受害者人身保护裁定试点工作
2011年	全国妇联继续做好反家暴立法的调研论证等工作，并与全国人大常委会法制工作委员会社会法室合作，共同开展了实地调研、国内外研讨会等一系列有关反家暴立法的立法必要性、可行性的调研论证工作
2011年	全国妇联与联合国妇女署、联合国开发计划署、联合国教科文组织以及联合国人口基金四个联合国机构以及公安部、司法部、民政部、卫生部、中国社科院、北京帆葆文化发展公司（原中国法学会反家暴网络）六个部门和单位联手开展联合国多部门合作预防和应对家庭暴力项目
2012年	全国妇联、联合国儿基会在西安主办反家庭暴力立法交流研讨会
2012年	全国妇联组织召开反家暴立法建议座谈会，推进国家尽快出台专门的反家庭暴力法
2012年	全国妇联副主席甄砚建议把同居关系、事实婚姻关系及精神暴力都列入法律的保护范围，提出经济控制、言语辱骂、攻击等精神暴力也属于反家暴立法的考虑范畴
2013年	全国妇联参加“制止性别暴力，男性不再沉默”公共论坛及“中国白丝带志愿者网络”第一届年会

（续上表）

时间	事件
2013 年	“国际消除对妇女暴力日”，全国妇联、国务院妇儿工委办公室联合召开反家庭暴力立法研讨会，邀请中国社会科学院、北京大学、中国政法大学、中华女子学院等科研院校的专家来到全国妇联，就推动反家庭暴力立法问题开展研讨。全国妇联和国务院妇儿工委办公室组织专家对立法中的重点、难点问题进一步加强研究论证，做好立法准备工作

十年来，全国妇联坚持不懈地向全国人大常委会建议出台反家庭暴力法，并为立法做了一系列的基础性准备工作，包括起草反家暴法的建议稿，推动在相关法律中写入反家暴内容，指导和推动 28 个省区市、90 余个地市出台反家暴法规和政策，联合六部委下发《关于预防和制止家庭暴力的若干意见》，探索多部门合作反家暴的工作机制，开展实地调查与数据调查，总结国内外有效经验等。终于，在 2012 年，反家庭暴力法被列入了全国人大常委会立法的工作计划，2013 年被列入新一届全国人大常委会立法工作计划，《反家庭暴力法》的落成指日可待。

3. 妇联推动反家暴立法的政治学分析

妇联推动反家暴立法的行动在中国妇女运动的历史上可以算是一场成功的“运动”。从社会运动理论的视角看，妇联领导的这场运动的成功得益于几个因素的相互作用：广泛的社会认同、有利的政治机会、有效的资源动员以及持续地提出要求。

首先，一场社会或政治运动的兴起需要有成员之间的心理认同。在中国，受传统观念的影响，家庭暴力一直属于私密事情，施暴者不会对外宣扬，就连受害者也碍于这是“家丑”所以不愿“外扬”。妇联作为反对家庭暴力运动的组织者和发起者，提出首先需要女性、男性及社会正视家庭暴力问题，让问题从私人领域走向公共领域，然后才是认定其为违法犯罪行为。妇联在维护妇女权益的活动中向妇女普及有关家庭暴力的相关知识，帮助妇女学会保护自身，并向社会传达家庭暴力对妇女身心的伤害，导致家庭被破坏，从而影响社会稳定的理念。妇联通过持续的宣传，引导人们转变观念和深化对家庭暴力的认识，使家庭暴力问题从私人的微观问题上升至社会的宏观问题，从而获得社会的普遍关注。人们逐渐意识到家庭成员之间（尤其是男性对女性）的殴打、强迫、侮辱、谩骂、性暴力等行为应该受到社会的谴责和惩罚。妇联通过第三期的中国妇女社会地位调查中发现，绝大多数受访者认为家庭暴力是违法犯罪行为，并支持专门立法。在社会成员普遍对禁止家庭暴力达成共识的基础上，反对家庭暴力、支持反家暴立法的行动者越来越多，各级政府、公安、司法、民政、卫生等部门和社区、村委会、社会民间组织等组织纷纷加入预防和制止家庭暴力行动的行列，行动者之间的协同互动产生了广泛的社会认同。由此，妇联的反家暴立法行动才得以顺利展开。

其次，国内的政治法律环境及国际对家暴问题的重视为妇联促进反家暴立法提供了契机。改革开放以来，随着社会的变迁，许多社会问题显现了出来。为了保障人民的权益与维持国家的长治久安，中国越来越重视法制的建设，党的十五大提出了依法治国的基本方略。因此，我国法律体系的完善成为国家建设与发展的重要方面。在国际上，国际组织和世界各国越来越重视家庭暴力问题。针对妇女遭受的暴力问题，联合国的《消除对妇女歧视宣言》《消除对妇女一切形式歧视公约》《消除对妇女的暴力行为的宣言》对反对针对妇女的暴力问题作出了规定。1995 年在北京举行的第四次世界妇女大会通过的《行动纲领》中，家庭暴力被列为 12 个重点关注问题之一。1996 年，联合国制定了《家庭暴力示范立法框架》指导世界各国对反对家庭暴力进行立法。1999 年起，联合国将每年的 11 月 25 日定为“消除对妇女的暴力国际日”。联合国儿基会、联合国妇女署等国际组织与中国妇联合作开展反对家庭暴力的国际项目，推广介绍国外反家暴立法的经验与具体做法。这样的国内与国际环境为我国反家暴立法提供了良好的政治机遇。

然而，政治机遇的出现不会自动地促成立法，只有当政治机遇的出现被有效利用时，立法行动才能够顺利进行。妇联把握住了政治机会，并且，它特殊的政治地位在促进反家暴立法中发挥了重要作用。妇联动员一切可以动员的力量来促进立法的进行。第一，妇联拥有其他民间妇女组织无法比拟的政治资源与社会资源，可以直接向全国人大提出立法建议，并且与公安机关、检察机关、司法机关、民政机关等部门建立有效的沟通渠道，共同对相关问题进行讨论及论证。第二，全国妇联利用其组织资源，指导多个省市区出台预防和制止家庭暴力的地方性法规政策，形成具有一定规模的地方性的法律网络联合，为国家专门法的出台奠定了基础。各级妇联常常承办有关反家庭暴力的座谈会、研讨会等，以此扩大社会影响。

第三，妇联通过与社会合作，与社会民间组织、大众媒体和高等院校的专家学者建立联盟关系，寻求反家庭暴力的社会支持。由此，我国形成了由妇联带动的“政府机关—各级妇联—社会组织—专家学者—大众媒体”各方联合的反家暴立法网络（见图2－4）。

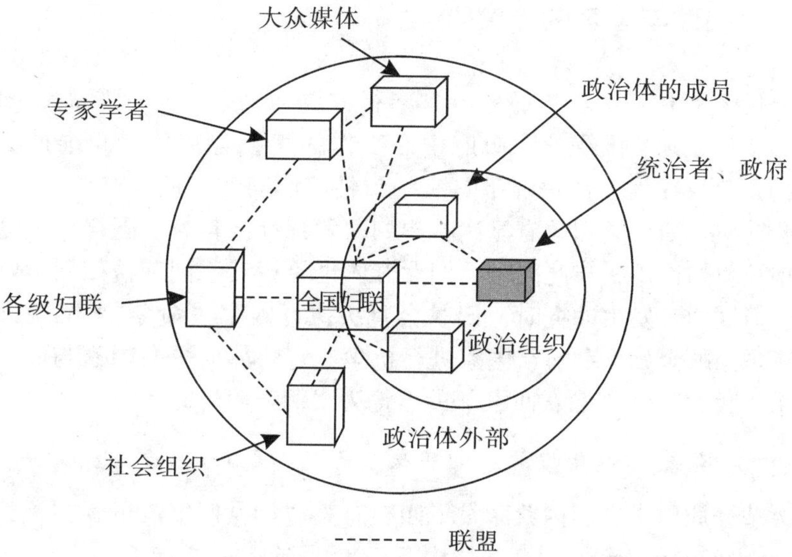

图2－4 促进反家暴立法的网络结构

最后，全国妇联持续不断地向政府当局提出要求、给国家施加压力，是促进反家暴立法成功的关键。一项法律的落成需要系统的论证与繁杂的程序，一场社会运动的成功更是需要行动者持久的运动动力。中国反家庭暴力法的出台进展缓慢不仅是受传统观念的影响，而且还存在着许多司法难点。妇联以“打持久战”的心理进行此项行动。从2008年起，妇联每年都向全国人大提出关于将反家庭暴力法列入全国人大常委会立法计划的建议。作为中国最大的妇女组织，妇联对妇女权益的维护不是停留在口号或每年大大小小的活动上，而是即使遇到困难，也以妇女利益为重。妇联周期性地提出反家暴立法要求引起了政府当局的重视，反家暴立法已经提上议事日程。

妇联领导的反家暴立法行动可以归类为共意性运动，在妇联的努力下，反对家庭暴力成为共意性议题。该议题得到了政府当局的合法性确认以及社会舆论的一致支持，形成了政府与社会共同联合的行动网络。从国家与社会关系的角度看，反家庭暴力的立法行动体现了国家与社会的良性互动，它们互相合作、共同促进将反家庭暴力的共意提议转化为了法律制度。

三、妇联与国家的冲突

妇联接受中国共产党的领导，奉行“党政所急、妇女所需、妇联所能”的工作原则，围绕党和政府中心工作的角色与“代表和维护妇女利益”的角色虽在大多数情况下具有一致性、协同性，但也有矛盾的时候。在社会转型时期，党和政府显然希望妇联发挥社会整合、配合执政党与政府管理社会的作用，与此同时，妇女群体也希望其不同利益妇联能够代以表达。但这两者发生冲突时，妇联会坚决执行国家“命令”，牺牲妇女利益，还是会顾全妇女利益与国家进行抗争？它将如何平衡国家与妇女之间的关系？我们以对“妇女回家”的争论为案例来探讨此问题。

（一）有关“妇女回家”的四次争论及妇联的回应

改革开放以来，国内共激发了四次有关“妇女回家”的大讨论，分别是在20世纪80年代初、90年代中期、2001年及2011年。

1. 20世纪80年代对“妇女回家”的争论

改革开放后，我国的经济体制开始由计划经济转为市场经济，人们的就业途径也从国家统包统配变为市场就业。大批“文革”时期上山下乡的知青陆续返城就业，学校的应届毕业生也要进行就业，我国遭遇了新中国成立以来最严重的就业危机。在待业青年中，女性占70%。[①] 此外，在市场经济体制下，企业占据拥有用人权利的主体地位，根据“效益优先、优胜劣汰”的用人原则，女性与男性相比被归为“劣”质人群而纷纷下岗。针对严峻的就业形势，经济学家厉璠等人于1980年5月撰写《上海妇女就业问题探讨》一文，提出让妇女回家料理家务，腾出位置安排待业男青年。此文一出，随即引发社会的大讨论。在正反两面的讨论中，国家劳动

① 中华全国妇女联合会妇女研究所、陕西省妇女联合会研究室编：《中国妇女同级资料1949—1989》，中国同级出版社1991年版，第6页。

部比较赞同“妇女回家”“阶段性就业”① 的主张，并且以“妇女回家方式缓和就业压力”为内容，作为政策建议提交给党中央。妇联和妇女干部对此表示强烈反对，强调让“妇女回家”的主张是对妇女解放认识的倒退，不利于男女平等的推进和妇女发展。1980 年 8 月 3 日，全国妇联致函中央书记处和国务院，表明妇联的态度并分析让妇女回家的负面影响。8 月 7 日，中央书记处召开会议讨论“妇女回家”的问题，妇联再次表达了反对意见并阐明了反对理由。许多参会者表示不同意以实施妇女回家的措施来缓解就业紧张问题。最终，胡耀邦总书记指出用“妇女回家”解决就业问题是消极办法，批示要用积极方式广开就业门路，解决就业难题。

2. 20 世纪 90 年代对“妇女回家”的争论

改革开放后的第二场论战发生在 20 世纪 80 年代末至 90 世纪中期。20 世纪 80 年代末，随着我国经济体制改革的不断深入，产业结构和企业组织结构的进一步调整，国有大中型企业裁汰冗员，城镇下岗失业女性逐年增多。1988 年，劳动部为解决就业问题提出了“阶段性就业”的建议，妇联利用旗下的《中国妇女》《中国妇女报》等报刊对该问题展开讨论，各级妇联和工会组织还开展了一系列妇女就业问题研讨会。这次的讨论还引发了学术界的一些知名学者面对市场化转型阶段应如何处理就业难题的思考。1994 年，社会学家郑也夫在《社会学研究》第二期发表了《男女平等的社会学思考》一文，认为中国妇女解放、男女平等是“超前的、运用行政力量造就的”，它“通过扶助弱者压制强者”，破坏了中国家庭的正常分工，“使弱者误以为不弱，强者丧失了应有的自信心”，导致“家庭关系紊乱”。郑也夫建议妇女“或终生，或一定时间内做家庭妇女”。孙立平认为“以减少妇女就业的方式来解决中国劳动力过剩的问题，是一种代价最小，也是最可行的一种办法”，主张妇女有区别地实行阶段性就业。② 两位社会学者的观点遭到李银河、李小江等众多女权主义者的反驳，她们强调，妇女参加社会劳动是妇女解放最重要的成果，妇女有与男性平等的就业权利，女性若放弃了就业的权利，就等于舍弃了政治平等的权利。最后，“阶段性就业”政策依旧未能通过。

3. 2001 年对“妇女回家”的争论

2000 年，中国共产党十五届五中全会审议通过的《中共中央关于制定

---

① 邢华等：《论述妇女阶段性就业》，《经济日报》1984 年 4 月 20 日。

② 孙立平：《重建性别角色关系》，《社会学研究》1994 年第 6 期。

国民经济和社会发展第十个五年计划的建议》提出了“建立阶段性就业制度”。同年12月，全国妇联召开了“阶段性就业制度与妇女就业”座谈会。随后，妇联在《中国妇女》《中国妇女报》《妇女研究论丛》等报刊上向社会旗帜鲜明地表示反对建立“阶段性就业”制度。例如，2001年1月，《中国妇女报》开展了一场“阶段性就业是否伤害女性”的系列讨论。在大量的报道与群众意见中，呼声最响亮的观点认为“阶段性就业”是妇女解放运动的历史性倒退，它违背了马克思主义妇女观和男女平等的基本国策。阶段性就业制度设计者之一吴树青教授在接受《中国妇女报》采访时承认，“阶段性就业实际上就是妇女的阶段性就业”，制度对妇女权利有所伤害，不利于妇女的全面发展。2001年3月“两会”期间，全国政协委员王贤才做《“家政”的呼唤与回归》的发言，倡议已婚女职工退出工作岗位，回家操持家务、相夫教子。这又遭到了妇联及女界的愤怒声讨。妇联由始至终态度坚定，强调不能以妇女利益的牺牲作为经济发展的代价。全国妇联向中央书记处和国务院提交了《关于建立阶段就业制度的社会反映和我们的建议》的调研报告，妇联研究所还组织了城市妇女就业动机和生育期间就业意愿的调查，以充分的事实根据争得了党和政府决策者对妇女意愿和妇联主张的接纳。[①] 随后，时任中央书记处书记胡锦涛作出批示：赞成妇联组织要关心、维护妇女权益，积极参与有关改革措施和法规的制定。最终，在“十五”计划纲要作出修改时，吸纳了妇联及人大女代表、政协女委员的意见，将“建立阶段性就业制度”从《国民经济和社会发展第十个五年计划纲要》中删除，代之以“采取非全日制就业、季节性就业等灵活多样的就业形式，提倡自主就业”。

4. 2011年对“妇女回家”的争论

2011年“两会”期间，全国政协委员张晓梅提出“鼓励部分有条件的家庭中的女性成员回归家庭”的提案，理由有二：一是女性的自然生理决定了其社会性别角色；二是女性承受着事业和家庭的双重负担。而女性回归家庭的好处是，它能“稳定社会和促进家庭和睦”“有利于平衡家庭矛盾”。前面几次呼吁妇女回家的首先是男性，这次是女性首次站出来，以女性的视角让妇女回家。这个提案再次遭到妇联、女权主义者以及许多社会人士的怒骂。李银河指责这个提案突破了男女平等基本国策的底线，

---

① 欧阳和霞：《回顾中国现代历史上“妇女回家”的四次争论》，《中华女子学院学报》2003年第3期。

指出一部分人想回家是她们的权利，而“号召一个性别的人回家”① 则属于性别歧视，最终会导致妇女地位的下降。女性主义学者宋少鹏则反问，既然张晓梅在提案中把“部分女性回家”看成“自愿”的选择，又何须“借助国家的制度安排鼓励这种‘自愿’”②。最后，该提案未被采纳。

（二）妇联的行动分析及反思

妇联本是带有官方性质的组织，但在“妇女回家”“妇女阶段性就业”等问题上并没有与国家政府部门——劳动部保持一致。在社会转型时期，妇联的角色与职责也在发生相应的变化，它不再一味地“服从”国家命令，而是坚守自己的岗位，恪守自己的基本职责——维护和代表妇女的利益。在改革开放至今的四次“妇女回家”的论争中，妇联始终站在“维护妇女权益”的立场上坚定地反对“让妇女回家”的主张及“妇女阶段性就业”政策。这实际体现了在面对妇女利益与国家利益的冲突时，妇联选择了妇女一方，并与国家进行“抗争”。妇联与国家抗争的手段不像一些社会人士与女权主义者般激进，而是采取理性、温和的方式与国家进行对话。首先，妇联从理论的高度指明“让妇女回家”违背了马克思主义妇女观，抹杀了长期以来妇女解放的成果。其次，妇联从国家法律的角度，指出“妇女回家”违背了男女平等的基本国策，“妇女阶段性就业”政策存在严重的性别歧视，这与国家本身信奉的法理原则不符。妇联艺术性地用国家自身的话语矛盾作为抵抗国家政策的武器。再次，妇联通过调研报告、采访调查等形式详细说明“让妇女回家”不仅对妇女权益造成了伤害，也不利于国家的现代化建设，希望国家不仅要看重短期利益，更要考虑长期利益，制定长远规划，不要以牺牲妇女的利益作为解决问题的方法。最后，妇联通过报刊、电视、互联网等媒介收集社会各方意见，把广大妇女的真实心声传达给执政党和政府，制造舆论压力。由此，这四次有关“妇女回家”和“妇女阶段性就业”的主张均在一片反对声中销声匿迹。

从国家与妇女关系的视角看“妇女回家”问题，我们不禁发出疑问：为什么当国家经济建设需要妇女参与时，国家就构建出“参加社会生产劳

---

① 李银河：《让妇女回家提案代表，该好好反省》，http://sc.sina.com.cn/news/r/2011-03-08/259-6246.html。

② 参阅宋少鹏：《“回家”还是“被回家”？——市场化过程中“妇女回家”讨论与中国社会意识形态转型》，《妇女研究论丛》2011年第4期，第5～12页。

动是解放妇女的途径"的话语体系；而当国家发展遇到瓶颈希望妇女退出时，又构建出"妇女回家有利于妇女自身及社会和谐"的话语体系？主流话语的产生本身就是国家的权力意志的作用。郑也夫认为，国家的行政力量促使妇女解放到达本不应到达的程度，妇女是被解放的，被强大的。而事实上，从某种意义上说，国家的行政力量成了阻碍妇女发展的一道新的"枷锁"，国家一边喊着性别平等的漂亮口号，一边出台性别歧视的制度政策，以此来限制妇女的权利和自由，甚至以牺牲妇女的利益来达到自己的目的。要知道，被迫参加社会劳动与被迫回家的妇女，都不是真正的解放。

在"妇女回家"的论战中，妇女们不再沉默以对或对国家盲目服从，而是选择大胆言说，向性别不平等的国家政策发起挑战。妇女的抗争不是针对"让妇女回家"的议题本身，而是以抗争的方式换取自由选择的权利。20世纪以来"妇女回家"的主张和争论不断出现，反映了"男尊女卑""男强女弱"等传统性别意识依旧存在。但是，妇女大众及精英每次的愤声抗争体现了妇女自我意识的强化与妇女力量的增强。事实证明，妇女要想维护自己的权益只能依靠自身及公民社会的强大，而不能依赖于国家。

在经济的转轨过程中，国家不应该把自身职责推向市场，使效率让位于公平，让市场伦理成为社会伦理的标准。这样会导致自由覆盖平等，劳动重新被性别化，性别压迫重新兴起。国家的主流话语成为性别话语的强大载体，形成对女性强大的规训力量。在社会转型时期，国家更应该坚持公平、公正、正义的价值观念，性别平等应该被作为基本的价值观念毫不动摇地被予以坚持。"阶段性就业"这个提案的提出表明政策的制定仍未将性别平等纳入决策的主流。国家在今后立法和公共政策的制定中，应充分考虑性别的视角。

第四节　民间妇女组织动员

借着"95世妇会"的春风，民间组织的概念以及社会性别意识"吹"到了中国，直接为中国女性提供了一种新颖的组织形式和性别意识的初步启蒙[①]。中国民间妇女组织也如雨后春笋般兴起。民间妇女组织是非政府、

---

① 吴玉章主编：《中国民间组织大事记》，社会科学文献出版社2010年版，第248页。

非营利、自主管理、非党派性质的民间组织。作为社会的组成部分，它们承载着更多的对于中国女权运动发展的期盼与希望。那么，在中国女权运动的实践中，民间妇女组织发挥着怎样的作用？它们如何推动女权运动的发展？它们在寻求自身的发展时遇到了哪些困难和困惑？

一、民间妇女组织的类别及运行现状

（一）民间妇女组织的类别

中国的社会转型与社会分化以前所未有的力度冲击着各个领域，打破了原来高度统一的总体格局，社会上不同利益群体迅速崛起。这种变化在妇女群体层面亦有淋漓尽致的体现。改革开放前，中国妇女皆为“劳动妇女”，利益高度同质，没有明显差异，中国妇女组织基本是妇联一枝独秀。改革开放后，群体利益开始分化，女性群体内部出现分层，利益呈现出多元化趋势。不同职业、不同收入、不同受教育程度、不同兴趣爱好的妇女逐渐形成了区别于“他群”的“我群”。在这种情况下，妇联组织科层制大一统的格式化服务已无法满足各个“群体”妇女的需求。为了弥补妇联的局限，满足妇女多样化的福利需求，各种各样的民间妇女组织开始兴起。

按照功能进行划分，民间妇女组织大致可以分为研究型妇女组织和服务、互益型妇女组织两大类。具体来看，研究型妇女组织主要有以下三种：①高等院校妇女研究组织，如郑州大学妇女学研究中心、北京大学中外妇女问题研究中心等；②社会热心妇女研究的专业人士和从事妇女工作的专业人士成立的研究性组织，如浙江省社科院妇女与家庭研究中心、北京妇女理论研究会、北京市法学会妇女法学研究会、中国人力资源开发研究会女性人才研究会等；③具有一定官方背景的社会研究组织，如中国妇女研究会、全国妇联妇女研究所、各民主党派妇女组织、中华全国总工会女职工委员会等。这些研究型组织主要从事马克思妇女理论、国外女性主义理论、妇女文学、妇女教育学、妇女心理学等理论研究，涉及女性的人口政策、社会保障政策、就业政策、环境政策、参政政策、医疗保健政策等公共政策研究；以及对妇女社会地位、女性成才、婚姻家庭关系、女性与环保、家庭暴力、性骚扰等热点问题的研究。它们的活动形式主要是报项目、做调研、写报告、出著作、开讲座、进行学科与学术交流等。

服务、互益型妇女组织是一些为妇女服务的公益性或兼有服务、联谊、教育培训等职能的综合性的民间组织。它们主要负责举办一些活动，为妇女提供心理、法律、健康等问题的咨询与援助，对男女平等进行宣传和倡导，通过培训提高女性的女性意识和专业技能等。以北京农家女文化发展中心为例，它围绕中国农村妇女自我赋权与发展，以促进贫困农村妇女脱贫与发展为总目标，开展了大量的扶贫、扫盲、培训项目，为农村妇女创办学校，开设社会性别意识、公民意识等课程，培训家政、计算机、美容美发、缝纫操作等专业技能，从而使农村妇女掌握了文化、技能，扩宽了视野，提高了收入。服务、互益型妇女组织主要有行业协会型妇女组织与联谊型妇女组织，它们为具有同质性的妇女群体提供交流、合作以及情感联谊的渠道，使具有同等职业、同等身份或者处于同一阶层的女性在组织中得到相互的认同、支持与帮助。其中，较有影响力的有中国市长协会女市长分会、中国女法官协会、中国女检察官协会、中国女企业家协会、中国女医师协会、中华全国基督教女青年会、欧美同学会妇女委员会、上海木兰拳协会等。

目前一些比较有影响力的民间妇女组织，其实质是从妇联系统内新的妇女组织不断衍生出来的[①]。例如，由全国妇联主管、国家新闻出版广电总局指导的《中国妇女报》就衍生了两个新的组织和网络——《农家女百事通》杂志和“首都女记协妇女传媒监测网络”，《农家女百事通》又衍生出“打工妹之家”和“农村妇女培训学校”。又如，陕西省妇联衍生出了陕西省妇女理论、婚姻家庭研究会，该研究会在几年内又依次发展了陕西妇女热线、陕西妇女法律研究与服务中心、陕西妇女发展网络等组织。这些妇女组织拥有妇联的大力支持和妇联的社会资源，而相比妇联更具灵活性和能动性。它们在社会上相当活跃，工作卓有成效。

（二）民间妇女组织的运行现状

我国对外开放的推进，市场经济体制改革和政府机构改革的深入，为民间妇女组织的发展创造了较为宽松的社会政治环境并开辟了更多的社会资源。从中国民间妇女组织的实践上看，目前，它们已经逐渐跳出传统的妇女领域，不再仅仅以性别作为区别于其他民间组织行动的标准，而是注重在行动中贯彻性别意识和公民权利意识。行动内容也逐步在服务、帮

---

① 参阅杜芳琴：《妇女学和妇女史的本土探索——社会性别视角和跨学科视野》，天津人民出版社2002年版，第305页。

助、资助女性的基础上拓宽到以女性主义的视角关注慈善、社区、环保等新兴领域。随着妇女公民意识和性别意识的增强，她们不再是社会上被动的“受助者”或“受益者”，而是主动参与社会发展的“建设者”和“实践者”。

虽然中国社会上已经成立了数以万计的公益性、互助性、自治性民间妇女组织[①]，但在实际的运行中，这些组织遇到了来自体制及组织自身的困难，出现了身份认同和组织运行的危机。从体制上看，中国对民间组织的管理依然比较严格。《社会团体登记管理条例》规定，民间组织要经过业务主管部门和登记管理部门的同意才能成立。两重的管理体制在一定程度上减缓了包括民间妇女组织在内的社会民间组织建立和发展的步伐。从组织自身看，中国民间妇女组织要么采取工商登记的方式，要么采取挂靠于其他组织的方式，要么以“既无爹也无娘”的方式生存。其中，后两者不在少数。以挂靠制的妇女组织为例，它们不具备独立的法人资格，需要挂靠在妇联或者其他组织的名下。这便导致了它们的第一重危机——身份认同危机。挂靠制容易导致妇女组织对其所挂靠单位资金、人员的依赖，行动上受到挂靠单位的管理与约束。挂靠在妇联名下的妇女组织，名义上是妇联的团体会员，接受妇联的指导和监督，参加妇联的有关会议并执行其决议；实际上失去了社会组织本该有的独立性，活动的成果也不会以民间组织的身份被政府或社会认同，而被认为是协助妇联、协助政府做好妇女工作。这样，它们进入了妇联建立的组织网络，无形中被整合到国家控制的社会资源中，从事政府或妇联下达的工作。它们虽可借助政治性的力量顺利开展活动，却也偏离了组织多元化、社会化的原则。从长远来看，身份合法性问题严重阻碍了这些组织的发展。

我国体制转轨中的缺陷及社会机制的缺乏给民间妇女组织带来了第二重危机——组织运行危机。这主要表现在：第一，资金缺乏。大多数民间妇女组织的经济来源以会费、社会资助为主[②]。调查表明，除了少数民间妇女组织资金充足、运作良好外，大多数的组织存在经费缺乏的问题。它们的会费收入微薄，收到的来自公众和企业的捐赠很少，政府扶持的资金也不多，就连国外慈善组织的捐款也是杯水车薪。第二，人才匮乏。在民

---

① 参阅肖扬：《对妇联组织变革动因及其途径的探索》，《妇女研究论丛》2004 年第 4 期。

② 全国妇联妇女研究所主编：《中国妇女组织发展的理论与实践》，社会科学文献出版社 2007 年版，第 101 页。

间妇女组织中，兼职人员多，专职人员少。短缺的资金导致无法长期吸引优秀人才，人才流失严重。社会也没有为专门从事公益事业的人提供生活保障。这使得妇女组织发展在人才方面受到了相当大的限制。第三，名人效应。民间妇女组织的创始人大多属于社会精英。她们所创建的民间妇女组织的内部运作也主要依靠创始人个人的身体力行和个人号召力，因此个人魅力在组织中发挥着重要的作用。[①] 例如，郑州大学妇女学研究中心创始人和负责人李小江教授，她是中国女性学的开创者，在国内的女性主义学界具有较高的知名度和影响力。她与多个国家的专家和机构有过学术上的合作或项目交流，美国福特基金会每年都会主动为她提供资金支持。这些丰富的社会资源有力地支撑着郑州大学妇女学研究中心的运行。然而，依靠名人治理的模式并不适应组织发展的长期要求，组织的可持续发展需要建立在一个长效机制之上。

身份认同危机和组织运行危机使民间妇女组织的发展受到一定的掣肘。就中国目前的情况而言，民间妇女组织要立足于社会并扎根于社会，还需建立与妇联及政府的良好互动关系。认清形势、把握分寸有利于民间妇女组织的顺畅运行。一方面，民间妇女组织的活动离不开政府与妇联的支持，否则便失去了政治上的合法性。政府是权力和资源的持有者和配给者，它的支持对于妇女组织的存在和发展具有决定性作用。政府可以发动社会力量来关注妇女组织所倡导的价值目标，反过来，政府也需要妇女组织协助政府发挥提供服务、反映诉求、协调矛盾、社会监督等方面的作用。民间妇女组织需要妇联为其开辟一条政治渠道，去实现影响政府政策的实践成果。妇联同样需要联合民间妇女组织的力量，整合社会组织资本，建立广泛的妇女群众基础，获得充足的发展空间。另一方面，民间妇女组织也要警惕落入政府与妇联等的政治控制，努力捍卫社会组织本该有的原则，坚持维护妇女利益、倡导男女平等的目标与价值，大胆地向政府提出意见，勇于与违反自身目标与价值的行为及理念作斗争。

二、民间妇女组织的行动

本节以“陕西妇女理论婚姻家庭研究会推动农村妇女参政项目”为例，探讨民间妇女组织推动女性权益发展的具体行动。

---

① 参阅吴玉章主编：《中国民间组织大事记》，社会科学文献出版社 2010 年版，第 252 页。

（一）推动农村妇女参政行动的社会背景

当代中国农村社会仍然是一个性别分层的社会，“性别分层反映了男性统治——权力和声望更多地给予了男性而非女性——的社会现实”①。在一些落后的地区，妇女仍处于政治的边缘状态，是名副其实的“弱势群体”，受到社会文化的歧视。改革开放催生了大量的农村劳动力向城市流动，多数男性进城务工，而不少女性由于传统的家庭分工模式留守在农村。在这种情况下，妇女在村庄治理中理应发挥更大的作用，然而，妇女的参政状况不容乐观。村民自治给农村妇女参政带来了许多冲击和挑战。农村出现了村干部性别比例失衡、村委会中性别分工明显、社会性别平等意识不强等性别政治问题，具体体现在：

第一，干部性别结构失衡。调查发现，自从《中华人民共和国村民委员会组织法》正式颁布实施以后，女性成员在全国村委会中所占的比例普遍呈下滑趋势。据全国农村基层政权建设司统计数据，2000 年全国共有村委会 73 万个，村委会委员就有 300 多万，其中，女性不足 50 万；2001 年，女性成员的比例较 2000 年更低，仅为 15.5%；2002 年这个比例微弱上升到 16.2%②；到 2003 年年底，村委会中女性成员的比例仍不足 20%③；2005 年这个数据更低至 15% 左右④。目前仍有一些地方，村委会班子里没有一名女性成员。这表明，在基层政权中，性别比例是严重失衡的。人们对女性担任村干部或村领导仍持有怀疑和漠视的态度。

第二，村委会中性别分工明显。概括而言，出现了“三多三少”的局面，即“副职多、正职少，虚职多、实职少，闲职多，要职少”。例如，到 2003 年年底，村委会主任中女性成员不足 1%⑤。河北省迁西县第五届村委会换届选举中，妇女担任村主任的 0.7%，男性占 99.3%；妇女担任

① ［美］戴维·波普诺著，李强等译：《社会学》，中国人民大学出版社 1999 年版，第 383 页。

② 国家统计局人口和社会科技统计司编：《中国社会中的女人和男人——事实和数据（2004）》，中国统计出版社 2004 年版。

③ 董江爱：《提高农村妇女当选村委会成员比例的法律建议》，载《民政部天津塘沽项目报告》2005 年。

④ 王金华：《认真履行职责，切实推进农村妇女参与村民自治》，在“2005 中国妇女研究会年会北京 +10 论坛”上的发言稿，2005 年 8 月 30 日。

⑤ 郎友兴：《提高农村妇女当选村民委员会成员之比例：中国女性主义理论的试验场及其所面临的难题》，载《2005 年中国—欧盟村务管理培训项目“全国村民自治学术研讨会”获奖论文集》，第 23 ~ 24 页。

村副主任的为4.3%，男性占95.7%①。在浙江省对111个村主任所做的问卷调查中，女性村委会主任只有1人，占0.9%②。这说明，即使妇女担任了村里的干部，但所分配的任务和分管的领域也多是一些虚职闲职。事实上，女性的能力不比男性低，之所以会出现这样的情况，归根结底还是人们根深蒂固的思想在作祟。

第三，社会性别平等意识不强。目前，在中国农村，随着女性走出家庭、迈向社会，农村妇女的经济开始独立，家庭地位有了很大的提高，但是，在政治领域，社会性别平等意识未被充分纳入主流，这与父权制文化的影响及“男主外、女主内”“男强女弱”等传统观念有关。对于参政的妇女，人们一方面期待其在工作中表现出强烈的男儿特征，一方面又要求其在生活中充当温柔体贴的贤妻良母。如何处理两者的关系，具有一定的难度。因此，在村级治理中，成功的女性干部不仅要具有“铁娘子”般的能力与智慧，还要发挥女性特有的魅力优势，温婉而不张扬。

（二）推动农村妇女参政的行动过程

陕西省妇女理论婚姻家庭研究会（以下简称陕西省妇女研究会）是一个致力于关注“农村妇女发展、妇女权益维护、家庭暴力预防、社会性别教育与倡导”的民间妇女组织。中国农村的性别政治问题及农村妇女的发展状况一直是研究会关注的焦点。针对中国农村妇女发展的现状，研究会意识到，只从事理论的研究不能真正达到促进农村妇女发展的目的，只有在理论研究的基础上身体力行地进行社会实践行动，才能切实地促进妇女的全方位发展。2003年春，在陕西省第五届村级换届选举中，合阳全县无一位女性担任村委会主任。为此，研究会与合阳县妇联进行合作，希望通过研究调查究其原因并为提高妇女参选比例争取政策倾斜。在长达半年的调研基础上，2004年6月，研究会决定在合阳县内开展“提高农村妇女当选村委会成员比例示范项目”，并向国外慈善组织福特基金会正式递交项目建议书。当年8月份获批6.2万美元资金后，项目开始正式运作。合阳项目的短期目标瞄准在“使妇女进入村委会的比例提高10个百分点”；长期目标则是探索在贫困、传统观念根深蒂固的地区促进妇女参政的模式，

---

① 民政部基层政权和社区建设司：《农村妇女参与村委会选举实用手册》，中国社会出版社2004年版。

② 马冬玲：《在推动农村妇女参政中促进社会性别平等——政府和非政府组织的努力与挑战》，《妇女研究论丛》2005年增刊，第36页。

并通过女村干部来探索新农村建设的多样化，提高村级民主水平。这是首个由民间妇女组织牵头，与政府、妇联合作开展的促进妇女参政的项目。该项目主要从以下四个方面进行运作：

1. 促进政策的制定

1998年全国人大常委会审议和通过的《中华人民共和国村委会组织法》规定，村委会中“妇女应当有适当的名额”。2002年8月，中共中央办公厅、国务院办公厅14号文件也进一步强调“要保证妇女在村委会选举中的合法权益，使女性在村民委员会成员中占有适当名额”。这些政策和法律对支持农村妇女当选村委会成员、促进农村基层民主政治起到了重要作用，但在实践中也暴露出了一些问题，诸如支持妇女当选的政策法律措施，自由裁量余地较大，在落实中往往被作为有弹性的、可打折扣的条文；支持农村妇女当选的宏观政策主要是倡导性政策，还缺乏惩戒性的法律法规来保证；现行政策法规缺乏一系列可操作的具体措施和完整的程序来保证妇女在村委会中有“适当名额”，留下了相当大的制度缝隙。有些地方基层政府对政策的理解出现偏差，以致对政策的执行不力。

针对这些问题，陕西省妇女理论婚姻家庭研究会为出台具体的政策作了大量的努力。研究会作为民间妇女组织，在政策制定方面缺乏政治资源和渠道。为此，它另辟蹊径，采取影响政策制定者的方式来达到目的，这些方式包括：①主动联系政策制定者。在当地选举办法出台前，研究会了解到新一届村委会选举办法将由省委办公厅起草，她们便主动到省委办公厅研究室与其一起商量政策改革措施，并推动省妇联主席亲自与民政厅厅长商量指标。最终，三方在召开论证会时就政策的制定达成了共识。②以知识讲座、经验交流等形式为政策制定者和执行者进行性别意识培训。③带领政策制定者到北京、天津、湖南等项目试点区进行考察，吸取先进经验。④积极参与政策的制定过程。为推动省级政策的出台，研究会与省妇联起草了政策草稿，并与民政厅和省委组织部进行协调，取得了它们的支持。研究会还召开了政策论证研讨会和指标研讨会，对政策的具体规定和措施进行了广泛的讨论。

在陕西省妇女研究会、省妇联等多方的努力下，2005年5月，中共陕西省委组织部、陕西省民政厅和陕西省妇女联合会联合签发了《关于做好全省村级党组织和村委会换届选举工作中妇女参政工作的意见》（陕妇发〔2005〕25号），作为指导全省村委会换届选举中促进妇女参选参政工作的文件。文件中明确提出第六届村委会换届选举妇女参选参政的目标是：

①每个村党支部班子中至少有一名女干部；②每个村应有女性候选人，每个村委会班子中应提倡有一名女委员；③每个县（区、市）的村委会中女主任不少于三人，经济发达、人口较多的县（市、区）女村主任的配选应不少于五人；④在选举村民代表时，女村民代表的比例不低于25%。根据省级文件的精神，2005年7月，中共合阳县委组织部、合阳县民政局、县妇联联合下发了《关于做好村委会换届选举工作中妇女参选参政工作的意见》，将省级文件中的目标进一步提升，规定：成立村选举委员会时，应有一名妇女参加；在村委会换届中，每个村应有女候选人，每个村委会班子中至少有一名女委员，每个乡镇争取有一名女村委会主任；在选举村民代表时，女村民代表的比例不低于30%。[①] 这些刚性政策不但对两委女性当选人数有明确规定，还对直接影响妇女当选比例的选举委员会成员、女候选人、女村民代表都作了细致的规定，将《村委会组织法》中“适当名额”的规定具体化和量化，实现了政策层面的创新。

2. 推进政策的执行

规定了当选妇女的确切比例，相关的法律/政策便具有了可操作性。在这以后，就是如何保证政策规定在执行中转化为现实的问题了。在政策执行方面，陕西省妇女理论婚姻家庭研究会积极敦促省妇联重视这项工作。妇联在当中发挥了重要的作用。省妇联召开专门的市县妇联主席工作会议研究部署此项工作，并争取进入换届选举工作领导小组。为此，县妇联采取了各种策略，例如，对乡镇领导进行培训，亲自上门与乡镇领导沟通，甚至动用了各种可能的私人关系。对于有可能选出女村主任的重点村，县乡妇联还逐个摸底，对于村党支部书记不支持的，还亲自上门做党支部书记的工作。妇联利用其组织优势，在政策执行过程中将指标分解到各乡镇，将任务层层落实。县妇联领导不请自到，见缝插针，了解各乡镇妇女参选情况，并及时提出解决问题的对策。机关同志实行包片责任制，负责督促协调所包联乡镇重点村，落实女候选人，做到信息一天一报，情况及时反馈，对出现的问题在第一时间内向领导汇报，保证问题能够及时解决。在选举关键期的一个多月里，妇联工作人员的足迹遍及全县16个乡镇。无论是领导还是同志，每天都早出晚归，进村入户，不仅把思想动员工作做到支部书记、女候选人的家里，而且做到了她们的打工地，就连她

---

① 谭琳、杜洁等：《性别平等的法律与政策》，中国社会科学出版社2008年版，第155～156页。

们下乡的路上也不放过。

3. 提高妇女的参政意愿与能力

政策措施制定得再完备，如果妇女自身没有政治参与的意愿和村级管理的能力，那么，政策的执行就会变成是为完成一个任务、达到一种比例，对村级的治理和民主化发展将毫无益处。因此，在推进妇女参政项目中，研究会十分注重对农村妇女进行性别政治教育和参政能力培训。首先，针对培训者开展一系列的培训课程与培训班，提高培训者的社会性别敏感度和社会性别意识，像由县妇联干部、民政局负责选举工作的干部及项目乡镇妇联主席，民政干事参加的“推动农村妇女参与村委会选举培训者”培训及针对县、乡领导的“领导干部社会性别与基层治理能力建设”培训。其次，针对广大妇女进行社会性别宣传教育，增强男女平等意识，宣传女性在村级治理中的重要作用，树立“男人能干好的事女人一样能干好”的理念，进一步增强妇女参政的自信心。最后，对有潜力当选和已当选的女村干部进行能力训练，这些训练包括举办村务管理、社会性别分析、女性领导力、参与式社区发展规划等内容，组织她们到山西永济、华西村等地考察交流。研究会牵头成立了全国第一个县级女村干部协会，编印了《合阳县女村官通讯》，建立互助支持网络，开展结对帮扶等同伴学习，并为女村干部提供心理支持。在相互的学习、鼓励和支持下，许多女村干部表示“越干越有劲”。

4. 进行社会动员及宣传

在第六届村级换届选举的前后，陕西省妇女研究会十分重视对社会的动员和宣传。项目组在合阳县设计了一场长达90分钟的推动农村妇女参选参政的文艺晚会，在合阳县16个乡镇进行巡回演出。晚会以当地真人真事为背景，全程使用当地方言，拉近了与当地群众之间的距离，村民们倍感亲切。晚会的演出收到了积极的效果：一些妇女骨干和村民表示通过晚会了解到了有关妇女参政的政策；而一些没有参加过项目组织的参政培训的妇女，看了这场晚会和项目的其他宣传后，也萌生了参选的念头。

除此之外，项目组还利用广播、电视、报纸、板报、宣传画、宣传册等多种形式，进行声势浩大的宣传活动，使得“妇女竞选村委会主任”成为街谈巷议的热点话题。据统计，在换届选举中，研究会共刷写标语340条，悬挂横幅42条，换写板报358块，发放宣传画3 000张，散发宣传手册1 000本，制作专题片一部（在合阳电视台连续播放了一个星期），并将妇女参选的标语及口号制成宣传页（在电台连播18天）。每当选出一个女村主任，就通过电视游飞字幕向全县宣传。①《中国社会报》《中国妇女报》《陕西日报》等先后报道了合阳县农村妇女参选参政的情况，进一步扩大了对外的宣传面，为提高农村妇女的参政比例营造了良好的社会氛围。

合阳项目的开展取得了令人满意的成果。第一，妇女参政比例提高，当选的女村干部超出预期数量。据统计，合阳县在第六届村委会换届选举中，共选出村委会主任350人，其中女村委会主任20人，和上届相比实现了零的突破；女副主任2人；女村委会委员324人，占委员总数的25.2%，比第五届的14.7%有很大提高，92%的村委会有女委员。这一结果大大超出了项目计划提出的在原来的基础上增加10个百分点的目标。第二，提高了领导层将性别意识纳入决策主流的自觉性。合阳项目的实施提高了政府领导、项目领导对农村女性参政意义的认识，改变了领导干部、村民对妇女参政的偏见。他们逐渐认识到比例制对于推动女性当选的必要性，明确政府应创造条件推动妇女参选参政。第三，培养了一批新农村建设带头人。合阳县女村干部发挥自身优势，开展了丰富多样的探索和尝试，为合阳县的妇女作出许多贡献。如有的村关注留守妇女就业，有的村修建学校和幼儿园，有的村组织妇女文化文娱活动，开展健康教育，关注家庭暴力，有的村开始有意识地培养妇女，为普通妇女参与治理创造平台，有的村推行新型合作医疗，解决村民看病难的问题。第四，合阳项目具有放射效应。2005年陕西省的第六次村委会换届选举，在合阳项目的带动下，全省选出女村主任293人，比上届多109人，女村委比例比上届提高了3.2%；2008年第七次村委会换届选举，合阳模式被进一步推广，使女村主任的比例由1.07%提高到2.17%，全省有15个县女村主任比例达到或超过了5%，最高的县达到了8.6%，女村委的比例由上届的12.2%提高到23%。②

三、民间妇女组织行动的资源动员

对一场社会运动而言，民间组织起着非常重要的作用。然而，社会运动的成功，不仅在于组织本身，更在于运动发起者/运动组织对资源的有

① 张永英、马冬玲在陕西合阳的访谈材料。

② 数据来自《“合阳县农村妇女参政示范”2010年度中国社会创新奖申请书》，人民网，http：//theory.people.com.cn/GB/148980/13651124.html。

效动员和利用。资源动员理论便指出了社会运动与资源环境的关系。合阳项目是民间妇女组织开展的自下而上影响政府决策，有意识地进行政策干预，通过制定比例制的方式，使妇女进入村级政治治理系统的社会行动。在这场社会行动中，民间妇女组织对资源的动员和利用促进了行动的发展。

（一）民间妇女组织拥有的社会资本

中国民间妇女组织的生存和发展，需要各种资源。其中，社会资本是很重要的一种资源。民间妇女组织的社会资本包括组织内部的社会资本和组织外部的社会资本，它们是嵌入组织的社会网络之中的。以陕西省妇女研究会为例，完备的组织结构（见图2－5）、职业领导人、专业的团队、成熟的运作模式构成了它的内部社会资本。从研究会的组织结构来看，研究会设有专门的专职项目总监，下有妇女权益项目部、农村综合发展项目部和健康促进项目部，每个部门有专业的项目运作团队，每个项目有稳定的启动和运作程序。内部社会资本是研究会女性主义行动的基础资源，为项目的开展奠定了扎实的基础，使研究会无论从项目申请、资金申请，还是到项目运作、后期宣传都游刃有余、如鱼得水。

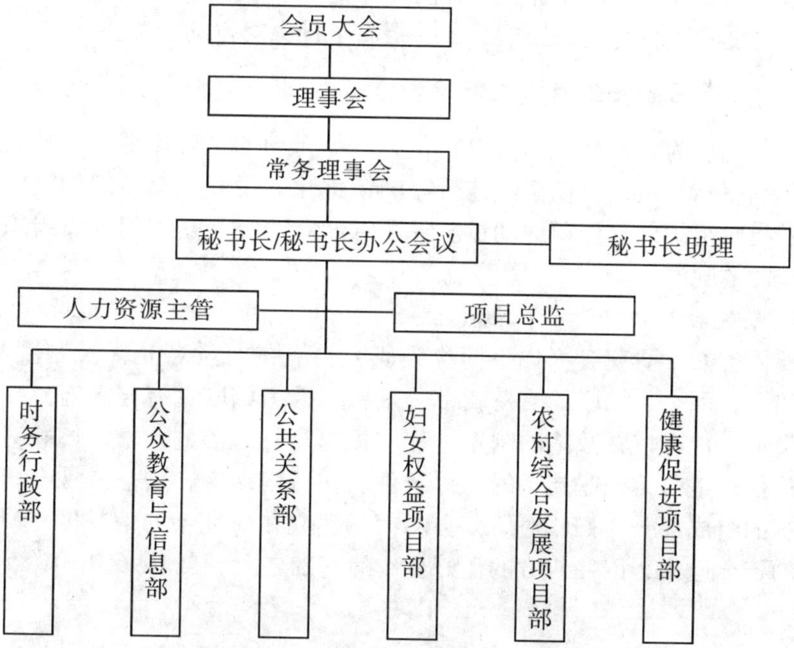

图2－5　陕西省妇女研究会结构图

研究会的外部社会资本主要包括三方面：首先，国际组织的资金资助。陕西省妇女研究会具有丰富的项目经验，较有影响力的有山阳社区妇女发展培训项目、在农村贫困地区建立社区健康教育学校示范项目、千阳农村妇女健康教育项目以及提高农村妇女当选村委会成员比例的示范项目（合阳项目）等。这些项目分别得到了英国大使馆、米索尔基金会和福特基金会等国际机构及组织的基金资助，有的项目的资助资金高达数千万元。充足的资金使得研究会的项目规模不断扩大，受益人群增多，社会效益增强，研究会的社会影响力也随之增加。这为研究会今后的项目运作奠定了基础，也为研究会与妇联、政府的合作赢得更多的机会。其次，研究会与省妇联、省政府的信任合作关系。布迪厄认为，“某一主体拥有的社会资本量取决于他能有效动员的关系网络的规模”①。对民间组织来说，与权力中心的关系越紧密，组织获得的资源越多，反之就越少。就妇女组织而言，与权力中心关系的紧密排序依次为：妇联→妇联衍生组织→其他党政组织的衍生组织→民间组织→特定妇女群体的自组织。陕西省妇女研究会是陕西省妇联的衍生组织，与妇联的关系十分紧密。妇联能为妇女研究会提供许多公共资源，并为其建立与政府沟通的渠道，这是行动的关键资源。最后，媒体资源。媒体资源在行动中起到推动的作用，它提升了研究会的知名度和项目行动的影响力，并提高了社会对行动的关注度。

（二）民间妇女组织如何进行资源动员

科尔曼认为，社会资本可以转化为集体行动的重要资源。对社会资本的有效利用与动员，有助于集体行动的最优化。民间妇女组织的资源动员主要是指对组织外部资源的动员。陕西省妇女研究会是如何动员组织外部社会资源的呢？

1. 研究会对妇联资源的动员

陕西省妇女研究会（以下简称为研究会）的行动若是涉及制度改良、政策出台，那么，妇联的支持就十分重要，因为妇联拥有与政府直接打交道的渠道，也有权在政策的制定过程中提出意见。因此，增加妇联对研究会的信任，是获得妇联支持的前提条件。帕特南认为，信任是社会资本必不可少的组成部分。妇联对研究会的信任建立在研究会的信誉度、研究会充裕的资金运作、以往双方的良好合作的基础之上。自 1996 年伊始，研究

---

① 周云红：《社会资本与民主》，社会科学文献出版社 2011 年版，第 2 页。

会致力于支持贫困地区发展。研究会在合阳项目之前，协助妇联参加多个救灾、扶贫等公益活动，如在1998年丹凤毛里岗乡水灾、2000年紫阳水灾、2002年宁陕山洪灾害等自然灾害中，研究会最早奔赴灾区调查灾情，并在最短的时间内筹集善款、组织物资，为灾民送去最需要的物品。研究会累计为灾区提供454 520斤优质大米、5 600床棉被（包括4 000床军用棉被）、4 500双军用胶鞋和2 260套棉衣/棉裤等①。多年来，研究会为贫困地区争取到项目60余个，累计资金2 700余万元，领域涉及生计、健康、社区综合发展、环境、减灾防灾、妇女参政、社区组织、能力建设等。研究会长年在农村发展领域取得的成绩得到了陕西省政府、陕西省妇联的信任和认可。因此，研究会在很多方面与妇联有长期合作的关系。这就像是一张无形的“契约”，巩固了双方的关系。

组织之间长时间的来往互动，增进了彼此的信任，结成了信任网络，开辟了合作沟通的渠道，这有助于促进研究会各项活动的开展。当研究会需要妇联的时候，会更容易得到妇联的支持。此外，社会资本是具有生产性的，当一个项目合作成功后，一些资本就会成倍叠加，为下一个项目生产出更多的资本。多次的良性循环使研究会的知名度和信誉度大增，妇联、政府的新项目也会自动找上门。例如在合阳项目之后，研究会又执行了女村干部能力建设项目，通过村务管理、领导力、参与式社区规划培训及女村干部与新农村建设开展研究。2006年4月，与陕西省卫生厅、陕西省妇联联合在西乡召开“贫困山区农村健康教育研讨会”，将研究会西乡项目的参与式健康教育方法和建立社区健康学校的经验在全省推广。

在合阳项目中，陕西省妇女研究会利用自身技术优势扮演第一推动者的角色，负责项目的设计、实施和推广及妇女骨干与师资培训、宣传画的手册编印、资源动员等工作。妇联发挥了组织网络和与政府协调的优势，积极协调政策的出台，并在合阳项目于全省的复制和推广中扮演了最有力的推动者的角色。

2. *研究会对政府资源的动员*

总结起来，在合阳项目中，研究会对政府资源的动员策略可以归纳为十六字箴言：“主动靠近、私人关系、创新办法、制造双赢。”“主动靠近”是指研究会领导利用一切能见到政策制定者或政府领导的机会与之接触，

---

① 中国扶贫基金会：《陕西省妇女理论婚姻家庭研究会》，新浪网新闻中心，http://news.sina.com.cn/c/2006-08-25/185710829421.shtml，2006年8月25日。

以座谈、研讨会等方式为政府官员进行社会性别主流化的高层倡导。“私人关系”是指研究会的理事或秘书长运用个人的社会资源，为项目的施行创造有利条件。“创新办法”是指地方通常会摸索出一些特殊的倾斜政策和措施，例如：“开小灶”“吃偏饭”“定比例”“优先原则”“交流选配”“先进后出”“加板凳”“压担子”“留正职”等。① 合阳项目正是运用了“定比例”“压担子”的方法来引导政策制定者制定出向女性倾斜的政策。“制造双赢”是指研究会利用政府的帮助使项目扩大影响，政府则凭借创新项目作出省级品牌，提高领导官员的政绩。在研究会与妇联、政府的合作下，合阳项目经验作为地方特色、地方制度创新被陕西省委组织部、陕西省民政厅、陕西省妇联要求在全省10个地市进行推广，推动了更多非项目地区妇女的参选与当选，使项目的直接受益群体远远超出项目点本身，在更大范围内扩大了妇女在社区中的影响力。合阳模式也得到了国家的认可。2006年8月该项目入围“社会公益示范工程奖”，2010年获得首届“中国社会创新奖”。可以说，陕西省妇女研究会为陕西省作出了卓越贡献。

3. 研究会对媒体资源的动员

中国已经进入了媒体时代，新闻、互联网的发展十分迅速。以互联网为例，据中国互联网络信息中心（CNNIC）2012年在京发布的《第29次中国互联网络发展状况统计报告》显示，截至2011年12月月底，中国网民规模达到5.13亿。陕西省妇女研究会有专业的项目运作团队，她们懂得利用新闻媒体和互联网的宣传作用，如在合阳项目成功之后，“合阳模式”在全国得到传播。多家媒体争相报道，全国各大报刊及新浪网等知名网站顿时以“一届选出20名女村干部，‘合阳现象’引发全国瞩目”等醒目标题吸引全国人民的眼球，增加新闻噱头，提高行动的知名度。研究会还为其所成立的“女村干部协会”创建“女村干部在线”网，开通“合阳县女村干部协会”微博，充分利用互联网络平台，及时更新合阳县女村干部的事迹、所获得的成果。

综上所述，我国民间妇女组织力量较为分散，凝聚力较弱，总体力量不够强大。一些有能力、较活跃、有所作为的妇女组织都是“有背景”“有靠山”的，她们的“靠山”就是妇联和政府。一般的妇女组织只是停留在理论研究、服务妇女或者配合其他组织进行活动的水平上，却很少能

① 杜洁：《我国培养选拔女干部政策措施评估和社会性别分析》，谭琳、刘伯红主编：《中国妇女研究十年（1995—2005）》，社会科学文献出版社2005年版，第328页。

联合起来进行女性主义运动/女性主义行动。有能力开展某个女性主义行动的民间妇女组织想要使其行动有较大的影响力，关键在于对资源的有效动员。组织内部的专业化团队、成熟的运作模式、良好的社会信誉为组织获得外部资源提供了帮助。对中国民间妇女组织的行动而言，政府与妇联的支持与信任是组织行动的最重要的外部资源。离开了妇联和政府的支持，民间妇女组织行动所能发挥的作用会大大减小。从中国目前的情况来看，妇女组织的行动有时需要耦合于妇联及政府的其他行动之中，但我们不能因此否定民间妇女组织女性主义行动的意义。妇女组织在参与式的互动合作中注重性别意识的灌输，并在行动中达到自己的目的。

在中国，尽管民间妇女组织领导的女权运动/女性主义行动仍然无法达到国家、政党、妇联依靠行政力量和组织力量所能及的高度，但必须承认的是，民间妇女组织作为公民社会的重要组成部分，它们不仅推动着中国女权运动的发展，而且对中国民主转型也起着非常重要的作用。

第五节　国际社会组织动员

随着人类发展观的变化，国际社会对人权问题愈发重视，妇女发展与性别平等也日趋成为国际事务中重要的议题之一，并逐渐成为世界性的潮流。从联合国大会到各国首脑论坛，从国际公约到行动纲领，从各类国际机构的资助项目到国与国之间的相互援助，消除女性贫困、保护女性健康、提高女性地位、促进女性发展、实现男女平等俨然成为全球的共识与目标。中国作为国际社会中的重要一员，在政治和文化方面受国际社会的影响也越来越深。在国际社会的影响和带动下，中国视妇女发展问题为国家责任，许下“实现男女平等”的政治承诺，并将其置于国家发展的战略高度。在这个过程中，国际社会是如何影响中国女权运动的？国际社会组织又是如何推动中国女权运动发展的呢？

一、国际社会对中国女权运动的影响

（一）世界妇女大会的影响

1995 年第四次世界妇女大会在中国北京召开，国际社会推动社会性别

平等发展的行动对中国产生了深远的影响，世妇会的目标是“保证妇女平等地获得经济资源，包括土地、信贷、科学技术、职业培训、信息、交流和市场”。来自181个国家的代表与来自数千个非政府组织的代表一同出席了会议，与会者在10天内听取了关于世界各地妇女状况的发言，并最终形成了行动宣言，呼吁各国政府解决以下问题：妇女承受了持久和不断增加的贫穷重负；针对妇女的暴力、武装或其他形式的冲突对妇女的影响；在权力共享和决策方面的男女不平等；长期歧视和侵害女童的权利”。[①] 第四次世界妇女大会在北京的召开，将“社会性别”概念和“性别意识纳入决策主流”的观点引入中国政府，直接推进了中国在资源分配与管理利用、教育、反贫困、卫生与健康等领域的社会性别平等发展的步伐；同时创造了一个契机，使国内学者能够广泛和全面地接触国际社会关于社会性别理论研究的前沿，并推动社会性别平等发展的行动。自1995年世界妇女大会以来，国际社会推进中国社会性别平等发展的行动在更广泛的领域展开，取得了良好效果。概括而言，其主要体现在以下三个方面。

1. 引入“社会性别”概念及其分析框架

借助第四次世界妇女大会在北京召开的契机，有关“社会性别”的概念和理论及其分析框架被大量、迅速地介绍到中国，促使人们从性别关系的角度去审视中国发展进程中存在的问题，特别是从社会机制的角度来分析性别不平等的根源，从而寻求到消除性别不平等的有效方案和具体措施。社会性别概念及其框架的引入，拓宽了国内关于妇女问题研究的视野，对中国的妇女研究理论产生了广泛而深远的影响。

2. 倡导社会性别主流化

“95世妇会”通过的《行动纲领》明确了社会性别主流化（又称“社会性别纳入决策主流”），并以此作为提高两性平等的一项全球性策略。1997年，联合国经济及社会理事会给社会性别主流化下的定义是：

> 所谓社会性别主流化是指在各个领域和各个层面上评估所有有计划的行动（包括立法、政策、方案）对男女双方的不同含义。作为一种策略方法，它使男女双方的关注和经验成为设计、实施、监督和评判政治、经济和社会领域所有政策方案的有机组

① 徐薇、张黎明、罗虹编著：《农村社区发展中的性别关注》，四川大学出版社2008年版，第144页。

成部分，从而使男女双方受益均等，不再有不平等发生。纳入主流的最终目标是实现男女平等。

这一概念强调，必须确保两性平等是一切经济社会发展领域的首要目标。国际乐施会认为，社会性别主流化是要从组织上、制度上、纲领上以性别视角开展工作，把社会性别平等作为基本的价值观深入人们的头脑、内心和专业行为中。

社会性别主流化的观念提出以后，中国开展了一系列的国际合作对这一现象加以推进。如 2002 年 8 月，由国际劳动组织发起，由中国劳动和社会保障部、中华全国总工会、中国企业家联合会和全国妇联共同实施的“提高社会性别主流化能力项目”在北京启动。该项目提出了在“3 +1 机制”（即政府、工人和工人的组织、雇主和雇主的组织加上妇女组织）中提高社会性别主流化能力和实现就业政策中的性别平等。这是我国第一个推进劳动就业领域中的社会性别主流化的项目。2006 年 4 月 5 日，我国举行“提高社会性别主流化能力项目成果”新闻发布会，提出除了就业领域外，要将性别平等策略扩展到收入分配、社会对话等领域。2007 年，中华全国妇女联合会主办了“东盟与中日韩性别意识主流化”培训班，东盟各国和中日韩三国从事与性别平等有关工作的政府机构官员共 20 人参加。

3. 与中国政府合作，加强机构和人的能力建设

国际组织在加强机构和人的能力建设方面所做的工作主要包含以下两个方面：

（1）资助有关社会兴办研究和发展项目。

联合国开发计划署、联合国人口基金会、联合国儿童基金会、联合国艾滋病规划署、世界卫生组织、世界银行、国际劳工组织、国际计生协会、英国国际发展署、福特基金会、洛克菲勒基金会等众多国际机构都有专门的资助中国妇女研究和社会性别研究的项目，涉及经济、法律、文化、教育、健康等领域。这些国际组织大力支持中国有关科研机构、大专院校的研究机构开展社会性别研究和妇女研究，使中国社会性别研究达到了一定的深度和广度，研究者的理论水平也由此得到提高，并出版了大量关于性别研究和妇女问题研究的论著。例如，中国农业大学农村发展学院的《性别与发展教程》、云南社区发展研究中心的《中国农村反贫困词汇释义》、西南林业大学编译的《社会性别与机构发展培训手册》、云南参与性发展协会改编的《社会性别分析与林业培训手册》等。

（2）鼓励开展国际、国内的交流与学习。

在国际组织的资助下，许多中国的学者开始走出国门，到国外学习和交流，包括攻读学位、考察、短期培训等，例如，福特基金会社会林业项目使西南云、贵、川三省上百名的学者和实际工作者有机会到国外攻读学位、考察交流和学习。他们“一方面学习外国社会性别研究的最新成果，另一方面向国外学者介绍中国的研究现状及动态发展”。[①] 这种双向式交流既让中国与国际接轨，也让世界了解了中国。与此同时，国内的学术研讨会也不断举行，在频繁的国际、国内交流与学习中，国内相关机构工作人员的能力得到显著提高。最明显的例子就是对社会性别本土化的研究。目前，已经有一批学者能够运用社会性别理论分析中国的社会性别现象及其深层次原因，并将社会性别理论与中国发展相结合，努力在实践中寻求解决社会性别不平等问题的策略或方案。

除了鼓励学界人士走出国门和鼓励国内学者之间相互交流与学习之外，一些国际组织还十分注重不同层次人员的组合式交流与学习，即创造学界人士、政府官员及工作人员、大众之间相互交流与学习的机会。例如，有些研讨会邀请学者、政府官员、社区村民共同参加、共同讨论相关问题，使学者了解政府的想法、村民面临的问题和需求，让政府官员了解村民的声音、学者的观点，使村民了解政府的政策以及其他地方的经验、学者的建议，这种做法收到了很好的效果。

（二）国际公约的影响

1945年的《联合国宪章》即确认了男女权利平等的原则。1948年联合国大会通过的《世界人权宣言》规定：“人人有资格享有本宣言中所确立的一切权利与自由，不分种族、肤色、性别、语言、宗教……”“人人有直接或通过自由选择代表参与治理本国的权利”“人人有平等机会参加本国公务的权利”。

1952年联合国通过的《妇女政治权利公约》，是对《联合国宪章》和《世界人权宣言》的补充，它是国际社会首次在法律上承认妇女享有平等的政治权利[②]。其中明确规定：“第一条：妇女有权参加一切选举，其条件

---

① 徐薇、张黎明、罗虹编著：《农村社区发展中的性别关注》，四川大学出版社2008年版，第147页。

② 谭琳、杜洁等：《性别平等的法律与政策》，中国社会科学出版社2008年版，第71页。

与男子平等，不得有任何歧视。第二条：妇女有资格当选任职于依国家法律设立而由公开选举产生之一切机关，其条件应与男子平等，不得有任何歧视。第三条：妇女有权担任依国家法律而设置之公职及执行国家法律所规定之一切公务，其条件应与男子平等，不得有任何歧视。”与专门针对妇女的公约相比，1966 年通过的《公民权利和政治权利国际公约》更进一步强调“本公约缔约各国承担保证男子和妇女在享有本公约所载一切公民和政治权利方面有平等的权利”，并规定每个公民“在一般的平等的条件下，参加本国公务”。1967 年，联合国大会还通过了《消除对妇女歧视宣言》，其中也有保证妇女参政权利的规定，并强调妇女的政治权利要靠法律来保证。

从《世界人权宣言》到《妇女政治权利公约》再到《公民权利和政治权利国际公约》，对于妇女享有平等政治权利的规定越来越具体和明确，但是这种平等是形式平等或机会平等，并不能保证妇女在实践中真正得到平等的参政机会。

国际妇女运动使人们认识到，基于妇女处于不利地位的事实，为了加快男女平等的进程，保证妇女政治权利的真正实现，必须采取促进妇女参政的积极措施。因此，在 1979 年 12 月第 34 届联合国大会上通过了《消除对妇女一切形式歧视公约》（以下简称《消歧公约》），它被誉为“妇女人权法案”。《消歧公约》不仅明确了“歧视”的定义，重申了保证妇女享有同男子平等的政治权利，而且提出了积极措施的概念。《消歧公约》第四条规定：“缔约各国为加速实现男女事实上的平等而采取的暂行特别措施，不得视为本公约所指的歧视，亦不得因此导致维持不平等或分别的标准；这些措施应在男女机会和待遇平等的目的达到之后，停止采用。”《消歧公约》要求实质平等，并要求国家承担消除歧视的责任。1981 年 9 月 3 日，《消歧公约》对中国生效，中国成为《消歧公约》最早的缔约国之一。至今，中国已提交 6 次国家报告。公约的成员国须承诺采取一系列的措施，终止一切对妇女歧视的形式，包括：确保当地法制男女平等；设立机构有效保障妇女免受歧视；消除个人、组织、企业对妇女一切形式的歧视。联合国推动性别平等的国际公约、宣言和计划如表 2－12 所示。

表 2-12 联合国推动性别平等的国际公约、宣言和计划

制定时间	条约名称
1945 年	《联合国宪章》
1948 年	《世界人权宣言》
1949 年	《禁止贩卖人口及取缔意图赢利使人卖淫的公约》
1951 年	《同工同酬公约》
1952 年	《妇女政治权利公约》
1955 年	《产期保护公约》
1957 年	《已婚妇女国籍公约》
1958 年	《就业和职业歧视公约》
1960 年	《关于就业及职业歧视公约》
1962 年	《关于婚姻的同意、结婚最低年龄及婚姻登记的公约》
1966 年	《公民权利和政治权利公约》
1966 年	《经济、社会和文化权利国际盟约》
1967 年	《消除对妇女歧视宣言》
1975 年	《实现国际妇女年目标世界行动计划》
1975 年	《女工平等机会和平等对待宣言》
1979 年	《消除对妇女一切形式歧视公约》
1982 年	《负有家庭责任的男女工人的平等机会和平等对待公约》
1985 年	《到 2000 年为提高妇女地位前瞻性战略》(《内罗毕战略》)
1991 年	《可持续发展行动计划 21 世纪议程》
1993 年	《维也纳宣言和行动计划》
1993 年	《消除对妇女暴力宣言》
1995 年	《北京宣言》《行动纲领》
1999 年	《消除对妇女一切形式歧视公约任择议定书》
2000 年	《千年宣言》《千年发展目标》

“95 世妇会”对中国女权运动的影响是深远的，中国不但以签署《北京宣言》和《行动纲领》的形式向世界宣告：中国将履行对国际社会的承诺，推动妇女的全面发展，实行社会性别主流化，更将在同一年使男女平

等的承诺法律化，使其成为一种刚性规范。2001 年，中国将妇女发展的任务纳入国民经济和社会发展的总体规划。“95 世妇会”还使我国官方建立了一批民间妇女组织，这些妇女 NGO 利用国际框架，不断扩展自己的活动空间。我国妇联及民间妇女组织利用国家签署的一系列国际条约，在不同领域促进了我国妇女权利的行使。

二、国际社会组织的行动——以联合国行动为例

接下来我们将以联合国对中国妇女的一系列援助项目为案例，探讨国际社会组织对中国女权运动的推动作用。

（一）以项目带动的“女权运动”

作为在国际事务中一直发挥着重要作用的国际组织，联合国自 1945 年诞生之日起便关注各国人权的实现问题，更将提高妇女地位、促进男女平等视为自己神圣的职责。在半个多世纪的岁月里，联合国对全球的妇女事业作出了卓越的贡献。从国际会议的召开、国际公约的制定到国际项目的援助，联合国的一系列行动推动着中国妇女发展的进程。自 20 世纪 80 年代开始，伴随着经济的快速发展，国际机构和组织拟通过各种项目来缓解妇女在发展中遇到的问题。对中国的女权运动而言，联合国开辟了以项目带动的女权主义运动的新潮流。

联合国在中国开展的促进妇女发展的项目主要是由联合国妇女署①及其驻华机构承办和支持的。联合国在中国设立了专门的性别工作机制——联合国社会性别主题工作组（UNTGG），负责协调联合国系统内和相关援助机构的活动，使其更好地开展社会性别倡导等工作。联合国妇女署驻华办事处是这个主题工作组的秘书处。项目的资金主要来源于联合国妇女发展基金、联合国消除针对妇女暴力信托基金、社会性别平等信托基金以及中国社会性别研究和倡导基金②。联合国妇女署驻华办事处以《消除对妇女一切形式歧视公约（CEDAW）》《北京行动纲领（BPFA）》《千年宣言和发展目标（MDGs）》和《巴黎宣言》为工作指导方针，旨在消除针对妇

① 联合国妇女署是 2010 年由联合国妇女发展基金、提高妇女地位司、性别问题和提高妇女地位特别顾问办公室、联合国提高妇女地位国际研究训练所四个妇女机构合并而成。

② 它是由联合国社会性别平等专题组于 2004 年建立，其目的在于促进中国的社会性别平等，促进妇女赋权。

女的暴力、加强女性的经济保障和经济权利、从社会性别角度面对气候变化和环境影响、社会性别敏感的政府治理和妇女政治赋权、消除艾滋病女性化、运用媒体来促进社会性别平等等方面开展项目。[①]

联合国社会性别主题工作组于2004年成立了中国社会性别研究和倡导基金，资助了包括政策制定机构、学术机构、妇女组织、弱势团体及媒体在内的政府和非政府组织开展的项目。到目前为止，该基金已经资助了44个内容广泛的项目[②]，如妇女立法参与的本土策略推动模式研究、在中央党校体系内进行的社会性别观念的培训和宣传、将社会性别主流化纳入《就业促进法》、在中国建立遗属养老金计划的政策研究、在新疆多民族地区开展反家暴活动、推进残疾妇女现状研究及其数据库研发、以江西为例对"关爱女童项目"进行社会性别分析。其中，一些项目的成果已经被应用于实践，并收到了良好的效果。如西南民族大学主持的针对四川贩卖妇女、儿童的文化敏感干预模式项目，促使彝族本土的调解员和政府司法系统的人员可以协同努力来解决四川省的人口贩卖问题；又如北京众泽妇女法律援助中心主持的职场性骚扰预防机制项目，已经在项目的目标企业华北制药公司内建立起来，并被纳入了公司制度体制。

（二）联合国对华援助项目——以"推动中国妇女参政"项目为例

改革开放的三十年多来，我国妇女的参政水平徘徊不前。中国女性人大代表的比例始终维持在21%左右，在世界女议员排行榜上从1997年的第16位滑落到如今的第56位，距离联合国提出的女性在议会中的比例至少占30%的目标有较大差距。中国部级以上女性干部所占比例远远落后于智利、南非等发展中国家，世界排名处于第61位。尽管我国的《妇女权益保障法》《村民组织法》《村民委员会组织法》《妇女发展纲要》等法律法规保障了妇女的参政权利，但是基于我国妇女参政状况处于世界较低水平的现实，2009年，全国妇联向联合国性别平等基金递交了项目竞标申请。2011年，为期四年的"推动中国妇女参政"项目正式启动。该项目由联合国妇女发展基金会资助、由全国妇联和联合国妇女署联合开展，资金额度为两百多万美元。此项目的目标是通过研究、培训和宣传等方式方

---

① 参阅 UN Women – Asia and the Pacific，http：//asiapacific. unwomen. org/countries/china/chinese/un – women – chinese。

② UN Women – Asia and the Pacific，http：//asiapacific. unwomen. org/countries/china/chinese/un – women – chinese。

法，进一步完善法律和政策，消除传统对妇女参政的偏见，营造促进妇女平等参政的机制环境，提高妇女参政水平，维护妇女的政治权利。

该项目经过反复筛选、充分论证，最后选择了山西省、湖南省和黑龙江省的6个县、12个村作为试点。试点省份的选择是经过深思熟虑的，根据项目前期调查，山西、湖南和黑龙江三省在妇女参政指标上分别处于不同水平：山西省村委会中女性委员和女性主任的比例分别为8.61%和3.43%；湖南省人大女代表的比例为17.43%，低于全国平均水平，排名靠后；黑龙江省在两项指标上均处于中游位置，有提升空间。

2011年4月，项目一经启动，全国妇联研究所立刻举办了“推动中国妇女参政交流研讨会”。来自全国各地的20多个省市级妇联组织、民间妇女组织及妇女参政研究者、社会行动者、媒体从业者等40余人参与会议。全国妇联妇女研究所、湖南省妇儿工委办公室、北京众泽妇女法律咨询服务中心、农家女文化发展中心、云南省社科院社会性别与参与式工作室、陕西省妇女理论婚姻家庭研究会、黑龙江妇女研究所、中国人民大学农业与农村发展学院、华中师范大学中国农村问题研究院妇女研究所、北京大学社会学系等的专家、学者就组织或个人在理论和实践上推动中国妇女参政方面所做的工作和努力进行了交流，并就今后的合作需求与建议进行了充分的研讨，旨在形成促进妇女参政的合力。随后，全国妇联利用新闻发布会、互联网的专题报道、知识竞赛和征文比赛等形式进行了广泛的宣传。

2011年至2013年，山西、湖南、黑龙江三省举办了数个有关社会性别和妇女参政的培训班。2012年8月，黑龙江省推动中国妇女参政项目领导小组办公室在哈尔滨举办社会性别视角公共政策应用培训班及妇女参政政策对话会。2013年8月，由全国妇联主办、黑龙江省妇联承办的基层女性领导力师资培训会议在哈尔滨市召开。2013年10月，湖南省开办社会性别意识与公共政策培训班。这些培训班有几个共同的特点：第一，它们都由全国妇联或各省级妇联主办；第二，培训班得到了省级政府部门的大力支持，黑龙江省省委组织部、人大、统战部、民政厅、政协等部门领导出席培训班，湖南省政府妇儿工委委员及工作人员参与湖南的培训班；第三，培训以社会性别与妇女参政、社会性别与公共政策、国际社会推动妇女参政的实践及启示、性别平等与政府责任等内容为重点；第四，运用参与式方法进行培训，如游戏、头脑风暴、情景模拟、案例分析、小组讨论、辩论演讲等方式；第五，通过培训，政府部门官员、妇女干部的社会性别意识有所增强，农村妇女的参政能力有所提高。

2013 年，项目进入中期审查和评估阶段，各项目试点对该地妇女的参政状况进行了基线调查，并分性别进行了需求评估，然后撰写了调查报告。2013 年 4 月 6—9 日，联合国专家丁亚·拉卡卡和全国妇联国际部项目处处长何淑文组成了项目评估组，到湖南考察妇女参政项目的实施情况。评估组深入湘西泸溪县黑塘村和浏阳市宏源村、张家店村考察，与村支两委班子和村民代表进行了座谈。他们认真听取了当地妇联推动妇女参政议政工作情况的汇报，还深入农户家中对农村妇女参政议政工作进行访谈调查，与村民进行面对面的交流。2013 年 6 月 13—14 日，全国妇联在北京召开了“推动中国妇女参政”项目中期评估后续暨项目管理培训会议。会议主要就项目中期评估报告进行讨论，总结交流各项目省的工作经验与成果。联合国妇女署中国办事处、国务院妇儿工委办公室、全国妇联、全国妇联妇女研究所的负责人和山西、湖南、黑龙江三个试点省份的项目相关人员参加了会议。

联合国“推动中国妇女参政”项目时已过半，取得了一定的成效。三个试点省均出台了一系列地方性政策法规、制度措施，为妇女参政议政创造了良好的环境和机遇。各级妇联为推动妇女参选参政采取的策略是源头参与、配额指标及赋权妇女，利用各级党政班子换届的契机，积极向党委、人大、政协、统战等部门提出妇女参政的建议，旨在为女性赢得更多的参选获选机会。湖南省制订了《2011—2015 年湖南省培养选拔女干部、发展女党员工作规划》，规定县市区党委、人大、政府、政协四大家班子中必须各配一名女干部。黑龙江省则在农村创造性地开展妇代会直选和村委会女委员定位选举等工作，农村妇女进村委会的比例达到 100%，进党组织和女村干部正职的比例也实现了大幅度提升。

（三）联合国对华援助项目的作用

以联合国为首的国际社会组织的对华援助项目，为促进中国妇女的发展作出重要的贡献。这预示着，在中国，以国际项目带动的“女权运动”正在蓬勃发展。联合国对华援助项目的作用主要体现在以下几个方面：

第一，引入国际的先进经验。联合国对华援助项目除了予以资金支持外，还把国外促进妇女发展的先进经验介绍到了中国。以推动妇女参政为例，一些国家以比例制和配额的方法提高妇女的参政率。如西班牙 2007 年颁布的《男女真正平等组织法》规定，各类选举候选人名单中的男女比例不得低于40%和不得高于60%。古巴在2002年则确定了后备干部中男女比例各占50%的工作方针。联合国把国际社会通过赋权妇女提升女性参政比例和能力的成功经验和良好实践引入中国。鉴于妇女在经济、政治生活中的边缘化地位，赋权对于妇女发展具有特别重要的意义。赋权的核心是对参与和决策发展援助活动的全过程的权力的再分配，它可以提升妇女的自信心，重建妇女自尊。

第二，满足妇女的战略性社会性别需要，改善社会性别关系。妇女的性别需要分为实用性性别需要和战略性性别需要。前者是指在社会生活中女性就其社会承认的角色而确定的需要，一般是女性对直接感受的需要所做的反应，如供水、保健、就业等需要，它是很实际的。后者是指由于女性在社会中的从属地位而产生的需要，这类需要依据不同的具体情况有所不同，具体情况涉及社会性别、劳动分工、权利和控制权，也包括合法权益、家庭暴力、同工同酬、妇女对其身体的控制权等问题，目的是改善妇女的从属地位。① 联合国对华援助项目正是立足于改善中国妇女的从属地位，使女性在经济、政治、文化等领域拥有与男性平等的权利和机会。

第三，加强了国内妇女组织的建设，促进了妇女组织力量的整合。联合国对华援助项目在项目设计中均要求当地妇女组织积极参与，这甚至是对项目运作主体的要求，这便加强了中国妇女组织与网络的能力和领导力。在项目的实施过程中，我国妇女组织的组织建设能力、经营管理能力、项目实践能力均有不同程度的提高。在联合国“推动妇女参政”项目中，妇联作为项目的核心实施单位，组织和参与了每一次活动，成为项目的最大受益者。这主要表现在：扩宽了工作领域，对外联系网络扩大；充分发挥了妇联对妇女的领导和指导作用；与党委、政府机构及有关部门增强了联系，扩大了妇女工作的影响；掌握了妇女工作项目化动作的知识和技巧；开阔了思路和视野，妇联干部的领导决策能力明显提高；一种参与式的、创新的领导方式在妇联逐渐形成。

第四，促进中国更加重视妇女的发展问题，并鼓励妇女发展项目的实施。联合国对华项目的开展，不仅促进了我国与国际组织在妇女问题上的交流与合作，引进了国际资金和国外的先进技术，为我国妇女的能力和素质的提高服务，并且促使我国政府更加关注性别问题和女性问题，在制定政策时注意社会性别主流化，从而建立和完善了提高妇女地位的国家

---

① 佟新：《社会性别研究导论》（第2版），北京大学出版社2011年版，第259页。

机制。

在转型期，中国不同组织对女权运动的动员在目的和方式上有所不同。对执政党、国家而言，妇女运动具有整合社会、提升执政党政府合法性的政治功能。在众多组织里，执政党和国家对女权运动的影响最大。它们不但依靠政治权威自上而下地对妇女进行革命动员、生产动员、思想动员和政治动员，通过行政手段推动妇女运动的前进步伐，而且把女权运动纳入常规政治，通过“去运动化”的方式使其变成可以操控的妇女工作。执政党和国家领导的女权运动先是一场自上而下的政治运动，后逐渐“去运动化”演变为党和政府的常规工作，因此，它不属于真正意义上的女权运动。毋庸置疑，执政党与国家对我国妇女地位的提升、妇女的全面发展、男女平等的实现作出卓越的贡献，但是，政治权力和行政干预有时也会变成阻碍女权运动发展的“枷锁”。

对妇女组织而言，妇联作为中国最大的妇女组织，凭借其官方背景、民间身份的特殊性质，拥有重要的政治和社会资源，对推动中国女权运动的发展有着其他妇女组织无法比拟的优势：一方面，它可以通过体制化渠道把妇女的意见反映给党和政府，推动妇女政策的制定；另一方面，它可以运用庞大的纵向组织体系层层发动妇女参与妇女运动。妇联作为常规化的妇女运动组织，正走向专业化、科层化，并联合其他民间妇女组织形成妇女运动的组织链条。妇联领导的妇女运动有的偏向官方性质，有的偏向社会性质。

反观中国的民间妇女组织，其数量越来越多，却未能在女权运动中发挥主体作用。有些组织空有外壳，形同虚设，有些甚至连自身的政治合法性都受到挑战。相比执政党、国家和妇联，它们的力量最为薄弱。在强大的政党和国家的影响下，妇联组织很少能真正地带领妇女走上“运动”的道路，而多数的“运动”是以项目带动的，其关键在于进行广泛的资源动员。由于自身力量有限，它们需要借助与妇联的合作来扩宽自身的行动范围与提升行动的影响力。民间妇女组织作为社会组织的一部分，本应最大范围地代表各个阶层的妇女，并帮助弱势妇女进行有效的利益表达。但事实上，民间妇女组织只凝聚了部分上层、中层妇女，大量的底层妇女仍游离在组织之外，她们的意见无从表达，权益难以保障。民间妇女组织领导的女权运动虽处于社会领域，但它与政治领域有着千丝万缕的联系。

对国际组织而言，一则，它们以无形的眼睛监督着中国政府履行男女平等的职责。国家许下了“男女平等”的承诺，则必须信守承诺，国际社会便充当了监督国家是否履行承诺的使者。二则，它们以有形的手带来国际援助项目，在保健、安全、参政等各方面扶助中国女性的发展。国际组织对中国女权运动最大的贡献在于其整合了中国的妇女组织资源，通过国际项目的实施，给予她们一个施展能力的平台，充分发挥她们的主观能动性，提高了她们的组织能力、管理能力、协调能力和参政议政能力。中国妇女组织在国际项目的带动下茁壮成长。

从组织间的关系看，在通常情况下，妇联是执政党和国家的左膀右臂，协助执政党和国家做好妇女工作，促进男女平等，提升妇女地位。但是，作为以“代表妇女利益、维护妇女权益”为立足点的妇联，当国家利益、政党利益与妇女利益发生冲突时，妇联要与广大妇女站在同一战线，维护妇女的利益。民间妇女组织与妇联本应该是平等、合作、分享的伙伴关系，但在现实中，我国大多数民间妇女组织在诸多方面需要依附于妇联。妇联通过其强大的体制内资源可以为民间妇女组织的发展提供更为广阔的平台，使两者优势互补；但同时，妇联又会在一定程度上影响民间妇女组织的发展。总体来看，目前，我国的妇女组织与国家、执政党之间的关系虽不是最理想的状态，但也达到了一种动态的平衡。在执政党和政府的支持下，妇女组织工作的开展是顺利的。

我国组织动员的女权运动仍有一些不足。先从组织的角度看，组织中的成员多数是精英妇女、中层妇女，而底层妇女由于缺乏群体意识和主体意识很少自发地组织起来，她们多数是被帮扶的对象。再从女性自身的角度看，底层妇女的参与热情不高，多数存在搭便车的行为，这导致了女性的凝聚力不强。由此，组织动员的女权运动在某种意义上变成了上层妇女帮助底层妇女的运动。最后从国家与社会的关系看，我国执政党和政府处于领导地位，对妇女组织的影响颇深，这使得妇女组织缺乏社团应有的自主性和独立性，其力量不足。

第三章

转型期中国女权运动的精英动员

精英是生活在可见光谱下的一群人。他们是社会中的支配者，精英的任何一次微小的行动似乎都可以改变他者的命运，甚至改变整个社会的发展走向[①]。在社会运动理论中，精英动员视角很少被单独提取出来，多数被包含在资源动员、政治机会结构等解释框架中。但是，中国的女权运动，除了组织动员外，同样带有强烈的精英主导印记。从近代男性精英对妇女的启蒙开始，女性在每一次追求与男性平等的政治、经济和社会权利的努力中，其精英发挥的作用都是显而易见的。没有精英的加入，中国女性的发展不可能达到如今的程度。即使在组织动员的女权运动中，精英也发挥了重要的作用。两者是相辅相成、相得益彰的。

本章拟采取案例研究法，着重探究社会精英如何动员及促进中国女权运动的发展。它主要涉及以下问题：在中国，女性社会精英在促进女权运动的发展中发挥着怎样的作用？她们的动员策略是什么？精英之间、精英与组织之间、精英与妇女大众之间除了团结合作外，是否有冲突与分歧？如有，这些冲突与分歧是为女权运动开启了机会之门，还是阻碍了它的发展，使其沦为政治统治者的工具？

第一节　女性知识精英与女权运动

目前，中国国内女性主义思潮更多地流行于学术领域，由女性知识分子组成的学术圈使女性研究具有某种精英化色彩。本章所讨论的知识精英不是泛指女性知识精英，而是特指对女权运动有影响的女权主义知识精英。改革开放后，中国涌现出了一批以李银河、李小江、王政等为代表的女权主义知识分子。她们大多数有留学的经历，对西方的女权理论进行过潜心的研究。学者们通过联系中国女性及妇女运动的发展史，构建出了中国本土的女性学科。她们是中国女性学创建的有功之臣，其众多研究成果引领着中国女权理论的发展，在学术研究方面为中国女权运动作出了不可磨灭的贡献。女性知识分子的学识积累、国际交流经历、女性活动开展经验、人际关系网络，为她们积累了雄厚的社会资本，这些资本构成了女性知识精英关于女性知识的话语权，也成为一些女性社会行动的支持源泉。

---

①　李友梅、孙立平、沈原主编：《当代中国社会分层：理论与实证》，社会科学文献出版社2006年版，第305页。

可以说，这批女性知识精英既是妇女研究的先行者，也是女权运动的带头人。她们拿着“性别”的放大镜审视各个领域的男权文化，手握“性别平等”的武器批判政治社会中所有的性别不公。有些知识精英甚至不满足于学术研究，于是加入女性行动行列，成为争取女性权利、呼吁性别平等的社会活动家，如下文将要提到的李银河等，她们的言行引发了诸多社会争议，在学界中也造成了不小的影响。然而，作为女权运动的先锋和带头者，她们与广大女权主义者之间似乎有一种不言而喻的默契，这种默契汇成了女性精英间的同心力和凝聚力。

一、性别视角、女权思想与女权行动的先导

李银河、李小江、高小贤等女性知识精英是中国女权主义思想和女权行动的先导，她们是中国最早一批将西方的女权、女权主义、女权运动介绍到中国的学者。李银河在 1997 年编有《妇女：最漫长的革命——当代西方女权主义理论精选》，著有《女性权力的崛起》等书。前者把当代西方著名的女权主义理论家和学者最具代表性、最为深刻、影响最大的论述提取并收集起来。当中的文章都堪称女权主义的经典，如有的是从某个学术领域，如哲学、历史学、心理学、社会学等角度论述妇女相关问题的精华之作。此书的出版，为妇女研究领域的中国学者和关心当代西方社会状况与女性问题的读者开启了一扇了解西方女权主义理论的大门。后者则是一本资料集锦性质的书籍，介绍西方不同流派的女权主义理论和女权运动的几次浪潮，它是女性研究的入门书，很多学者对女权主义的认识和对女性研究的兴趣来自于此书。近年来，李银河对性学领域兴趣浓厚，她逐渐在女权主义的众多分支中选择了性学领域。她的大量性学观点和言论给国人带来的冲击十分巨大，掀起了中国的“性革命”热潮。

李小江可谓中国女性学的开创者，她开创了中国最早的高校妇女研究中心，有着令人敬佩的学术成就。她的每一部新书，都贯彻了一个新的思想、新的发现。她的学术活动也是“全球化”的，她的声音不仅多次出现在美国、日本等发达国家的学术讲坛上，而且在印度、孟加拉国等国家的学术殿堂上也能听到她激情洋溢的演讲。她还多次深入中国的穷乡僻壤，到那些贫穷落后的少数民族地区访问。李小江开始从事女性学学科研究的时候，它还不是一门学问，甚至不被多数人认为能够构成一个“问题”，可以堂而皇之地在公开场合谈论或者登上学术的大雅之堂。如今，女性学

在中国已经成为一门逐渐迈向主流的正式学科，而这离不开像李小江这样的早期女性主义学者的推动和促进作用。

高小贤则是中国高校知识分子里面实实在在的活动者与实践家。她创立了目前在中国十分具有影响力的民间妇女组织——陕西省妇女理论婚姻家庭研究会。高小贤在20世纪90年代转向行动研究，致力于推动性别平等与公民社会发展。她主持开展了妇女热线咨询、法律援助、社工辅导、贫困地区社区综合发展等近200个公益服务与扶贫发展项目，资金总额达3 000余万。她在1996年创建了全国首个以贫困女大学生为资助对象的民间助学项目——红凤工程；2000年发起并筹建了“中国社会性别与发展网络”；2005年推动成立陕西公益组织学习网等。这些项目行动为中国妇女权益事业、女性学学科的发展作出了重要的贡献。

在这些女权主义知识分子中，李银河的女权行动、性学行动最为典型。下面，将以李银河推动中国的“性革命”为案例，分析女权知识精英对中国女权运动的影响和作用。

（一）李银河推动中国“性革命”的行动

李银河是中国第一位研究性/性别的女性社会学家。选择性/性别作为研究方向，一是与她的兴趣有关，二是与她早年的留美学习经历有关。李银河曾在美国匹兹堡大学攻读社会学博士，期间接触到了性学研究，东方保守思想在与西方先进开放思想的碰撞下产生强烈的火花，备受震撼的李银河开始涉足性/性别研究领域。李银河自称自由主义女权主义者，她提倡人的性权利和性自由。在李银河看来，同性恋人群、虐恋人群、性工作人群是边缘弱势群体，其性权利得不到尊重和保障。她为性少数/弱势人群平等的性权利摇旗呐喊，她一直以社会学家的身份不断挑战着中国社会传统的道德伦理底线，给较为保守的中国人传播性权利观念，使中国刮起了一阵阵“性风暴”。1999年，李银河被《亚洲周刊》评选为“中国最具影响的50人”。

李银河认为，“文化大革命”期间人们对性扭曲和压抑的状态已经消失不见了，人们开始谈论性权利、性自由。婚前性行为比例的增长、性生活用品店的兴起、同性恋酒吧的出现……这些都预示着，改革开放后，中国正在发生静悄悄的性革命。李银河无疑是这场革命最坚定的支持者和推动者，她用自己的话语文字和实际行动迎接并引领了这场性革命。具体而言，其行动主要表现在以下三个方面：

首先，撰写学术著作研究中国的性文化和性问题。从20世纪90年代起，李银河就开始撰写关于性的学术著作。1991年，《中国人的性爱与婚姻》一书出版。在当时不算宽松的社会氛围下，尽管李银河的著作饱受非议，但她从未停止创作的脚步。20多年的时间里，李银河撰写编译了40余部学术专著，其中涉及性学的作品还有《他们的世界——中国男同性恋群落透视》（1992年）、《生育与中国村落文化》（1993年）、《生育与村落文化》（1994年）、《性社会学》（1994年）、《中国婚姻家庭及其变迁》（1995年）、《中国女性的性与爱》（1996年）、《妇女：最漫长的革命——当代西方女权主义理论精选》（1997年）、《女性权力的崛起》（1997年）、《中国女性的感情与性》（1998年）、《同性恋亚文化》（1998年）、《虐恋亚文化》（1998年）、《婚姻法修改论争》（1999年）、《性的问题》（1999年）、《性·婚姻——东方与西方》（1999年）、《酷儿理论——西方90年代性思潮》（2000年）、《农民流动与性别》（2000年）、《享受人生》（2000年）、《福柯与性——解读福柯〈性史〉》（2001年）、《西方性学名著提要》（2002年）、《爱你就像爱生命》（2004年）、《两性关系》（2004年）、《你如此需要安慰——关于爱的对话》（2005年）、《性别问题》（2007年）、《李银河性学心得》（2008年）、《性爱十二讲》（2008年）、《关于情感的对话》（2009年）等。众多的女性/性学著作记录着中国人在婚姻、性和性观念方面的巨大变革，在学界和社会上都产生了不小的影响，使人们开始关注和正视这个不好言说的领域。李银河以著作的形式给中国人以性启蒙。

其次，在社会上频繁发声。李银河是社会上活跃的发声人士，社会上只要出现诸如同性婚姻、两性关系、婚前守贞等关于性的讨论和性问题，每次都可以听到她的声音，而她的每次发言都会给人“语不惊人死不休”的感觉。她的观点总是与中国的传统观念格格不入，一些主张更是前卫得让人瞠目结舌。因此，每次李银河的言论都会成为城中热议话题，掀起不小的波澜。

对于这些言论，人们表现出两极化的态度，有的人对李银河充满赞赏和崇敬，有的则对她进行恶毒的谩骂和人身攻击。

再次，对现行法律有不同意见。李银河认为，只保护多数、不保护少数的制度是不完善的制度。为了履行一个公共知识分子最基本的社会职责，她勇于指出了中国法律中的错漏和不足，挑战一直被人们视为常识的观念，为一些法律或条款分别贴上“取缔”“修改”或“新增”的标签。

2011 年，李银河再一次提出了“同性婚姻合法”的提案，并于 2 月 14 日情人节在其微博中发表留言，调查中国赞成同性婚姻的人数。

> 我不知道在中国到底有多少人赞成同性婚姻，它的好处不用多说了。中国 3% ~4% 的人不生育，最高兴的应当是国家计生委。此外，男男性关系中艾滋病感染率在急剧升高，如果有了同性婚姻，能救很多人的命。如果同意在中国批准同性婚姻的人就转发一下吧，我想做个试验，看看究竟有多少人赞成。

截至 2011 年 2 月 23 日，共有 1 609 位网友转发了李银河的这条微博，3 553 位网友跟帖参与了微博讨论。其中，持“支持同性婚姻”意见的共有3 096 条微博，持“反对同性婚姻”意见的共有1 189 条微博。[①] 可见，关于同性恋婚姻的话题备受社会瞩目，在参与讨论的网友中，有接近 65% 的网友表示支持。

尽管在很多政治官员、法律人士和社会大众看来，李银河正在“冒天下之大不韪”，是在公然挑战中国的法律权威，但是，她的法律建议和提案本身就具有革命性意义。面对压力和困难，李银河并没有保持缄默，而是选择继续行动，她有种“明知不可为而为之”“撞了南墙也不回头”的气魄。在与传统观念进行较量时，难免伤痕累累，她仍会坚守自己的公民责任、学者良心，竭力为被主流社会排斥和歧视的性少数人群辩护和争取平等的权益，试图使他们从罪孽和不伦的指控中解脱出来。

> 有时候想不说了，为什么一定要替他们出来说话呢？我可以什么也不说，在别人的苦难面前转过脸去，去享受自己自由而平静的生活。如果这就是有些人所希望的，我完全可以这样做。我就是看到别人的权利受侵害，会着急，我们这代人有些理想主义，不能让这个社会这么愚蠢，这么愚昧，这么野蛮。[②]

---

① “李银河：同性婚姻提案，我要提到通过为止”，网易女人“女人来提案（第二期）”，2011 年，http：//lady. 163. com/special/sense/liyinhe201104. html。

② 尼克、陈海：《不能让这个社会这么愚蠢——对话李银河》，《南方人物周刊》2006 年第 22 期。

（二）李银河行动带来的社会影响

李银河并不是在孤军奋战，可谓前有“古人”（张竞生、刘达临、潘绥铭、张北川等），后有来者。她所传播的性人权观念为人们带来一种崭新的权利观，给一些性少数人群（同性恋者、多边恋者、跨性别者）带去了慰藉和鼓励。许多同性恋者正是看了李银河的性学著作，才开始正确对待自己的性取向问题。他们通过书信、电话、互联网及面对面的方式与李银河进行交流，为自己的情感经历找到倾诉和理解的对象，并借此排解所承受到的巨大压力。他们私底下唤李银河作“妈妈”，将她喻为“给黑暗王国打开天窗的使者”，她为同性恋者们“照亮征途、指引方向”，使他们明白“同性恋既不可耻，也不可怕”。一位澳大利亚的同性恋法官认为李银河是中国的金赛博士。阿尔弗雷德·金赛是美国的生物学家及性学家，他被认为是20世纪最具影响力的人物之一。他于1948年出版了《人类男性性行为》，于1953年出版了《人类女性性行为》，认为同性性行为与异性性行为普遍共存于人类男性族群中，因此不应被视为不正常或不自然、精神官能症或精神病。此外，他认为同性恋是“个人的选择”，而不是“天生的特质”。随后，美国风气为之大开。这位法官认为李银河现在所做的事正是金赛博士过去在美国做的事，它能为许多同性恋者带来生活的勇气。

从1997年开始，同性恋在中国就已经“去罪化”，修订后的《刑法》将同性恋从流氓罪中删除；2001年同性恋在中国“去病理化”，《精神类疾病分类手册》第3版中正式将“同性恋”这一词条删除。随着人们对同性恋的宽容和理解，社会上出现了越来越多的同性恋酒吧、同性恋网站和拉拉组织[①]。针对社会上对同性恋的歧视现象，一些志愿者和女权组织发起了反对同性恋歧视的行动。2012年5月17日，也是“国际不再恐同日”，重庆大学城熙街举办了“‘同’吻无罪同性恋接吻大赛”活动。一对对同性“情侣”当众接吻，宣示“不再歧视同性恋”。2013年的“517国际不再恐同日”当天，BCome女权小组于北京后海和地铁6号线车厢发起“恐同杀死女同性恋”的倡导活动，几对女性成员以行为艺术的方式当众接吻，一过路男子喊了句“死同性恋”后，女孩们立即卧倒在地“装死”，并盖上“恐同杀死女同性恋”的红色标语牌，以此告诉社会，歧视和暴力给这个群体造成的伤害远远超过想象，呼吁人们尊重每个人爱的权利。

① 拉拉，女同性恋英文Lesbian的谐音。

受李银河言论的影响，网易女人频道于2008年起与之联手就每年引起社会关注的“性与性别”事件进行评选和专业点评。李银河成了第一届“年度性与性别事件评点”活动的召集人。在她的带动下，性与性别领域的十余位青年学者、社会活动家自发组成评委，一起对每年的性别事件进行整理、归总和筛选，在众多事件中评选出十大最具意义的性和性别事件，并从性人权和性别多元平等的视角予以点评。李银河希望通过评选“能够起到引导性与性别的舆论导向、推进性与性别的文明建设、促进性权利与社会性别平等，增加社会民主与宽容，推进和谐社会的建设。希望通过评审传达出一种进步的理念，引导社会舆论，推进社会变革与进步”①。

到目前为止，该活动已经举行了六届（见表3－1）。这些事件都是当年社会中备受关注的性与性别事件，其中一些饱受争议，专家学者对其的点评十分具有倡导性，如2010年的“羞辱性工作者引争议”事件，广东省东莞市警方在开展“创平安、迎亚运”的扫黄行动中，给卖淫女子戴上手铐，牵着绳子赤脚游街；武汉警方在街头贴告示实名曝光多名涉黄人员，公布了“小姐和嫖客”的姓名、年龄；杭州祥符派出所打着“亲情牌”给“发廊女”家属写信……学者黄灿②对此进行点评：

> 在针对“嫖娼卖淫”这一社会现象时所表现出对“卖淫女”的人格歧视和羞辱，其结果往往是被传统道德与男权主义不谋而合地“谋杀”：女性“性工作者”丧失其话语权和人权（包括性权利）。即使是由“卖淫女”改称“失足妇女”，也是在对她们的职业选择进行着贬损和污名。事实上，在全球一体化的今天，社会文明发展的尺度已不仅仅是用科技发展的速度的提高和社会财富的增长来衡量，更在于如何摧毁传统的性别观念、颠覆传统的性道德、瓦解男权话语机制，从而实现真正的男女平等，使女性实现自身的价值，使她们享有作为一个公民所应该拥有的基本权利，包括她们的性权利。③

---

① 李银河：《第三届（2010年）年度十大性与性别事件评点公告》，李银河新浪博客，2010－12－22，http：//blog. sina. com. cn/s/blog_ 473d533601017fo1. html？tj＝1。

② 黄灿，独立性学学者，艺术家，《华人性文学艺术研究》执行主编，主要从事女阴文化及妓女问题研究。

③ 李银河：《第三届（2010年）年度十大性与性别事件评点公告》，李银河新浪博客，2010－12－22，http：//blog. sina. com. cn/s/blog_ 473d533601017fo1. html？tj＝1。

表 3-1　2008—2013 年十大性与性别事件一览表

年　份	年度十大性与性别事件
2008 年	·“艳照门”事件 ·《色戒》风波与封杀令 ·“守贞课”事件 ·三亚裸体海滩事件及关于裸体主义的争论 ·中国首例“性骚扰判刑案” ·南阳网民下载色情片被警察罚款 ·女性接连因婚姻失意自杀 ·中国政法大学教授被学生刺杀，据传与绯闻有关 ·深圳高官涉嫌猥亵女童事件 ·《北京市实施〈妇女权益保障法〉办法》（修订草案送审稿）开始征求民意
2009 年	·婚姻破裂可向小三索赔 ·男女同龄退休，是理想的退休模式吗？ ·邓玉娇案：法律与民意的双赢？ ·职场性别歧视依然严重 ·出嫁女权益保护突破重围 ·《女性幸福指数报告》首次直面女性困惑 ·非婚同居遭“家暴”也应受保护 ·刘德华隐婚的隐幕 ·北京立法定性黄段子为性骚扰 ·三军女兵方队首次亮相国庆阅兵
2010 年	·性爱局长日记 ·相亲节目火爆 ·董珊珊家暴致死案 ·南京“聚众淫乱”案 ·拯救男孩话题 ·热议伪娘 ·凤凰少女坠楼案 ·站立式女性厕所现身西安 ·羞辱性工作者引争议 ·《婚姻法》新的司法解释征求意见

（续上表）

年　份	十大性与性别事件
2011 年	·“人大裸模”和“浴室征婚门” ·耽美小说作者被判刑 ·人大代表提出“贞操陪嫁论” ·北大教授因“情人门”被解职 ·同性恋社群反击“反同”言论 ·酷儿影展 10 年 ·金星因跨性别身份被排挤 ·李阳妻子奋起反家暴 ·性教育一再成为话题 ·洛阳性奴案
2012 年	·38 岁女硕士涂世友网晒贞操 ·叶海燕“十元店”免费提供性服务 ·郑州、上海两中学推行性别教育 ·嫖宿幼女罪存废争议持续 ·同妻自杀案 ·地铁“我可以骚，你不能扰”行动 ·84 岁跨性别者高调出柜 ·男性参与反对性别暴力 ·互联网“艳照反腐” ·女权主义者在行动
2013 年	·女权主义者徒步中国 ·“以暴制暴”妇女被判死刑 ·“绿茶婊”与“女汉子”词语网络流行 ·禁止艾滋病病毒感染者入浴 ·法官“集体嫖妓”事件 ·性侵犯案件受广泛关注 ·教授称强奸陪酒女危害小 ·“阴道之道”网络走红 ·长沙同志中心注册被驳回 ·“全国性别就业歧视第一案”和解

关于2012年“84岁跨性别者高调出柜”一事的点评是：

> 比较于同性恋者，跨性别（易装、易性、生理间性、变装表演等）人士的权利诉求更少得到呈现。钱今凡的高调出柜，对长期遭受污名和忽视的跨性别者争取社会认同有着积极意义。但以84岁的高龄才能实现自己的选择，可见他曾经受到过怎样的压迫和歧视。其所在单位和公众现在呈现出超乎预想的“无歧视”，并不能真实反映主流社会对性多元者的态度。①

学者们对类似公职人员艳照与视频不断遭遇网络曝光的“艳照反腐”事件提出不同的看法：

> 在网络集体狂欢式的“艳照反腐”中，“性道德”成为人们反对公权力腐败的一把利器。而无论当事人的“性事”是否存在腐败行为，均成为“性政治”砧板上的鱼肉。以偷窥、曝光、滥用个人隐私为方式的“反腐”，使当事人个体，尤其是女性当事人，则受到了更加深刻的伤害。网络“艳照反腐”，已经成为公然侵犯公民私权利的“性暴力”。②

针对这些事件的点评，传达出社会上另一种不同的声音，这种声音正传播着社会性别平等和社会公正的理念与价值观，对公民进行着性与性别的教育，力求推动中国性别平等的进程。

近30年，李银河通过大量的调查研究和社会行动，引领着一场守旧与冒进相互斗争而显得无比让人激动的性学运动。但她并不认为自己是中国性革命的精神领袖，而只是性问题的启蒙者，她认为对于中国人性的启蒙“绝不是陷阱，而正是我们的社会所急需的，也是我辈知识分子的使命”。李银河在与所谓的传统伦理相龃龉的最大的盲区里，开辟出了越来越多的空间。在她的带动和影响下，年轻一代的性观念正在逐渐走向多元，越来

① 网易女人：《2012年度性与性别事件点评》，http://lady.163.com/special/sense/shiping86.html#p=89114DQT513O0026。

② 网易女人：《2012年度性与性别事件点评》，http://lady.163.com/special/sense/shiping86.html#p=89114DQT513O0026。

越多的青年打破传统性观念的束缚，敢于言说、争取及捍卫自己的性权利。中国人在婚姻、性和饮食上的观念，都发生着天翻地覆的变化。

二、高校女教授与女权运动的理性推进

改革开放后，在妇女研究领域，中国兴起了一批以杜芳琴、张李玺、王政、金一虹、王宏维等为代表的高校女性知识分子群体。她们深觉背负着的历史使命重大，致力于通过妇女/女性学的学术研究、女性学学科的创建、女性学课程的设置、女子院校的建设、女性杂志的创办、女性学研究人才的培养等方式，传播女性学知识和女权主义思想，培养公民的性别意识和独立批判意识，打造中国知识界的妇女革命。女权的争取是一个漫长而艰苦的过程，而且有可能倒退，从这个意义上来说，源源不断的女性学学术研究、女性学学科的建设，以及高校的女权教育是女权运动中一块重要的阵地。没有这块阵地，人们容易忘记女权运动的相关历史。因此，高校女教授群体俨然成为中国女权运动中的基础力量。

（一）学科建设

中国女性学/妇女学发轫于20世纪80年代中期，经过近30年的曲折前进，在进入21世纪后有了较大的发展。创建中国本土的女性学理论框架，是学界一直关注的重要课题。在一批女教授的带动下，女性学学科体系逐渐成熟，研究队伍不断壮大，课程与教材建设逐渐完善。中国女性学缺乏女权运动的社会基础和知识批判的学术背景，因而其发展过程缓慢而艰难，但中国女性学是国际女权运动、女权主义思想的有机组成部分，一批本土高校的女性学学者在密切的国际交流、对话、合作中进行着中国女性学的探索，使中国女性学研究从无到有，从学术边缘逐渐向主流靠近。

女性学学科创建主要通过以下几种方式实现：

首先，女性学研究的兴起与发展。20世纪80年代，女性学在中国问世。改革开放带来了许多新的妇女问题——在就业、婚姻家庭、参政、教育等方面，女性的生存和发展遇到了明显的障碍。这促使大批专家、学者开始关注妇女问题。中国掀起了一股妇女研究的热潮。中国女性研究开始镶嵌于哲学、社会学、历史学、政治学、经济学、心理学等各个学科研究之中。早期学界对女性学理论架构的探究多侧重于借鉴和吸收，近期的研究则侧重在“综合创新”和“本土化”上有所前进。并且，高校女学者们

的女性学的研究形成了丰硕的研究成果，其中有不少颇有见地的著述。魏国英认为，若从学科基本理论发展的视角来考察，中国的女性研究对象经历了从“妇女运动”“妇女问题”到“女人”的转变。[①] 这一进路体现出学界普遍认同女性研究和女性学应以“人”作为逻辑起点。女性学理论的研究既具有解释女性问题的理论穿透力，又具有辐射相关社会现象的理论张力。这一理论体系是指引我国妇女不断解放和发展的理论依据，也是对世界妇女理论的丰富和发展。女性学的相关著述的不断增加，既丰富了人文社会科学的内容，也使得越来越多的学者重视女性学学科的构建。

其次，在高校开设女性学专题课程。不少高校开设了女性与性别研究的通识课、选修课和必修课，女性学专业课程体系初步形成。从20世纪末开始，首都师范大学、北京大学、武汉大学等不少高校开设了诸如“女性学研究”“妇女发展史”“性别与发展”“西方女性学原著选读”“性别研究前沿”“女性学导论”“社会性别导论”“社会性别与女性发展”等女性/性别研究的全校本科通选课程。一些高校在相关院系和专业开设女性与性别研究的选修课和必修课。例如，中央民族大学、东北师范大学、天津师范大学、南开大学、华南师范大学等高校在其教育学院、社会学系、历史系、中文系、政治系等院系相继开设了“女性教育学”“性别研究方法”“女性学”“女性学史”“女性人类学”“妇女史”“女性主义文学与批评”“少数民族女性文学”等选修或必修课程。自2006年起，中华女子学院女性学系为女性学专业本科生开设了较为完整的专业课，其中包括“女性学概论”“妇女生活史”“妇女运动史”“女性学理论”“性别与发展”等必修课，以及“妇女与人权”“女性心理学”“性与社会”“性别与公共政策”“成才女性个案研究”等限选课，以及“社会性别研究”“女性社会学”“传统文化与中国妇女”“婚姻与家庭”等选修课。女性理论研究的推进和女性与性别研究课程的开设，凝聚了师资队伍，壮大了研究力量，为女性学学科的建设奠定了基础。

再次，出版发行女性学教材。据不完全统计，自2000年至2010年的10年间，编辑出版的原理性教材有10余种。包括：郑新蓉、杜芳琴主编的《社会性别与妇女发展》（陕西人民教育出版社，2000年），魏国英主编的《女性学概论》（北京大学出版社，2000年），刘霓著《西方女性学》

① 魏国英：《跨越式发展与本土经验——女性学学科建设的十年回顾》，《妇女研究论丛》2006年第1期。

（社会科学出版社，2000年），啜大鹏主编的《女性学》（中国文联出版社，2001年），罗慧兰主编的《女性学》（中国国际广播出版社，2002年），邓伟志、夏玲英主编的《女性与社会性别》（上海教育出版社，2003年），李银河著《女性主义》（台湾五南图书出版公司，2004年），骆晓戈主编的《女性学》（湖南大学出版社，2004年），韩贺南、张健主编的《女性学导论》（教育科学出版社，2005年），周乐诗主编的《女性学教程》（时事出版社，2005年），叶文振主编的《女性学导论》（厦门大学出版社，2006年），祝平燕、周天枢、宋岩主编的《女性学导论》（武汉大学出版社，2007年），骆晓戈主编的《女性学（第二版）》（湖南大学出版社，2009年），黄蓉生、任一明主编的《现代女性学概论》（西南师范大学出版社，2009年）等。这些教材的编写和出版发行，为推动高校女性研究学科化和女性研究课程的规范化提供了必要的基础条件。

最后，创办女性学术刊物。学科的独立性，要求有自己的学术交流和成果发表园地。近年来，高校学者们纷纷创办独立的女性学术刊物。例如，《中华女子学院学报》《山东女子学院学报》《中华女子学院山东分院学报》等。以《中华女子学院学报》为例，该报立足妇女教育，关注妇女研究最新理论动态，刊登妇女问题的研究成果，突出女性特色，在国内性别研究学界产生了积极的影响。此外，中华女子学院性别研究信息中心所编季刊《思考与关注——妇女信息动态》，是对各地新闻及网络媒体中的妇女问题相关报道进行采集、汇总和提炼而成的综合学术性刊物，成为对从事和关注女性事业的人士具有参考意义的信息源，为广大女性实务工作者和研究者提供了有益的服务与帮助。

中国女性学学科的创建具有重要的意义。王政认为，推进妇女与社会性别学学科建设，目的是改造社会性别和其他等级制。中华女子学院教授陈方认为，女性学研究成果在一定程度上满足了解决妇女问题、促进妇女发展、推动性别平等的社会发展需求。全国妇联妇女研究所政策法规研究室主任蒋永平表示，成熟的女性学学科理论将对主流学科的发展产生积极影响，并会作出独特贡献。从性别视角提出问题、考虑问题、分析问题，将性别视角作为分析工具，有利于主流学科理论内容的补充和完善。

（二）研究机构建设

中国高校的妇女研究机构在20世纪80年代中期应运而生。中国第一个高校妇女研究机构是1987年由李小江在郑州大学发起并成立的郑州大学妇女学研究中心。到目前为止，据不完全统计，我国普通高校中成立的女性与性别研究机构已有60余所（见表3-2)。它们多数是由各所高校的女性知识精英发起和创立的（也有少数是由男性知识分子发起创立)，但创建的目的因时期不同有所差异。有学者将这些研究机构按照世妇会之前（1987年5月—1993年1月)、世妇会期间（1993年9月—1995年5月)、世妇会之后(1996年6月至今）三个时间段为划分标准，认为早期的高校女学者是出于思想启蒙、文化重建、引进新学科、个人学术出路[①]等目的创建研究机构的，如，李小江曾表示，她成立研究中心的初衷不是针对改革开放后妇女问题的涌现，而是纯粹从“妇女意识”觉醒的意义上的一种生活体验。她在研究妇女的过程中发现了社会的缺陷，从而产生了文化重建的信念，于是开始从理论的抽象——把妇女从大一统的“人”中抽离出来，创建妇女学科，编写妇女研究丛书和成立妇女学研究中心。[②] 而在世妇会召开前后，许多在高校从事女性学研究的女教师们借助这股东风建立了妇女研究中心，一来是为了响应筹备世妇会的工作需要（世妇会需要各类民间妇女组织参加，出于国家政治与世界接轨的需要，“精英”妇女出席世妇会是一种“光荣的”政治任务)，二来是跟随世妇会所掀起的妇女研究热潮而创立。在世妇会降温后，即从20世纪90年代末起，妇女学在中国逐渐发展成为一种“显学”，越来越多的高校女学者走上妇女研究的学术之路，出于对社会、对女性的人文关怀和现实关怀，她们成立了妇女研究中心。

表3-2 中国大陆高等院校妇女研究机构一览表

机构名称	成立时间	发起人/负责人
郑州大学妇女学研究中心	1987年5月	李小江
浙江大学妇女研究中心	1989年3月	童芍素
北京大学中外妇女问题研究中心	1990年10月	齐文颖　郑必俊
中央党校妇女研究中心	1992年3月	赵耀（男）
天津师范大学妇女研究中心	1993年1月	杜芳琴

① 杜芳琴：《妇女学和妇女史的本土探索——社会性别视角和跨学科视野》，天津人民出版社2002年版，第315页。

② 杜芳琴：《妇女学和妇女史的本土探索——社会性别视角和跨学科视野》，天津人民出版社2002年版，第315页。

（续上表）

机构名称	成立时间	发起人/负责人
首都师范大学妇女理论研究会	1993 年 9 月	宋大敏
中央民族大学少数民族妇女研究中心	1993 年	郑玉顺
中国人民大学女性研究中心	1993 年	沙莲香
郑州大学社会性别研究中心	1993 年 7 月	吕美颐
延边大学妇女问题研究中心	1993 年 11 月	崔明淑　梁玉今等
东北师范大学妇女研究中心	1993 年 11 月	张明芸
武汉大学妇女研究中心	1993 年 12 月	罗萍
中国农业大学农村妇女研究所	1994 年 1 月	
中华女子学院山东分院妇女研究所	1994 年	
山东女子学院妇女研究所	1994 年	王全宾
南京师范大学金陵妇女发展研究中心	1994 年	金一虹
海南大学妇女研究中心	1994 年 1 月	李平
河北大学妇女研究中心	1994 年 3 月	张艳春
新疆大学妇女研究中心	1994 年 5 月	刘云
复旦大学妇女研究中心	1994 年 5 月	彭希哲（男）
南开大学妇女与发展研究中心	1994 年 6 月	谭琳
南京师大金陵妇女发展研究中心	1995 年 4 月	李振坤
陕西师范大学妇女研究中心	1995 年 4 月	武国玲
西安交通大学女性人口研究中心	1995 年 4 月	朱楚珠
山东大学妇女研究中心	1995 年 4 月	庄平
华中师范大学妇女理论研究中心	1995 年 4 月	龙静云
湖北大学妇女文化研究中心	1995 年 5 月	宋瑞芝
北京大学法学院妇女法律研究与服务中心	1995 年 12 月	郭建梅
吉林大学妇女问题研究会	1996 年	杨玉新
华中理工大学中国女子教育研究中心	1996 年 6 月	黄慧芳
四川大学妇女研究中心	1996 年 7 月	饶用虞（男）
大连大学妇女研究中心	1996 年 7 月	孙玉秀
中华女子学院女性学与信息中心	1997 年	孙晓梅

（续上表）

机构名称	成立时间	发起人/负责人
厦门大学工会妇女理论研究会	1997 年 6 月	蒋月
广西医科大学妇女研究中心	1998 年 11 月	刘华钢
上海师范大学妇女研究中心	1998 年 12 月	黄慧珍
上海大学妇女研究中心	1998 年 12 月	胡申生（男）
辽宁师范大学妇女研究中心	1999 年	杨民
四川师范大学女性研究中心	1999 年	嵇敏
华东师范大学妇女研究中心	1999 年 12 月	杜公卓
上海交通大学妇女研究中心	1999 年 12 月	胡近
云南民族大学少数民族女性与社会性别研究中心	2000 年 2 月	杨国才（男）
内蒙古大学妇女研究中心	2000 年 3 月	刘丽华
中山大学妇女与性别研究中心	2001 年 3 月	艾晓明
华南师范大学妇女研究中心	2001 年 3 月	王宏维
云南大学女性与社会性别研究中心	2001 年 11 月	
福建师范大学女性学研究所	2001 年	陈桂蓉
湖南商学院女性研究中心	2002 年 4 月	骆晓戈
湖南女子职业大学女性教育研究中心	2002 年	王凤华
内蒙古师范大学女性问题研究中心	2002 年 8 月	李风清
北京师范大学性别与发展研究中心	2003 年 5 月	董晓萍
广西大学妇女与发展研究中心	2003 年 5 月	黄维义
上海政法学院女性研究中心	2003 年 12 月	陈晓敏
中国传媒大学媒介与女性研究中心	2004 年 9 月	刘利群
华中科技大学社会性别研究中心	2006 年	蔡虹
陕西省委党校妇女研究中心	2006 年 3 月	金沙曼
广西财经学院社会性别与发展研究所	2006 年 9 月	黄约
北京外国语大学社会性别与全球问题研究中心	2006 年 11 月	金莉
广西师范学院女性文化研究中心	2007 年 4 月	于瑮
山西师范大学性别研究中心	2007 年 5 月	畅引婷
同济大学妇女研究中心	2008 年 5 月	马锦明

资料来源：杜芳琴：《妇女学和妇女史的本土探索——社会性别视角和跨学科视野》，天津人民出版社 2002 年版，第 324～329 页。谭琳、姜秀花主编：《中国妇女组织发展的理论与实践》，社会科学文献出版社 2007 年版，第 433～501 页。中国妇女研究网：http：//www. wsic. ac. cn/ relativestudyorgan？ p = % e7% a6% 8f% e5% bb% ba。

高校妇女研究中心所涉及的事务范围十分广泛，包括进行课题项目研究、举办学术交流研讨会、开设妇女教学课程、出版妇女学著作等。以杜芳琴发起的天津师范大学妇女研究中心为例，其主要任务是：①从事妇女和性别领域的学术研究和学科建设；②培养从事妇女研究和教育的人才；③开展国内外学术交流与协作；④出版妇女与性别研究的学术著作及开展妇女教育、教学和咨询等活动。[①] 2004 至 2010 年间，该中心承担的大型研究课题多达 10 项，其中包括“促进妇女参与城市社区综合治理能力建设”（加拿大国际发展署公民社会项目，2005—2006）、“知青经历的口述实录研究：代际与性别的视角”（中英合作项目，2004 年至今，两期）、“发展中国的妇女与社会性别学”（福特基金项目，2004—2006）、“在天津三个城乡社区进行将性别平等纳入‘千年发展目标’与‘小康’社会的研究与实践”（联合国妇女发展基金项目，2007—2009）、“贫困与社会性别主流化：翻译与培训项目”（加拿大国际发展研究院，2008—2009）、“艾滋病防治系列（2008—2009）”（包括“性别平等在艾滋病防治中的实现”“促进政府与非政府组织合作参与艾滋病防治的现状与对策研究”“天津性工作者现状与艾滋病防治调查”“艾滋病防治资讯平台建设与女性小组研究”“女性感染者小组调查”）、“中国妇女性别史研究”（国家“十一五”重点出版规划项目，2008—2010）；参与中央党校妇女研究中心主持的治理出生性别比失衡课题；参与韩国梨花女子大学主持的“发展亚洲妇女学课题”等。2007 至 2009 年间，它所举办的大型学术活动有：两次妇女史学科建设研究生课程班及“妇女学网络建设筹备会议”“中韩妇女学国际研讨会”“亚洲传媒监测与倡导国际研讨会”“第二届亚洲妇女学国际研讨会”（2007 年）；参与筹备“亚洲妇女学学会”；推动妇女史学科网络建设，与山西师范大学、中国人民大学合作举办妇女史学科建设研讨会，举办 2008—2009 年度妇女史学科建设研讨会。[②]

---

① 杜芳琴：《妇女学和妇女史的本土探索——社会性别视角和跨学科视野》，天津人民出版社 2002 年版，第 321 页。

② 中国妇女研究网，http：//www. wsic. ac. cn/relativestudyorgan/77561. htm。

在中国妇女研究机构中，高校的机构已经成为最主要的一支力量。由高校女教授领头发起的女性研究机构，无疑为女性学学科建设奠定了重要的基础，同时也成为女性学学科发展的重要标志。

（三）人才培养

女性学与女性主义人才的培养涉及女性学学科的未来传承和发扬光大，因此成为高校女教授们普遍关注的重要问题之一。培养高层次女性学人才的方式主要有：成立专门的女子院校，以及开设本科、硕士、博士不同层次的办学。

首先来看女子院校的设立。目前，中国已有近10所女子院校。它们主要有四种存在形式：一是独立设置的女子高校，如中华女子学院、湖南女子职业大学、山东女子学院、广东女子职业技术学院，它们多由当地妇联创立而成，其前身是妇联成立的妇女干部学校，因此它们接受当地教育厅与妇联的双重管辖；二是附设于普通高校内部的女子学院，如上海师范大学女子文化学院、同济大学女子学院、南京师范大学金陵女子学院、大连大学女子学院、天津师范大学国际女子学院，这些女子学院的成立既有当地妇联的作用，也离不开所在高校从事妇女研究的女教师们；三是专修学院等民办教育形式，如浙江女子专修学院、湖南竞男女子专修学院、湖北省妇女干部学校知音职业技能学院；四是自学助考、成人教育形式，如宁波大学女子学院。这些女子院校致力于女性素质教育和男女平等的意识理念传输，为社会培养了一批又一批具有“自尊、自信、自立、自强”精神和性别平等意识的优秀女性人才。这些学校培养的优秀学子走出校门，或进入相关的妇女研究部门和实际工作部门发挥作用，或到美国、加拿大、中国香港的大学继续深造，攻读女性学硕士、博士学位，成为女性学研究的后备人才。

其次，本、硕、博不同层次的人才培养。例如，1998年，教育部将女性学作为三级学科纳入国家研究生专业目录，北京大学在社会学系建立了第一个女性学方向的硕士点，标志着中国女性学在行政合法化的进程中迈出了关键性的第一步。此后，南京师范大学金陵女子学院增设性别社会学、女性教育学两个硕士点和方向。北京大学从2006年起设立女性学硕士专业。截至2013年，已招收16届女性学研究生，毕业13届。

以中华女子学院为例，2002年，中华女子学院与香港中文大学和美国密歇根大学合作，开办了中国第一个女性学研究生班。2004年创建女性学专业并招收女性学本科辅修专业学生。2005 年，与日本九州女子大学商讨合作生的培养问题。2006 年 3 月，教育部正式批准中华女子学院女性学系增设本科专业申请，该系成为国内第一个开设女性学本科专业的院系，当年 9 月开始招生。在此基础上，2007 年，中华女子学院与东北师范大学签订协议，联合培养女性学专业方向的研究生，在一些国家重点高等学府中开设女性学系或女性学专业，招收女性学的本科生和研究生。2008 年，与东北师范大学首谈合作事宜，两校合招研究生，推动女子学院在研究生领域的进程。2009 年，女性学专业获批北京市和国家级特色专业。2010 年女性学专业首届毕业生圆满毕业，同年，女性学专业被教育部列入本科一批次招生，这堪称中国女性学界的大事，在女性学学科建设和本科专业教育史上具有里程碑式的意义。

妇女研究是具有革命性意义的，女性学知识的生产及女权主义理念的传播，促使社会性别平等、社会公正等理念和价值观被人们所认同，它可以被看作女权主义的启蒙运动。历史学家格尔达·勒纳认为，女性学作为一门学科出现，其意义堪比文艺复兴、启蒙运动。王宏维教授认为，女性学的兴起和发展，不仅向传统的权威知识发起了挑战，还带来了文学、艺术和科学上的空前繁荣兴旺，它使得许多问题“茅塞顿开”，为教学和研究提供了新视角、新方法、新领域，同时推动了原本被称为“象牙塔”的高等教育对实际生活的关注，拉近了大学与社会的距离，尤其是加强了大学与底层群体、弱势群体的联系。①

由上可见，一批批在高校从事女性研究的教师群体，既在理论上丰富着关于女性的学科知识，建构具有中国本土特色的女性学框架，又在实践中推进中国妇女问题的解决、女性人才的培养。她们对中国女权主义及妇女运动的发展起着不可忽视的作用。

第二节　女性文化经济精英与女权运动

罗伯特·达尔认为，精英人物总是比别人拥有更多的社会影响力。这

---

① 王宏维：《谁来讲出关于女人的真理？——哲学视域下的性别研究》，九州出版社 2010 年版，第 2 页。

种影响力，归根到底是由于他们掌握着比别人多的资本。① 这些资本包括财富、权力、声望、知识、经验、人脉关系等，它们可以不断累积、叠加和转化。社会精英对社会运动的动员在于他们如何运用手中的资本，并将其转化为促进人们参与的行动力。无论是女性文化精英还是经济精英，她们在各自领域都起到了一种榜样作用，而具有性别敏感性的女性精英会积极地利用手中的资源和自身影响力，推动女性运动的全面发展，如成立妇女基金会、参与女性公益事业、举办女性活动及开发培养女性能力项目等。在文化经济领域，像杨澜、于丹、李冰冰、邓亚萍、闾丘露薇等女性属于社会各界女性精英的典型代表，她们的共同特点是具备很强的公民意识。尽管她们没有从事女权理论研究，也不是具有女权主义思想的女权主义者，但她们通过个人的努力奋斗成为女性社会精英，对中国女性而言具有重要的示范效应，也暗合了这个时代女性发展的主题，是中国女性自尊、自信、自立、自强的时代典范。本节将以杨澜作为个案，探讨女性文化经济精英对妇女事业的积极作用。

杨澜可谓是集文化与经济精英为一体的典型女性代表。她具有主持人、企业家、政协委员、慈善家、公益使者等多重身份，拥有多个荣誉头衔：1999 年度“亚洲二十位社会与文化领袖”、2001 年度海内外十位最有影响力的“《中国妇女》时代人物”、2001 年的“21 世纪影响和塑造中国命运的 12 位精英”之一、2002 年的“中国企业女性风云人物”，2007 年获美国广播电视博物馆颁发的女性传媒人士成就奖，2008 年获哥伦比亚大学国际及公共事务学院“环球领导力奖”，2008 年 11 月获中华慈善奖行为楷模奖，2010 年获全国妇联授予的“三八红旗手标兵”称号……众多的身份和头衔使杨澜成了当代中国女性的偶像及榜样。

杨澜的学识与涵养塑造了其独特的人格魅力，她的经历与成就使其在文化传播领域、商业领域、公益事业领域中形成了不可小觑的社会影响力。在功成名就的光环下，杨澜还是个活跃的社会活动家，她善于利用及整合自身的资源优势，身体力行地投入女性发展事业当中（见表 3 -3）。

---

① 胡杨：《精英与资本——转型期中国乡村精英结构变迁的实证研究》，中国社会科学出版社 2009 年版。

表 3－3　杨澜从事的女性行动（2005—2012 年）

年　份	行　动
2005 年	制作并主持访谈类节目"天下女人"，探讨女性话题，关注都市女性精神世界，分享不一样的性别体验
2007 年	与全国妇联合作"天女计划"，开展"中国职业女性关爱行动"
2008 年	·"给妈妈的下午茶——母亲节职场女性关爱行动" ·"母爱行动——汶川大地震孤儿救助专项基金"救助活动 ·"2008 中国职场女性榜样评选"，举办"2008 中国职场女性榜样颁奖盛典"
2009 年	·在"三八妇女节"当天成立了天女网，以"中国职场女性影响力社区"作为其定位 ·入股 PPlive，推出网络合作的女性频道，打算投资拍摄一些女性题材的电影 ·与全球知名的美国歌手席琳·迪翁联合创建"LAN 珠宝" ·成为联合国儿童基金会（UNICEF）驻中国办事处所任命的第一位大使
2010 年	·阳光媒体集团及东方卫视、安博教育集团打造"中国人寿杯"职场新女性挑战行动 ·启动"寻找职场杜拉拉"活动，通过媒体力量、媒体资源来关爱职场女性、促进职场女性发展 ·北京全球妇女峰会，主持人、发言人，发表演讲《期待一个没有宫颈癌的美好世界》
2011 年	·将阳光媒体投资集团权益的 51% 无偿捐献给社会，成立非营利机构阳光文化基金会 ·举办"天下女人寻找幸福力"活动，举行"幸福梦想创意比赛"
2012 年	在"两会"中提案：提高母乳喂养率以改善国民健康状况，改善妇女在工作期间的哺乳条件

从表 3－3 中可以看到，近年来，杨澜在文化传播界打造女性节目，在商界开拓女性产品，在政界为女性发声，在公益界投身女性活动，利用其媒体资源、资金资源、政治资源、人脉资源为女性发展事业作贡献。具体而言，杨澜对中国女性生存和发展的关注及促进作用体现在三个方面。

一、打造女性节目，倾听女性声音

西方女性主义主要学派认为，女性意识不是天生的，而是通过话语、权力建构起来的。根据福柯的理论，“话语即是权力，权力通过话语而在文化机制中起作用”①。媒介是一个巨大的话语场及话语生产平台，作为信息发布的来源，它拥有空前的话语权。② 女性主义认为，媒体是性别不平等话语的生产者，是父权体制传播和扎根的帮凶。大众传媒在女性发展和社会性别角色观念中产生了重要作用，大量重复的媒体话语潜移默化地巩固了人们的性别偏见及对女性的刻板印象，从而影响了人们的社会性别认识和行动。

调查表明，大部分媒体中的工作人员都是男性，处于媒介机构中上管理层的也是男性居多。2003 年，中国广电行业、报业以及通讯社中的男女性别比例大约为 7：3，而传媒的领导层中妇女的比例更加微乎其微。③ 男性对传媒业的控制，必然导致大众文化中男性视点的流行。随着女性成为电视收视的重要群体，电视台会针对女性市场开发一系列的女性节目。杨澜作为阳光媒体集团董事局主席，她及其团队所打造的《天下女人》访谈栏目是电视中女性节目的典型代表作之一。关于制作《天下女人》的初衷，杨澜说道，希望“用熟悉的生活与事例来微言大义，给女性朋友的精神家园不断地供给优质原料，从中找到理想与现实的平衡，自己的快乐和幸福”。

从 2005 年开播起，该节目至今已有 9 个年头。400 多期节目，针对都市女性对生活、情感、家庭、职场及人文等各个角度的话题，邀请 600 余位焦点人物、争议人物、新锐人物、潮流人物、女性问题专家等，展开亲和温暖的谈话，以一种温馨、真挚的语言手法，将女性的心理、态度、人生经历等呈现出来，当中既有感性的交汇，也不乏理性的碰撞，洋溢着女性积极向上、拼搏奋斗、勇敢坚强的形象。《天下女人》力图成为中国都市女性的意见领袖。该节目深受女性观众的喜爱，赢得了较高的收视率和

---

① 罗伯特·C. 艾伦编，牟岭译：《重组话语频道》，中国社会科学出版社 2000 年版，第 263 页。

② 参见蔡敏：《传媒话语生产与控制》，《现代传播》2002 年第 6 期。

③ 参见林林、张玉川：《女性报道者的角色嬗变》，《现代传播》2003 年第 3 期。

良好的口碑，建立了相对稳定的受众群。由于节目不断创新，如邀请社会男性名流或夫妻档、母子档共同参与节目，所以也吸引了不少男性观众及社会的关注。

杨澜凭借自身的专业素养和多年来积累的媒体资源，在传媒界争得一片女性的天地，让社会倾听更多来自女性的真实声音。《天下女人》节目与中央电视台的《半边天》栏目有异曲同工之效，这类女性节目可被看作女性媒介文本的生产者，它们打破了男性传媒话语的垄断地位，促进女性话语的生产及性别平等意识的传播。

二、积极参与政治，竭力为女性发声

杨澜在文化行业中的出色表现为其赢得了一个有趣的政治身份——明星政协委员。政协委员包括全国政协委员和地方政协委员，是由各党派中央、各人民团体、无党派民主人士、各个界别等协商推荐，经全国或地方人民政协常务委员会同意产生的。从2003年起，杨澜开始了她参政议政的生活，这意味着她有权利和机会向国家建言献策。十余年间，杨澜向“两会”提交的议案主要涉及慈善、环保、医疗、教育、就业、文化和女性议题（见表3－4）。

表3－4 杨澜的“两会”提案（2003—2012年）

年 份	提 案
2003年	呼吁慈善立法
2004年	未知
2005年	未知
2006年	关于加快中国慈善立法进程的建议案，提议尽快制定一部完备的《慈善事业法》，给予慈善事业和社会捐赠活动以法律上的保障和监督
2007年	设立一个全国性的公益慈善日
2008年	“关于节能建筑推广”，推动现有节能建筑法律法规的执行，发挥市场机制促进建筑节能
	通过适当减免土地增值税，鼓励开发商推广节能建筑
	加强宣传，帮助消费者主动选择节能建筑

（续上表）

年　份	提　案
2009 年	引导大学毕业生在社会工作领域就业
2010 年	农民工二代如何融入城市，享受到城市的教育和医疗等资源
	中国文化走出去应当发挥民营企业的作用
2011 年	关注流动青少年职业教育问题
2012 年	危机呼唤慈善法尽早出台
	提高母乳喂养率以改善国民健康状况，改善妇女在工作期间的哺乳条件
	充分调动社会力量促进文化事业发展

在担任政协委员期间，杨澜从来没有停止对女性议题的关注。她在“两会”小组讨论及接受媒体采访时，多次提及中国女性，尤其是职场女性遇到的问题，如女大学生的就业问题、女性的玻璃天花板问题、男女不同龄退休问题、职场女性的健康问题等。她依靠自己的名人效应和政协委员身份积极呼吁社会各界关心、爱护女性，为女性提供更多的机会和保障，并鼓励女性树立信心，努力提升自我。

明星政协委员历年来都是“两会”中的一道靓丽的风景线，他们每次出现，总是被记者围得水泄不通，成为被争先采访的对象。他们的优势在于，明星本身拥有名人光环，这使得他们比普通的委员具有更大的影响力，自然而然，他们的提案也就成了人们关注的焦点。在每年关于“两会”的报道中，报纸和网媒都会专门设立一个专栏用来报道明星们的提案。因此，他们的提案、意见或建议能够被更广泛地传播，以及被更多民众所了解、所认同，同时，也能引起有关部门的重视，从而有望更有效地推进问题的解决。

三、举办公益活动，促进职场女性发展

近年来，杨澜对女性问题的关注不单停留在口头上，更体现在行动中。她利用阳光媒体集团这一平台，整合经济资源、媒体资源与人脉资源，多次与全国妇联、电视网络媒体和国内外知名企业合作，打造了多个女性公益项目并举办了多场女性公益活动。

2007 年，以杨澜为首的阳光媒体集团与全国妇联、湖南卫视、新浪网

等机构合作，共同发起“天女计划——2007 中国职场女性关爱行动”，这是继《天下女人》大型访谈节目之后，为引领公众共同探寻中国职场女性幸福之路、拓展交流平台的又一项重要行动。“天女计划”包括中国职场女性生存状态调查、中国职场女性榜样评选、中国职场女性榜样颁奖盛典、天女俱乐部沙龙等各项活动，得到了 IBM、优兴咨询等企业的赞助。杨澜认为，“天女计划”这个项目的学术调查和榜样评选是并重的。从 2007 年起，“中国职业女性生存状态调查”共发布了四本白皮书：《2007 中国职场女性生存状态调查报告》《2008 中国职场女性生存状态调查报告》《2009 中国职业女性生存状态调查报告》和《2010 中国职业女性生存状态调查报告》。白皮书反映了职场女性的生存状况、职业满足感、职业晋升条件和女性领导力等方面的情况，为女性提供了有价值的信息和帮助，促使社会各界、各行业领域深入了解职业女性这一群体的现状，吸引全社会对中国职场女性群体的关注和支持，呼吁全社会为职业女性提供更大、更广阔的发展空间。榜样评选则是在各行各业中选出优秀女性代表进行嘉奖，通过媒体的力量进行宣传、传播，扩大活动的关注度和影响力。

2010 年，针对中国大学生就业情况越来越严峻的社会问题，杨澜及其阳光传媒集团将目光投向了即将步入职场的女大学生们，打造了中国第一档大型女性职场节目——《寻找职场杜拉拉》。在阳光传媒强大的动员和号召下，大型国企、国际化专业广告公司、世界 500 强外企、公益性组织、影视传媒、时尚行业等都加入了该节目，为应聘者提供了一个良好的平台。节目以“关爱职场女性发展，构建女性职业未来”为宗旨，给予求职的女大学生以实际指引，让她们通过体验职场生活，真实感受职场氛围，从而帮助当代“职场新女性”全面提升职业能力、信心和勇气，为她们定制未来“职业保险”，提供未来“发展保障”。杨澜认为，就作为一个媒体人应当承担的社会责任来说，自己有义务通过媒体手段尝试解决女大学生的就业问题。她说：

> 我们希望通过电视平台让大学生了解真实的职场，也让企业了解初入职场的新人会面临哪些问题。因为企业希望有工作经验丰富的员工，但是刚毕业的大学生恰恰没有什么工作经验，这个节目正好作为两方面互相了解的平台。在实战中暴露出来的问题也能够成为职业培训的真实案例，不管是学校还是一些就业培训机构能够“对症下药”，有针对性地为大学生们做就业辅导。大

学生除了自己的专业技能外，再有实用的职场技巧，这样可以帮助她们全面提升职业能力、信心和勇气。

2011年，阳光媒体集团再次联合全国妇联宣传部、中央人民广播电台中国之声、湖南卫视等单位共同举办“天下女人寻找幸福力”活动，该活动以“拥有幸福梦想”“创造幸福”“感受幸福”“传递幸福”为主线，通过电视、网络、手机、报纸、杂志等媒体全面展现。其中，“拥有幸福梦想”依靠“幸福梦想创意比赛”来展现，它征集都市女性、女大学生的幸福梦想，并设立20万幸福基金，鼓励有梦的人实现幸福愿望。“感受幸福”“传递幸福”则通过各种大型的校园讲座、社会讲座展开。杨澜等主创带领着一些社会名人到各个大学做“寻找幸福力”讲座，与学生们探讨什么是幸福，如何获得幸福，再把自己对幸福的理解与大家分享。该活动希望能打造成为中国女性中最具影响力的品牌活动，倡导人们以一种更为积极主动的生活态度和方式创造幸福和传递幸福。

由上可见，杨澜对女性发展事业的支持主要依靠多元的社会资本的运转得以实现。她自身的知识素养是良好的智力资本，她在传媒界和商界的多年打拼为其累积了大量的文化资本、经济资本和关系资本。阳光媒体集团和阳光文化基金会是杨澜开展女性公益活动的物质基础。一个事业的开拓和运转，以及一场社会运动的发展，都离不开最基本的物质条件。如果没有资金和物质的支持，即使有再大的信念和动力，运动也无法持久。女权运动是一场长期的战役，它更需要充足的物质供应保证运动的持久性。长期与社会精英名流和国内外知名企业打交道，使杨澜编织了一个广泛的人脉关系网络，使得在每次的女性公益活动中，她总能一呼百应，得到许多朋友的支持和著名企业的赞助。雄厚的智力资本、经济资本、关系资本在积累和运转的过程中又衍生出了政治资本。杨澜的政治资本主要表现在：有机会与政治精英结识，有制度化的表达途径，发出的声音能够被有关部门重视或采纳。众多资本的循环、叠加和转化，使以杨澜为代表的社会精英的社会影响力越来越大，她们的一言一行都影响着大众的观念和行为。

第三节　冲突与分歧

在中国女权运动发展的历史进程中，精英与组织、精英与精英之间在大多数情况下是相互合作、协同一致的，但这是否意味着他们之间没有矛盾和冲突？实际上，在某些具体的女权事件中，政治精英、社会精英、妇联组织、妇女大众四方的意见和态度是迥异的，他们并不是总能达成共识，这往往会导致他们具有不同的行动方式和行为选择。

一、社会精英与妇联的分歧

社会精英与妇联的分歧突出表现在女权知识精英与妇联的分歧上。女权知识精英受西方女权思想和人权思想影响较深，她们的观念通常走在社会的前列。她们关注所有的女性群体，反对一切形式的性别歧视，倡导不同阶层的女性都应该享有平等的人权和尊严，其中包括常被社会忽略的边缘女性群体，如性少数群体、同性恋群体、性工作者群体等。女权知识精英有时又会与体制内成员联盟，有时会充当政治权威或法律权威的挑战者。每当涉及这些敏感群体的性别事件时，女权知识精英总会首先站出来为她们的权益呐喊。相反，不到万不得已的时候，妇联在性别敏感事件中往往是缺席或是沉默的。

例如，2014 年初，中央电视台对广东东莞的性产业进行了揭露和谴责，东莞政府部门迅速采取整治行动。出乎意料的是，东莞扫黄事件引起了社会舆论的极大反弹，叫好声与反对声并重，网友们甚至在网上调侃式地喊出了“东莞加油，东莞不哭，东莞挺住，为东莞祈福，今夜我们都是东莞人”的“悲情口号”。事件发生后，李银河等女权知识精英立即以女权主义的立场思考性工作所涉的权利议题，推动人们深化讨论。学者们都明白，在中国的政治环境下，性工作合法化不可能的。然而，无论是对非罪化的呼吁，还是对合法化的讨论，在东莞事件的喧闹声中，我们自始至终都听不到来自官方妇女组织——妇联的声音。在 2006 年时，全国妇联曾就深圳警方将妓女嫖客游行示众向公安部进行内部抗议并提出交涉。它批评深圳警方此举侵害了公民的基本权益、侮辱了全国妇女的形象。但我们应该看到的是，深圳妓女游街事件涉及性工作买卖双方的尊严和隐私等人权问题，该事件经海内外媒体的报道造成了恶劣的国际影响，在这种情况下，为了维护国家的形象，妇联不得不出面干预，表明立场。

知识女权精英的出场与妇联的不在场反映了他们之间意见的分歧和行动的矛盾。美国的里德指出，学者大多是反对现状的（具有批判精神），学者对于政治的首要功能，就是反对现行的一切①。知识分子的批评功能，对于一个健全的社会不可或缺。它的存在，是对现存权威的民间制衡。作为一种批判力量，它鞭策现存权威或多或少地向价值理想靠近。它对权威的越轨是一种道义上的约束。② 而妇联的半官方组织性质和政治功能，决定了其言行在很大程度上代表着官方，而无法将自己置于挑战者的角色挑战当局的权威，因此其观念和行动是偏于保守的。尽管，妇联对于一些激进的女权观念和女权主义者是不赞同的，但是，它也不会反对或干预她们发言和行动的权利。

实际上，在当今利益多元化的社会中，由妇女精英组成的妇联组织根本上是一种精英化的政治团体，团体成员以丧失独立性和批判性来获得生存和发展空间。由此引出的问题是，妇联难以承载草根女性和边缘女性群体的利益需求。为此，妇女群体的特殊利益就需要寻求更大的存在和实现空间。此时，社会女权精英的出现为边缘女性的利益表达带来了转机，但是，她们缺少制度化的表达途径，其声音在妇联的话语体系中又不具备竞争力，因此无法转化为一种官方的正式表达，这就难免造成社会女权精英与妇联组织的分化。

对中国女权运动而言，社会精英与妇联组织存在分歧未必是坏事。首先，社会精英的发言使女权话题被纳入公共议题，其大胆的观点为中国女权主义注入了新鲜的血液，人们对话题的争论保持了女权主义的张力和活力，人们对女性话题持久不衰的讨论使得真理越辩越明。其次，争议和分歧反映了人们的独立判断和自主意识。试想，如果人们都遵照统治者的意志生活，没有自己独立的思想，也没有表达意见的权利，那么，这就是个人治的社会。相反，人们能够独立思考问题，并有机会公开表达意见，这是走向民主社会的必要因素，它比行动所能带来的结果更为珍贵。再次，分歧与矛盾也许会为作为社会运动的女权运动开启机会之门。亨廷顿认

① 陶文昭：《精英化世纪——现代知识阶层与社会发展》，中国发展出版社 2000 年版，第 68 页。

② 陶文昭：《精英化世纪——现代知识阶层与社会发展》，中国发展出版社 2000 年版，第 81 页。

为，知识分子是天生的反对派，他们在社会舞台上的出现，本身就意味着潜在的革命作用，知识分子的背离是革命的预兆。[①] 合作与分歧的来回互动产生了适合女权发育的弹性空间，这个空间为作为社会运动的女权运动的发展提供了机会和可能。在下一章关于女性社会抗争的探讨里，我们可以看到在众多女权社会抗争的事件中，女权知识精英的表现是十分活跃的，她们的参与为女性的社会抗争增添了成功的资本，为促成具有社会性质的女权运动积蓄了力量。

二、社会精英与政治精英的博弈

在中国，女性政治精英一般是指女党政领导干部、女人大代表、女政协委员等群体，她们属于体制内精英，掌握着政治权力和制度化资源，因此，假如这些政治精英具有足够的性别平等意识，并有意将其纳入自己的言行举止中，那么，"性别意识纳入决策主流"就能从一个指导思想转变为实际行动，女性权益在法律中的落实也能事半功倍。然而，在现实中，中国的女性政治精英能为妇女发展创造多少条件和机会呢？她们对社会性别主流化的推动起了多大的作用呢？事实上，身为政治体制中的一员，女性政治精英并非人们想的那样主动积极地推动妇女利益的获得，她们受到身份和职位的约束，所起的作用十分有限。刘伯红曾经对中国的女市长进行问卷调查，当被问及"在提高妇女在各级政府中的参政程度"和"提高妇女在社会事务方面的总体能力上，女性领导承担多大责任"的问题，女市长们普遍承认，受职权范围的限制（多数为副市长，决策权有限），女市长所承担的责任也受到限制。[②] 关于"您为所在城市妇女地位的提高做了哪些努力"和"是否制定或参与过促进妇女对地方政府的参与的项目计划"时，多数女市长表示，她们的努力主要在于推进本地区《妇女发展纲要》的制定和实行，支持妇联开展活动，支持民间妇女组织的成立，推荐优秀女干部担任各级领导职务等方面。[③]

有学者认为，女性政治精英主要的利害计算更多的不是出于国家取

① 陶文昭：《精英化世纪——现代知识阶层与社会发展》，中国发展出版社2000年版，第69页。

② 参阅刘伯红、王荫平、张学斌：《中国女市长调查》，《妇女研究论丛》2001年第6期，第68～72页。

③ 参阅刘伯红、王荫平、张学斌：《中国女市长调查》，《妇女研究论丛》2001年第6期，第68～72页。

向、民意取向，而是自身取向，她们与其他官僚并无二致，当中的绝大部分不可能坚守妇女特殊群体的利益，而只能将影响自己升迁的党政领导意图放在第一位来考虑①。由此可见，女性政治精英的自我定位首先是在权者，其次是精英，最后才是女性。当国家利益与妇女利益发生冲突时，她们会坚定不移地维护国家利益，而不得不牺牲部分妇女的利益。她们无法顾及所有女性群体的利益，更别说促进底层和社会边缘女性的利益。为了维护政权的稳定，她们并不支持运动化的女权运动，而会站在国家和执政党的立场，力图将女权运动去运动化，转化为常规的妇女工作。这些在政治领域、处于国家政治权力高层的女性，本是能够从根本上实现社会性别平等的一个关键性因素，但由于她们人数稀少，又多身居副职，对女性权益的推动心有余而力不足，其影响力极为有限。

许多女权社会精英由于自己难以进入国家的政治系统，她们会更加关注政治体系内女性的声音以及关于性别的言论。因此，她们对于政治精英的言论是极其敏感的，政治精英缺乏性别视角的言论甚至一句不经意的玩笑话都会引来女权主义者的反感和驳斥。在现实生活中，有一部分政治精英（如人大代表、政协委员）深受男权思想文化的影响而缺乏性别敏感性，他们的言论缺乏性别思考，其中不乏女性政治精英。例如，近几年，一些人大代表提出的“妇女回家论”“贞操陪嫁论”和“女博士无用论”等，在社会上引起了轩然大波，令女权主义者极度愤慨。

2011 年，上海市家喻户晓的明星调解员、上海人大代表柏万青在参加一档节目时宣称“贞操是女孩给婆家最贵重的陪嫁”！此言可谓一石激起千层浪，引来了社会保守派和开放派强烈的反响和争论。女权主义者坚持“贞操观”这种封建陈腐的说辞早已过时，它有损现代女性的人格和尊严。一些有分量的女权知识精英纷纷出来驳斥柏万青的言论。李银河直指柏万青的思想是男权主义的，“是男权社会的遗留物”，对婚前性行为和“守贞”来说，男女双方都应该有同样的标准，单方面地限制女性是一种明显的性别不平等。性学家方刚则在微博中怒斥柏万青的“疯话”太可怕了，“批他腐朽、男权、伤害女性自主、封建，已经远远不够了”，其言论是“对男女平等基本国策的公然对抗”，并让他辞去人大代表一职，直呼“我们实在不敢把国家交给你们呀”！随后，他在微博上号召网友发起“维护

---

① 参阅陈琼：《现代国家建构与妇女公共参与——组织变迁的视角》，社会科学文献出版社 2011 年版，第 140 页。

男女平等，请柏万青辞职”的活动。事件发生后，这位曾经可以一呼百应的人大代表很少再出现在电视节目中。

男性政治精英的性别歧视言论同样会遭到女权社会精英的怒斥。2014年1月，广东省政协委员罗必良在省政协会议上发表了“女孩子是个产品，卖了二十几年还没有把自己卖出去……从恋爱角度讲，读博士不是增值的事，而是贬值的事”的言论，这激起了高学历女性知识分子的愤怒，引发了社会女权精英和女性权益组织对其的集体声讨。华南师范大学政治与行政学院王宏维教授邀请来自广东外语外贸大学、华南理工大学、华南师范大学、中山大学等高校的近50位女博士、女博导及女性话题关注者，在华南师范大学组织召开“新闻发布会”回应罗必良的有关言论，并要求罗必良委员为自己的歧视言论道歉。王宏维认为，罗必良在没有任何社会调研及数据支撑下所发表的这番言论是荒唐且没有根据的。“女博士难嫁”实质反映的是男权主导的社会结构和社会心态。

> 作为女性、作为女博士的我们，有必要发声、表立场！让罗必良乃至社会认识到女博士“缺爱”论以及将女性的物化的言论，是多么不恰当的一种语言暴力和语言侵犯！

新闻发布会召开后，社会抗争随即展开。一些志愿者来到了罗必良所工作的大学进行举牌抗议。其中一位女生身穿博士服，上面写满各种歧视女博士的污名：“第三性”“异类”……她们严厉要求罗必良向全体女性道歉。抗议事件发生后，罗必良手机长期处于关机或无人接听状态，他在一次接受媒体采访时表示，“我烦死了”！

政治精英在公共场合或是政治场合发表的性别歧视言论，会加深社会的性别偏见，从而造成不良的社会影响。为此，每当歧视言论出现的时候，女权社会精英会立即组织起来进行集体发声，纠正歧视言论，形成与歧视言论相抗衡的另一种强大声音，并通过网络、媒体进行扩散，争夺公共领域的女性话语权。女权社会精英的及时出现，警醒所有的政治精英要谨言慎行，避免触碰性别雷区；有效遏制了不平等言论的传播和重复生产；促使社会对性别议题不断地进行反思；引导人们树立性别平等观念。

女性社会精英虽然积极监督政治精英的言行举止，但有的时候，她们自身的过激言行也会遭到政治权力的干预。李银河的经历就是最好的证据。她的某些让人瞠目结舌的观点不但与中国的传统观念发生了猛烈的碰撞，更是挑战了当前的法律权威，其后果是，李银河被领导勒令“闭嘴”。她随后在微博中宣布：“在今后的一段时间会尽可能少发表与性有关的言论。”当然，社会精英不是言出必真理，但也可见一旦权力介入，社会精英的言论自由和行动自由都会受到侵害，政治与社会的平衡也会因此遭到破坏。令人庆幸的是，女性社会精英们并未因此放弃对正义和真理的追求，她们在沉寂一段时间后会再次出发，继续对权利不平等现象进行批判。她们深信，女权就是战斗性的，女权运动的胜利不是突然而至的，是要经过长期的行动才能取得胜利的艰难之战。

三、女性精英与妇女大众的矛盾

精英在多数情况下是可以影响公众意识和引导大众行为的，但在对一些问题的看法和处理上，由于各方的利益不同，精英不可能与所有大众保持一致。女性精英与妇女大众的矛盾根源在于妇女群体的分化和利益的多元化，精英不可能照顾到所有的妇女群体。当她们提出某项关于妇女的政策建议时，有可能在促进某个女性群体利益的同时，损害了其他女性群体的利益，由此造成了女性精英群体与部分妇女大众群体的矛盾或冲突。在中国，最典型的案例是关于男女同龄退休的争议。

根据中国目前的退休年龄规定，男性退休年龄统一为60岁，女性则因为职业被分为若干等级：一定级别的女性领导干部与知识分子是60岁退休，普通女公务员为55岁，而女职工的法定退休年龄为50岁，即退休年龄不仅存在男女的性别差异，在女性中亦存在明显差别，对于女职工来说，是双重的不平等。为了实现人人平等的目的，女性精英提出男女同龄退休的政策建议。她们从成本收益、能力贡献、个人权利、性别平等等角度倡导男女同龄退休。例如，全国人大代表、湖北经济学院院长吕忠梅认为“妇女综合素质普遍提升，国家培养一个女大学生与培养一个男大学生，成本是一样的”，“不管采取何种形式解决妇女退休年龄的问题，关键是要实现结果上的平等”；中华女子学院教授刘明辉说道，“强制提前退休否定了这些妇女的工作能力和贡献，也给她们造成了显著的利益损害。提前退休、不同龄退休对妇女生活水平的影响显著。同时，不同龄退休也是对男性的歧视，男性也应该享有退休年龄选择权”。《中国妇女报》高级编辑宋美娅认为，“不应以保护妇女的名义剥夺妇女应有的权利”；性别专家、妇女传媒监测网络负责人吕频质问，为什么“中国妇女普遍只有比男性早退休的‘权利’，却没有同龄退休的权利”？①

事实上，推迟妇女退休年龄的提议，并不代表大多数妇女的意愿。与女公务员和女知识分子的积极响应形成鲜明对比的是，工薪阶层的女职工对该政策建议表示强烈的反对和反感，社会上形成了一股反对同龄退休的“主流民意”。造成这一结果的关键因素在于性别之间的阶层差异。对于女知识分子和女公务员而言，同龄退休意味着享有更多晋升的机会和更高的待遇，但对于女职工而言，退休年龄的平等不代表权利的平等，养老金双轨制的不公导致一部分人为另一部分背负养老压力而多劳动或丧失劳动机会，如此，退休年龄的延长意味着更多的剥削和不平等——工作强度和福利权益的差距造成的不平等加重。假如阶层、身份差异消除了，男女同龄退休自然会得到所有妇女群体的支持。

女性精英在进行广泛的社会调查后，综合了各方女性的意见，提出了“弹性退休制”。它是指在一定年龄范围之内，按劳动者的意愿决定退休时间。这种倡导策略比起“同龄退休”更为灵活和人性化。它突出了退休的权利色彩，并将行使权利的自主性还给劳动者，能在很大程度上弥合不同群体间的分歧。

这个事例告诉我们，妇女之间是存在明显差异的。它给我们抛出了一个问题：精英女性到底在多大程度上可以为妇女大众代言或为妇女群体争得多少权利？中国的实际情况是，许多妇女很少是从作为女性的出发点去争取女性的权益，反而更多的是以某个阶层或某个群体的身份去争取该阶层和群体的利益。她们对于自己身处阶层的归属感和排他感远远高于作为女性这一性别的归属感。阶层之间同样存在压迫和偏见。因此，我们不能忽视同一性别中的压迫问题。女权精英在消灭男性对女性的压迫的同时，也应避免上层妇女压迫底层妇女的现象的发生。中国女权运动的目标应该朝着消灭所有压迫、消除一切形式暴力的方向发展。

本章问题讨论的意义在于引入了中国女权运动中的一个重要的外生组织变量——精英群体。资源动员理论认为，在社会运动中，精英掌握着资源，一盘散沙式的个人有待握有资源的精英进行动员。② 在中国，越来越

---

① 参阅网易女人：《女人拒绝“被退休”》，http://lady.163.com/special/sense/nvrenxingdong03.html。

② 参阅杨灵：《社会运动的政治过程——评〈美国黑人运动的政治过程和发展（1930—1970）〉》，《社会学研究》2009年第1期，第230～241页。

多的女性跻身政治、经济、知识、文化精英的行列，这本身说明了社会的进步，体现着男女平等进程的发展。其中，女性社会精英可谓是“关键少数”，她们对女权运动的发展起到重要的作用。女性社会精英依靠知识、财富、声望、人脉、知名度等资本发起女性活动或女权行动，通过制造女性文本、抢占女性话语权来争夺女性发展的公共空间，利用互联网、电视媒体等传播手段扩大女性行动的影响力，以此带动广大女性参与活动/行动，并为女性争取更多的权利。我们发现，女权精英的动员总能得到妇女大众行动的呼应，她们要么以制造舆论的方式对精英给予支持，要么以公开抗议的形式配合精英的行动。

然而，在中国的政治环境中，精英动员的女权运动有很大的局限性。一方面，女性社会精英自身的组织化程度很低，她们总是以个人的形式个别地发动或开辟新型的女权运动，精英之间缺乏有效的沟通与合作。精英们虽然不轻易屈服于政治权威，但当她们遭到政治当局的打压和制约时，她们的声音会突然消失，之前所形成的女性话语会受到挑战，女权运动也会发生中间断裂。由此，女性精英这种间断式的发声和行动致使作为社会运动的女权运动影响力不足，不能在社会中稳占一席之地。另一方面，女性社会精英与政治当权者、妇联组织和妇女大众的关系复杂微妙。对于国家和执政党而言，社会精英是一种异己的力量。在一些性别敏感问题上，独立性越来越强的女性知识精英屡次表现出与官方有差异的态度，从而使自身的权利和自由受到限制，这导致国家和精英间相互的猜忌甚至恐惧。对妇联组织而言，女性社会精英敢言其所不敢言，做其所不敢做，妇联组织表现的态度是：既不支持，也不排斥，和平共处，保持距离。对妇女大众而言，女性社会精英（尤其是女权知识精英）激进前卫的言论不易得到大众的理解，双方容易产生意见的分歧和行为的冲突，从而造成疏远和隔膜。

尽管由精英带动的女权运动机遇与挑战并存，但总体而言，在大多数情况下，女性精英之间、精英与妇联之间、女性精英与妇女大众之间的关系是合作多于冲突，理解多于分歧。

第四章

中国女性的社会抗争

组织与精英动员的女权运动是中国女权运动的主要形式，组织与精英构成了推动中国女权主义发展的主要力量。然而，中国的女权主义行动绝不仅限于此。在全球化和城市化双重进程的影响下，中国女性也因阶层、职业、年龄、地域、身份、兴趣等的不同，形成了各种各样的妇女群体，呈现出明显的性别内部差异。每个妇女群体都有其特定的需求和围绕在身边的社会性别问题，如年轻女士会遇到性骚扰问题、家庭妇女遭遇家庭暴力问题、职场女性面对的“玻璃天花板”问题、女大学生就业时面临的性别歧视等。妇女组织更多照顾妇女的整体利益，政治精英们更多关注中上阶层女性的权益，社会精英只能关注少数女性群体的利益，因而，社会中大多数妇女群体的利益诉求是难以被妇女组织代表的，她们遇到的性别问题也甚少被精英所重视。但是，这不代表当她们遇到性别不平等事件时会选择沉默，相反，她们会以自己独有的方式进行表达，那就是抗争。基于性别立场和权利、权力诉求的女性社会抗争是当今中国女权运动的一个重要组成部分。这些抗争行为与组织和精英动员的女权运动共同构成了中国女权运动完整而丰富的景象。

近年来，一个新兴的女权主义群体在中国悄然崛起——青年女权行动派。这是一个由一些具有强烈性别意识的“80后”“90后”年轻女孩组成的群体，她们因持有共同的信念而聚集到一起，致力于通过行动来挑战一切性别歧视的现象，力图为性别平等作出自己的贡献。2012年起，中国爆发了一系列密集的性别事件——占领男厕所、光头姐“闪瞎”教育部、反对李阳家暴、上海地铁里的“我可以骚，你不能扰”、反对公司企业歧视孕妇、反对就业招聘性别歧视、女权主义徒步等。这些事件与青年女权行动派息息相关。她们的行动耀眼夺目，为中国女权主义行动增添了一道靓丽的风景。

相比其他女权主义行动而言，反对李阳家暴及抗议上海地铁这两个抗争行动得到了较广泛的传播，形成了一定的规模，具有较大的影响力，尤其是后者。因此，本章将选取这两个抗争事件作为案例，拟从微观层面探讨抗争行动的过程及其传播、动员的机制，并进一步思考中国女性社会抗争的政治意义。

第一节 拒绝性别暴力

本节将以人们对李阳家暴事件的抗争作为案例，具体探讨女性社会抗争的生发、扩散、提升的过程，以及当中涉及的动员机制。

一、抗争的行动轨迹

（一）抗争的生发

2011 年 9 月，“疯狂英语”创始人李阳的美国籍妻子 Kim 在其微博上刊登出头部、耳朵和膝盖多处受伤的照片，李阳多年来对妻子和女儿实施家暴的事实被曝光，社会一片哗然。同年 11 月，Kim 又在微博上发布了一张颈部有多处红肿的家暴照片，李阳的再次施暴引发了社会各界的关注。在社会舆论的压力下，李阳向妻子道歉，并承诺一起参加心理辅导，但很快，李阳利用此事频频现身媒体，高调为自己的行为诡辩，并继续以“教育家”的身份四处讲学，宣传其教育理念。李阳的行为引起了反家暴人士的愤怒。反家暴人士开始计划组织起来共同声讨李阳。

2012 年 6 月 17 日，李阳准备在南京大行宫会堂举行演讲活动。得知消息后，南京的反家暴志愿者开始制作反家暴标语牌、宣传单和有关家庭暴力危害的材料。6 月 17 日 14 时，即演讲前半小时，一些年轻女志愿者在会堂外高举印有“李阳：英语之技易学，家暴之痛难移！”字样的标语牌，并向路人散发反对家庭暴力的材料，吸引了许多市民围观拍照。李阳获知后，冲出会场，指挥工作人员抢夺撕毁传单、砸烂宣传牌、阻止记者和市民拍摄，更叫嚣道：“抢了他们的手机，砸了”，“把他们的牌子都砸了”一位现场志愿者曾这样描述：

> 本来以为他（李阳）是来拉架的，因为现场已经相当混乱，他的几个助手当时已经把我们围成一圈了，还在推搡我们。可他……一直往我们比较靠里的这边冲……幸亏当时有个男志愿者一直挡在我们前面，也幸亏李阳的助手一直拉着他，不然，说不定我们还真要被他打了。

在标语牌、传单遭到破坏和撕毁后，志愿者并没有放弃反家暴宣传和对李阳的抗争行动，他们继续在场外发放宣传材料。一些市民受到了感染，对志愿者大声喊“我们支持你”！有些更是直接加入行动，帮助志愿者向其他市民派发传单。

在演讲活动开始后，几名志愿者购票进入会堂内。在演讲开始约半小时后，进入场内的两名女性志愿者举牌抗议，随后被工作人员驱逐出场。

> 今天来了这么多家长，我们李阳老师是为了让南京的孩子更好地学英语才举行这个演讲，现在他们已经严重影响到了我们的工作。如果他们有想法可以私下交流，但是现在他们激化了矛盾，我们就不会跟他们进行沟通了。……谁都会犯错，不能抓住一个人的错误不放。（疯狂英语一名工作人员说道）

志愿者们早预想到抗议活动可能会遭遇阻碍，于是利用互联网将抗议过程进行同步直播，希望在第一时间把信息传递给大众。众多网友纷纷对李阳家暴和志愿者的抗争事件作出评论。

> 我今天下午和志愿者们一起感受了李阳的疯狂，场外的志愿者仅仅是发一些资料，被李阳命令他的手下凶狠狠地抢了资料，又要抢手机，他们把所有的宣传非暴力的资料撕得粉碎。……其中一个工作人员说 Kim 是美国人，打美国人又不是中国人。（志愿者@小社工大社会亲述）

> 李阳，您不但英语疯狂，人更疯狂。您在家疯狂也罢了，但在公共场所总不能疯吧？反家暴人士的抗议是他们正当权利的表达，何错之有？您有什么权利砸人家牌子？（一个网友评论道）

> 给听课的母亲们：如果你的丈夫有一天对你使用家庭暴力，而你的孩子回答：“你带我去听课的李阳老师都打老婆，我爸爸为什么不可以打你？”你该如何面对，听课的姑娘们，如果你的男友一口流利的英文，但会对你使用家庭暴力，你还会嫁给他吗？（网友@河南女性网络问道）

随后，网上发起了“李阳：在你真正悔改之前，闭嘴！”“杯葛”[1] 李阳的宣言。一些反家暴人士在网上发起征集反对李阳家暴签名的活动，以此扩大社会对家庭暴力问题的重视。

（二）抗争的扩散

在南京行动之后，针对李阳家暴事件的抗争迅速扩散到广州。2012 年 6 月 20 日，在广州李阳疯狂英语总部，汇集了一群关注妇女权益的大学生。其中一名女学生表示，这次活动是为了声援前几天在南京抗议李阳的反家暴团体。

广州的抗议活动的形式比南京的更加活泼而丰富。大学生们为李阳准备了《非暴力沟通》一书以及一封公开信。他们来到疯狂英语的广州总部，将书信以及印着“家暴零容忍”字样的 T 恤递交给了疯狂英语的工作人员，礼貌而温和地拜托工作人员转交给李阳本人，以表达希望李阳改变用暴力沟通的行为方式的愿望。送完书信后，大学生们汇集到疯狂英语总部的大门口，高唱由流行曲改编而成的“爱老婆歌”，歌词控诉家暴的卑劣行为、号召受害妇女进行勇敢反抗，同时呼吁社会各界共同阻止家暴行为的发生。现场志愿者曾这样表述道：

> 我们认为李阳对自己的家庭暴力行为不仅没有悔改，而且从这件事可以看出，他有用暴力解决问题的倾向。希望他读了我们的书和信以后，能够真诚反思，停止对 Kim 的行为和语言的暴力行为。
>
> 无论你是贫富贵贱，地位高低，实施家暴都是不对的！
>
> 家庭暴力本来就是不对的。如果街上有一个人过来无端打你，你一定会很认同应该去报警，而且如果你是旁观者，也会乐于伸出援手。但是由于中国“家丑不外扬”“清官难断家务事”的观念，很多被打的家庭成员无法报警，而且报警后会被拒绝立案。不仅如此，很多邻居、旁观者，因为持着‘家暴是别人的家务事’的观念，不愿意干涉和伸出援手。其实，家暴是侵犯人权

① 网络用语，英语 boycott 的音译，集体抵制之意。

的事情，我们每一个人都有义务去阻止。谁也不愿意看到别人受伤害。

在和平表达愿望后，大学生们在现场向围观群众发放反家暴宣传单。宣传单控诉了李阳的家暴行为以及在南京用暴力对待反家暴人士的事件，并用数据证明当今中国女性是受到家庭暴力伤害的主要群体，号召人们支持反家暴，并加入反家暴的行动阵营。

家暴行为曝光后，李阳不思悔改，继续以暴力言语和行为对待妻子 Kim，声称与 Kim 没有感情，结婚只是为研究美国家庭教育而做的一个实验，三个女儿都是实验品，并停止支付女儿必要的生活费。于是，Kim 决定以法律手段捍卫自身的正当权益。她向法庭提出离婚诉讼，要求分割夫妻共同财产。志愿者们没有停止抗争的步伐，再次以行动声援 Kim。一些年轻的女性反家暴人士以“街头表演”、行为艺术等方式在繁华闹市中上演《受伤的新娘》剧目，以此表达对家庭暴力行为的愤怒和呐喊。该剧目最早是于 2012 年西方情人节（2 月 14 日）在北京前门步行街上演。三位女大学生受李阳家暴事件的影响，反思应该用行动宣传非暴力的亲密关系。她们身着血迹斑斑的婚纱，装扮成“受伤的新娘”的模样，手举“平等才和谐，暴力无特区”，“暴力在身边，你依然沉默?!”等宣传牌，在前门大街边游行边高喊“打不是亲，骂不是爱，不要暴力好好爱”，“爱，不是暴力的借口”的口号。这一行为艺术吸引了许多路人驻足观看和拍照。之所以选择情人节当天，是因为这天也是“战胜暴力日”（V－day）——“V”代表 Victory over violence（战胜暴力），Valentine（情人节）和 Vagina（阴道，象征妇女的性权利和身体自主）①，同时也是为了提醒人们提防亲密关系中可能隐藏的暴力问题。

《受伤的新娘》正是要提醒人们，爱不是暴力的借口，亲密伴侣关系中先有平等和非暴力，然后才能有爱、和谐。暴力也不是私人问题，是人权问题、发展问题、健康问题，家庭、婚姻和亲密关系不是暴力的特区。（熊婧　妇女传媒监测网络项目主管参与者之一）

① V－day 运动从 2 月 14 日持续到 3 月 8 日国际妇女节，是一项全球性的反对对妇女和女孩实施暴力的运动，其主要诉求为“终止对妇女的暴力”。

志愿者在现场向路人散发了一些宣传材料，当中记载着李阳之妻 Kim 对暴力的控诉。因为，与李阳的自辩相比，Kim 的观点没有得到很多媒体的报道，但她说出了受暴妇女的声音，更值得被认真倾听。这些女大学生志愿者们想借此表达对 Kim 和其他暴力受害者的支持，并希望司法机关在李阳离婚案中保护 Kim 的财产分割权和子女监护权。

北京《受伤的新娘》剧目得到媒体和互联网的关注和报道，网友大量转载相关图片和信息，这一奇特又夸张的行为艺术迅速感染了其他的反家暴人士，年轻志愿者们纷纷效仿，在中国各地上演着相似的剧情。2012 年 11 月 26 日在武汉市江汉区常腾街，同年 12 月 2 日在杭州、上海、广州、西安、东莞五个城市，10 日在郑州市二七广场，相同的符号刺激着人们的视觉和灵魂——白色染血的婚纱、瘀青浮肿的脸庞、伤痕累累的四肢、振奋人心的反家暴标语、铿锵有力的反家暴口号。志愿者们坚信，“用肢体语言来表达自己的心声是最好的文化传播”。几次反家暴行为艺术有着一样的目的和诉求：使公众明白家庭暴力是一种违法行为，施暴者应该受到法律制裁，呼吁立法、行政、司法等部门履行在防治家庭暴力上的职责。西安的反家暴人士更是来到西安市妇联门口进行宣传，呼吁妇联在反家暴立法中应有所作为。

> 我们在街头做这个活动，在妇联门口，其实是让更多的群众和市民都知道，家庭暴力包括亲密关系暴力，其实都存在于我们的身边，让大家不要保持沉默。（西安　格蕾）

> 在全球范围内，妇女遭受家暴情况非常普遍。据统计，20% ~ 75% 的妇女一生中遭受过一次或一次以上的情感虐待，20% ~ 80% 的妇女在遭受虐待后从未告诉过任何人。我们非常需要有效的反家暴法律措施、社会机制去保障妇女免于暴力……（广州　郑楚然和梁小门）

> 今天之所以穿带血的婚纱，在这里进行游行，主要是为了反对家庭暴力，因为现在中国有很多的家庭暴力受害者没有站出来，愿意发出他们的声音，然后我们就是想要替这些家庭暴力受害者发出我们的声音，同时，也希望可以加强对家暴的立法。也希望家暴受害者可以站出来，主动地寻求帮助。（郑州“新娘”扮演者）

2013 年 2 月 3 日，李阳离婚案在北京朝阳区人民法院宣判之日，志愿者在庭外再次上演《受伤的新娘》。一位身着带血婚纱的女志愿者，高举“鄙视你，家暴者李阳!”“家暴零容忍”的标牌，站在法院门前公然抗议家庭暴力的观念行为。在接受媒体采访时，该志愿者表示第四次开庭时她就去了现场声援 Kim，当时李阳就曾对他们的行为爆粗口，称“你们真恶心”。最后，Kim 得到了公正的判决，她走出法庭，与志愿者们深情相拥，对中国反家暴志愿者们给予的支持表示深深感动。

（三）抗争的提升

李阳的家暴事件一出，“疯狂英语创始人的疯狂行径”这一爆炸式新闻吸引了无数公众的眼球，人们从各个角度对该事件予以评价。李阳的家暴案在北京朝阳区人民法院宣判认定李阳家暴行为成立后告一段落。但是，李阳事件并未像其他快餐新闻一样沉寂在纷杂的声音中，而是以一种更加理性的姿态出现。在中国，家庭暴力是一件频繁发生却又难以启齿的事情，我国仍未对其进行立法，受害人无法获得法律和司法部门的有效保护。基于这个事实，社会反家暴人士及女权主义者借助李阳事件，利用媒体大量宣传反对家庭暴力，并敦促国家家庭暴力防治法尽快出台。由此，人们从对李阳本人的抗争上升到对家庭暴力事件的抗争，从对家庭暴力事件的抗争又上升到对女性所受的暴力的抗争，从让李阳改变暴力沟通方式的诉求转为促进国家立法的诉求。

在众多反家暴志愿者的一次次抗争下，李阳的家暴事件被炒得沸沸扬扬，针对妇女的暴力议题也被媒体推向风口浪尖。一些公益组织和女权组织乘胜追击，共同加入推广反对对妇女的暴力的阵营。BCome 剧社小组——长期关注性别议题的北京女权志愿者组织——便是其中的一员。剧组成员来自各处，背景各异，有在读大学生、白领、NGO 从业者、学者、文艺工作者等。它最得意的作品是经过本土化改编的源自美国女作家伊娃·恩斯（Eve Ensler）的《阴道独白》。自 2013 年 1 月开始，BCome 剧社小组在北京、天津、厦门等大城市上演《阴道独白》话剧十几场，每场都座无虚席，它给观众带来极大的震撼。BCome 成员将该剧视为宣传女权主义和普及公共教育的工具。

BCome 小组的负责人小航认为，BCome 小组早已经超出了剧组的意义，她们不停地在倾听女性真实的生命经验，并用行动诉说着很多人无法向别人言说的故事，她们正在从事的女权主义行动具有社会运动的革命意义。BCome 小组的艾克则说："我们是以行动导向的小组，我们把《阴道独白》当作社会运动来做，希望通过这些活动最大程度地改变社会。"

北京外国语学院性别与社会课程的学生受 BCome 小组的启发，组成了"北外性别行动小组"，她们在 BCome 小组的带动下，创作了《阴道之道》话剧。"这剧的目的就是制造不安""这个不舒服会成为反思的起点"，话剧主创人员说道。

> 阴道，被认为是一个不该说出口的词，一个会搅起焦虑、难堪、轻蔑和厌恶的词。但是，不被我们说出来的东西，就不会被看见，得不到承认，不被记忆。我们说出阴道，发现阴道，讲述阴道，是为了重新想象我们的身体，发现身体的愉悦、苦难、光明、隐秘，发掘身体的力量，也发掘心灵的力量。(《阴道独白》宣传广告词)

2013 年 11 月，北外性别行动小组为了宣传《阴道之道》话剧做了相关题板和标语。很快，这些图片在新浪微博中登出，超过 200 万人观看了包含该系列图片的视频，该视频还被无数次转载。看似突兀荒唐的内容超出了一向对"性"保守的中国人的接受尺度，许多人表示不解甚至谩骂。BCome 小组负责人小航认为，北外性别行动小组只是从女权主义的角度宣传女性身体的自主权、性权和性别平等权，而公众对"阴道说"的贬损和谩骂恰恰体现出父权文化对女性和女性身体的控制欲。社会学家李银河则力挺举牌宣传的方式，"勇敢的北外女生，我羡慕你们生在这个女权张扬的时代，愿你们继续为女性权利发声"。北外性别行动小组并未因此受外界的影响，她们坚持把反对对妇女暴力的正面信息传递给社会和更多的公众。同年 12 月，北外性别小组推出了"我的阴道说"第二季。

除了 BCome 话剧小组与北外性别行动小组以话剧的形式宣传反对性别暴力外，一些有影响力的国内民间妇女组织和国际妇女组织也致力于推动反家暴行动。例如，2012 年 11 月 25 日，联合国妇女署、红枫心理中心、反家暴网络联合网易女人等多家妇女组织和传媒机构携手推出"反家暴橙色行动"①，进行大规模的反家暴宣传。它们利用网易女人的互联网平台，

① 每个月的 25 日，世界各地的联合国工作人员都会穿着橙色衣服、饰品，加入到反对针对妇女的暴力活动中，因此每个月的 25 日也被称为橙色日（Orange Day）。

号召全民随手拍下任何包含橙色元素的图片，如橙色的衣服、配饰，或用橙色纸张写下自己对家庭暴力的看法，然后上传至网络，以此对暴力行为说不，以持续的行动表达对反家暴的支持和终止针对妇女和女童的暴力行为。

二、抗争剧目及其动员机制

（一）作为抗争的新剧目——行为艺术

在对李阳家暴事件的抗争中，我们可以看到抗争者运用了多种抗争方式，包括公开抗议、联系传统媒体报道、发布公开信、民意收集与传递、学术沙龙、电视辩论、街头行为艺术等，与其他传统的抗争方式相比较，街头行为艺术是女权主义者运用的新兴的抗争手段，它成为一种潮流的抗争剧目。

何谓抗争剧目？查尔斯·蒂利把所有的抗争都看作一场“登台献艺”的表演，当这种表演被人们广而用之时便会模式化和常规化，尔后成为抗争者提出要求的剧目①。在中国以往的社会抗争中，经常出现的剧目有趋于和平、温和的静坐和消极怠工、游行示威、上访等，也有趋于暴力或带有威胁性质的绝食、跳桥、自焚、自残、下跪等。在对李阳家暴的一系列抗争事件中，《受伤的新娘》等逐渐成为青年女权主义者日益倾心的抗争剧目。

女性主义与艺术的结合始于20世纪70年代的美国，它是伴随着女权运动而产生的。女性主义艺术可以说是女权主义或女性觉醒的产物。随之而来的是，越来越多的女权主义者和女性艺术家用艺术的形式表达自身的理念，张扬自主权利，她们致力于在艺术文化领域挖掘“被遗忘的妇女”的声音与成就，在艺术作品中重新塑造女性的社会角色，并力图改造传统文化中女性给人的刻板印象。它体现出女性的反抗和反思精神。因此，女性主义艺术俨然已经成为女性主义行动/运动的组成部分。

行为艺术是20世纪五六十年代在欧洲兴起的现代艺术形态之一。它是指在特定的时间、地点，个人或群体以自己的身体作为媒介传达某种概念

---

①　参阅［美］查尔斯·蒂利、西德尼·塔罗著，李义中译：《抗争政治》，译林出版社2010年版，第23页。

或展现人类思想结晶的艺术。它不仅是表演艺术，还是视觉艺术或观念艺术。行为艺术作为一种抗争剧目，它具有几个必要的组成要素，这些要素对于抗争剧情的铺垫、发展和结果发挥着重要的作用。第一，“艺术家”的身体，指抗争者通过化妆、服饰进行角色扮演，如反家暴人士将象征纯洁、美好的白色婚纱与象征暴力的伤痕、血迹摆在一起，造成巨大反差，给人们以强烈的视觉冲击，呈现出受到家暴后的新娘的模样。第二，辅助道具，如抗争者手举的反家暴标牌，一边喊口号一边演唱歌曲，这些辅助手法可以为抗争渲染气氛，增加看点，制造紧张感和压迫感。第三，表演时间，抗争者对抗争时间的选择是有考虑的，《受伤的新娘》剧目第一次上演是在 2 月 14 日的“V－day”，亦是西方情人节，强化了剧目想要给观众传递的信息，其后多出现在“国际消除对妇女暴力日”的活动周期内(11 月 25 日—3 月 8 日)。在这些时间演反家暴行为艺术，正好配合着国际反对对妇女的暴力活动，增加媒体宣传的资本。第四，表演场景，抗争者选择在城市人流密集的场所或关键地段进行行为艺术表演，以达到更好的宣传效果，如西安志愿者选择在市妇联门口宣传反家庭暴力，广州、杭州、郑州等地的志愿者则在城市的繁华地段进行表演。第五，观众，围观群众构成了行为艺术的观众，他们有的默默关注，有的拿手机、相机进行拍照录像，有的加入了行动队伍，帮助志愿者派发宣传资料，这些行动都是对抗争者最好的支持。第六，表演信息传递者、观众的手机拍摄、视频上传、新闻媒体的现场采访录像充当了信息的传递员，他们使更多人看到抗争者的行为艺术及其表达的思想，能引起其他人的共鸣。

青年女权主义者为什么选择行为艺术作为自己抗争的手段？这是基于行为艺术的几个特点：

第一，与妇联、民间妇女组织动员的女权运动（我们暂称为“传统的女权运动”）和以上访、示威、对峙、游行等形式为特点的高风险抗争行动相比，行为艺术抗争在成本、效果和适用范围方面具有自身的特点。通过表 4－1 我们可以看到，行为艺术在成本方面较之另外两者具有明显优势。在效益方面，行为艺术的主要作用在于通过媒体和互联网传播对公民社会赋权，媒体的大量报道及网民们的争论会给政府部门制造舆论压力。行为艺术还有利于营造政策实施的社会氛围，例如，很多人认为家庭暴力是私人的家务事，其他人既难管，也不好管。行为艺术家的表演和口号告诉人们，家庭暴力并非私人事件，而是公共事件。如果社会缺少这种正确理念的传导，那么将来即使反家暴法出台，家庭暴力事件仍然会频频发生。

表4-1　传统女权运动与高风险抗争、行为艺术抗争的比较

	传统的女权运动	高风险抗争	行为艺术抗争
成本	需要较多的社会资本，包括财力、物力和人脉；一般由有一定社会资本的组织或是拥有学界、政界、媒体背景的精英来推动	会被认为是对抗性的，因此通常会受到很多阻挠或被和谐掉，甚至付出其他沉重而长远的代价，因此成本高昂	相对于传统的女权运动，所需的资本，尤其是经费十分有限；相比高风险抗争手法，成本安全可控
效益	可以通过体制内的途径影响政策，但运动倡导者处于被动地位，而且难以为公民社会赋权，进而增强政策落实的社会基础	有时能取得突破性紧张，但消息一般不能通过大众传媒报道，因此对公众的影响力往往有限	可以将一个“小众公益话题”在短时间内变为一个“公共话题”，从而形成舆论影响，并有利于营造政策变革和实施的社会氛围
适用范围	适用议题的范围比较广泛，尤其是以学术研究的形式开展时，可以设计一些深层次的结构问题	可以触及深层次问题，但诉求多是针对个案，很少形成更广泛的社会效应或推动政策和体制改变	议题比较主流，虽然有所争议，但不构成深层次挑战，因此需要和其他形式的运动相结合

第一，它是和平而温和的抗争手段，它既不侵犯他人的利益，也不会引发激烈的冲突，从而导致社会的动乱。这种行为艺术不浮躁、不喧嚣，人们的理性思维通过感性的方式进行表达，它易于被社会大众和政治官员所接受。因此，政府部门不会以“维稳”为缘由对抗争者进行拘留、压制、驱散、罚款等，抗争者避免了因为被打压而不能继续进行抗争的风险。

第二，它是具有观赏性的表演，尽管抗争者的行为造型较为夸张而大胆，有时候会使人们心里感觉怪异和不安，但在大多数人看来，行为艺术是富有创造性和观赏性的，一些快闪行动也不乏娱乐性。它们能迅速抓住公众和媒体的目光，给人们带来视觉冲击的同时也能引发一些思考。

第四，它具有深刻的文化内涵。它不像传统的抗争手段（游行示威、静坐、上访等）以简单直接的方式提出要求，而是用一种启发式的表演诉说当下的社会问题和性别问题，并以艺术的方式将其呈现。行为艺术本身就是一种文化话语。如果说家庭暴力体现的是一种男权文化，那么，反家庭暴力行为艺术便寄希望于挑战和改变这种文化，并促成一种新的女性文化的养成。行为艺术呈现出的视觉的张力、思想的张力与文化的张力，成为中国女性主义艺术的新范式。

第五，不同于以死亡、下跪、跳桥、绝食等威胁方式进行的刚烈的悲情式抗争，也不同于用消极怠工、开小差、装糊涂、碎碎念等“弱者的武器”被动式的抗争，女权主义行为艺术的表演者以一种主动勇敢的强者姿态进行身体行为的展示和言说。这恰恰反映了青年女权主义者富有尊严、追求自我、充满个性的特点。

然而，就目前而言，行为艺术作为女权主义的抗争手段也有一些不足之处：其一，女权主义抗争者是具有政治诉求的，她们希望国家、政府可以出台相关法律法规保障妇女的权益。但是，行为艺术这一抗争手段本身缺乏政治性，它更多是个人或集体对某个妇女问题进行行为展示，而缺少向党政部门或妇联等制度化申诉的渠道。因此，它能引起政府的重视还是只是过眼云烟？行为艺术必须与传统的组织动员和精英动员等方式相结合，才能达到预期的目的。其二，行为艺术抗争规模小，抗争人员少，个体抗争多，集体抗争少。多数的行为艺术是以个人为行动单位的，它缺乏组织性、统筹性。抗争规模在某种程度上决定了抗争结果，作为一种新兴的抗争手段，女权主义者如何利用社会资源，扩大抗争规模是今后要思考的问题。

（二）抗争的动员机制：互联网动员

一种新的生活方式的出现和普及很可能带来人们生活方式、人际网络和价值观念等方面的重构，甚至引发更宏观制度层面的变迁。[①] 以互联网为主的信息与通信技术的发展，极大地改变了人们的生活，互联网不再仅是一个虚拟的空间，在某种程度上，它更能反映人们思想与生活的真实状态。在学术领域，政治学者和社会学者越来越关注互联网在社会运动及社会抗争中发挥的重要作用。

---

① 汪建华：《互联网动员与代工厂工人集体抗争》，《开放时代》2011 年第 11 期，第 114 ~ 128 页。

从南京反家暴人士将抗议李阳的过程进行微博直播，到《受伤的新娘》剧目在各大城市不约而同地上演，再到“我的阴道说”在网络上引发的巨大争议，我们可以看到，在青年女性对李阳家暴行为的抗争及其延展的一系列反对性别暴力的抗争活动中，互联网展示了巨大的动员潜力及其在形塑认知和促进集体抗争等方面可能的作用机制。

第一，情感与认知动员。情感属于人的心理层面范畴，有关社会运动的心理根源研究最早可以追溯到社会怨恨理论。1970 年，美国社会学家格尔的《人为什么造反?》一书提出了“相对剥夺感”的解释模型。他指出，相对剥夺感会使人们心里产生怨恨，而社会怨恨使人们联系并组织起来，它是社会运动发生的起点。它给予我们的提示是，情感的动员是社会抗争发生的重要前提。李阳妻子 Kim 伤痕累累的照片在微博中曝出，人们对 Kim 的遭遇产生同情，对李阳的行为表示愤怒，这种情绪使人们产生了共同的认识——支持 Kim，反对家庭暴力，人们无形中就形成了一个临时的反家暴群体。施暴者李阳事后不仅没有悔悟，还在媒体上表现得趾高气扬，引来大批网民的谩骂，这使反家暴人士情绪升级，他们迅速把愤怒情绪转化为现实中的抗议活动。

互联网的一大特点是信息流动量很大，它突破了公民的个人经验非常有限的局限，并把已经存在的社会问题予以曝光并放大。互联网不仅能强化女性对自身处境的认知，而且丰富的信息来源也使她们对自己以前从宣传教育中得来的知识进行重新反思。“暴力在身边，你依然选择沉默?”口号反复地敲打人们的内心，Kim 勇敢地将“家丑”“外扬”，使得人们对家庭暴力问题有一个重新的认识：家暴不是家务事或私人事件，而是一个严肃的社会问题。

第二，组织动员。在缺乏正式组织参与的情况下，互联网本身就充当了一个临时组织，在抗争李阳家暴的行动中，互联网的动员机制可以概括为：建立联系、分享经验、即时动员。不同地区的行动参与者通过论坛、QQ、微博等新媒体相互联系，把行动图片和视频放上网络，分享抗争的感受和经验，总结不足之处，为下一次抗争的到来做好更充分的准备。最典型的例子是，2012 年 12 月 2 日，反家暴志愿者在杭州、上海、广州、西安、东莞五大城市不约而同地表演了《受伤的新娘》。这些志愿者正是依靠互联网取得了联系，她们在网上共同商讨抗争策略、确定抗争时间，选择抗争地点，联系地方媒体。

@新媒体女性（广州新媒体女性网络的官方微博）、@女权之声（妇女传媒监测网络官方微博）、@酷拉时报（关心中国当下的性别平权运动的电子刊物）、@BCome小组、@一元公社（BCome《阴道独白》话剧的发起组织）等微博对抗争事件和《阴道独白》话剧的报道与宣传做了大量工作。这些媒体使得分散的弱关系在其中得到了强化，一些碎片化抗争现象经过重组，呈现出一股女性的力量。它们关注所有的性别问题，各地具有闪光点的女权主义活动都能得到体现。人们只要对这些微博“加关注”，便可及时从中得到相关的讯息。同时，这些媒体也起到凝聚女性的作用，为今后的女权主义行动提供支持。

第三，外部力量动员。在对李阳及妇女暴力的抗争中，抗争者为了扩大抗争的影响范围，会尽可能寻求广泛的同盟，其同盟可以提供的最大的帮助就是关注。因此，他们往往会第一时间把抗争实况上传至微博、人人网、天涯论坛等社交网络和论坛，包括文字描述、自己拍摄的图片和视频。除此之外，抗争者会主动联系多家报社及电视媒体，增加新闻曝光率。抗争行动不停的扩散和升级与众多的参与者密不可分，女性问题成为全民讨论的焦点，国家和政府的相关部门更加重视女性的权益问题，抗争者也在这种被关注中获取持久行动的力量。这不失为女权主义行动的一种有效的策略和手段。

新闻媒体的报道对于抗争动员、抗争规模的扩大和抗争结果起着重要的作用。然而，新闻媒体与互联网在传递信息方面有不同的优劣。新闻媒体是一个占据主流话语权的媒介，它们的偏好有时会使一些重要信息被删除或误读，从而曲解抗争者的真实意图，影响公众的认知和判断。在李阳事件中，媒体出于李阳的名人身份，把焦点投注到李阳而非其妻子身上。为了增加收视率，媒体邀请李阳上节目，给予他自我辩解的机会，而Kim的声音及其勇敢的行为反而被人们忽视。结果是，社会上出现了支持李阳、谴责Kim的声音。有的人认为Kim为了分家产而把家丑曝光。这种颠倒是非黑白的判断与媒体传递给公众的信息密切相关。而互联网能够避免传统媒体的话语偏好，它为人们提供了多样化的讨论平台，不同的观点和声音可以同时发出，相互碰撞，多元的信息使网友在辨别筛选中形成了自己对事物的判断力。因此，越来越多的抗争者更愿意利用互联网这一媒介进行抗争的动员和扩散。

第四，示范动员。《受伤的新娘》行为艺术是国外的女权主义者最早用来展示女性遭受暴力的表现手法，这种生动形象又富有创造性的演绎方式成了一种典型。随着反家暴志愿者在北京首次上演《受伤的新娘》过后，中国的反家暴人士借助网络传媒的力量认识到这种行为艺术，随后相继模仿，该剧目被复制到全国各地。由此可见，同样的抗争手法经过多次再生产后，便成为一种模式化的抗争手段。

《阴道独白》话剧亦是如此。它最早是由中山大学的艾晓明教授于2003年引入中国的，后来在北京、上海、武汉、厦门等多地的剧社或学校社团组织上演着不同的版本。李阳家暴事件的曝光，再次引起人们对性别暴力问题的关注，《阴道独白》话剧被再次搬上舞台。2012年，上海海狸社排演《阴dao多云》，2013年，Bcome小组排演《阴道之道》，以此宣传女性的自主意识，抵制针对女性的暴力行为。BCome剧社《阴道之道》话剧的成功，又激发了北外性别行动小组排演的欲望，她们寄希望于以话剧的形式从事女权行动。北外性别行动小组的“我的阴道说”题板活动在网络上的热议也使这种诉说形式广为流传，其他女权主义者纷纷效仿，她们把想说的话用题板写下来，然后拍成照片传到网络上。中国大量网民的存在造就了互联网惊人的传播速度和对一些事件前所未有的关注度，如此，越来越多女权主义行动会利用互联网进行宣传和造势。

互联网作为自我表达与集体行动的平台，在一定程度上促进了中国社会的发展，也带来了新的集体行动。以互联网为中介正逐步锻造出一批批关注自身困境及其背后的权力结构并富有抗争意识的新女权主义青年，这无疑为女权主义运动的发起提供了坚实的基础。借助互联网进行的组织动员，可以将缺乏组织性的分散的女性有机地联系起来，并协调统一其行动。对外部力量的动员提升了女性的士气，更改变了原有的政治机会结构，增添了抗争的社会资本。而示范动员则能引发更大范围的妇女集体抗争，并为其提供了成功范例。互联网为身处结构性矛盾而又缺乏制度组织和话语资源的中国女权主义青年群体提供了巨大的弹性空间，女性利用这个空间言说自身、争取权利、改造男权文化及重构性别政治关系。

第二节　公共场所的骚扰与抗争

本节将以上海地铁发生的“我可以骚，你不能扰”抗争事件为案例来展开分析。从骚扰事件所引发的论战，到抗争行动的开启及扩散，它在动员机制上与反对李阳家暴的抗争事件有相似之处，但在抗争规模、范围或影响力方面，两者表现出明显的差异，本节试图分析其中的主要原因。

一、骚扰事件的缘起及其引发的论战

2012年6月20日晚上，上海地铁第二运营有限公司官方微博@上海地铁二运发布了一则微博："乘坐地铁，穿成这样，不被骚扰，才怪。地铁狼较多，打不胜打，人狼大战，姑娘，请自重啊！"配图是一名身着黑色丝纱透视连衣裙妙龄女子的背面，女子的内衣清晰可见。微博一出，立即引发争议，网上集体抗议声随之而来。

6月21日，一些关注妇女权利的微博用户开始批评此博，女权主义账号微博@女权之声立刻对@上海地铁二运的言论进行反驳和抗议：

> "穿成这样，不被骚扰才怪"?！性骚扰可是犯罪，地铁公司不管自己的安全责任，反而替罪犯找理由指责受害者？强烈要求@上海地铁二运道歉并删帖！再说一次，"我的短裙不是邀请"，妇女穿什么那是个人自由，不管穿什么，都不应该受到性骚扰！
>
> 担心@上海地铁二运不明白，女声再来好心科普下，微博君，你知道吗？曾经有一个加拿大警察，告诫妇女不要穿得像个荡妇，以免遭到性侵害，结果引起了席卷全球的"荡妇游行"抗议，为什么捏？因为"我的短裙不是邀请"；性暴力要谴责的是罪犯，而不应归咎于受害者。(@女权之声2012年6月21日)

随后，@女权之声进行微博动员："大家转起来，直到@上海地铁二运删帖道歉！"

6月21日起，大批网友转发微博并加入争论的队伍，此微博的转发和评论在一天之内达到数千条。刚开始，网民们就这一事件本身发表自己的意见，其主要观点包括：

(1) 着装是个人自由，性骚扰是侵权和违法问题。

> 如果法律或者地铁的营运法规没有规定她不能这么穿，那么就没有权力指责，按照地铁的理论，游泳池里不是所有的男人都要对女人动手动脚了么？(网友@大江Joe舅)
>
> "我的短裙不是邀请"，男人一厢情愿地坚持认为那就是邀

请，是挑逗，甚至是同意被侵犯——可谁会真的同意自己被侵犯呢？性自主并不表示我们允许自己遭受暴力……享受性并不等于招徕性侵犯。甚至，穿少点儿可能只是为了凉快、舒服、自在，压根和性无关。要求上海地铁二运道歉，并且删帖！（网友@时光机回来了）

穿得暴露不暴露是个人自我选择的问题，没有任何人可以以此为借口对他人进行性骚扰。因为人家穿着暴露并不意味着就是有什么性的意味，有可能只是出于美观和凉快的需要。即便有性的意味，但也不能作为性骚扰的借口。也就是说，我可以"骚"，但你不能"扰"！（网友@杨晨0915）

（2）上海地铁言论失当，不应推卸保障乘客安全的法律责任。

地铁运营方有权嘲讽乘客着装？暂且不论能不能在地铁里"穿成这样"，作为地铁运营机构，也许本意只是想提醒女乘客提高自我保护意识，但是字里行间透露出对女乘客着装"不自重"的嘲讽之意实在欠妥。（网友@叶新艺）

夏天穿衣服是该有点自我保护意识。但请不要动不动就和自重挂钩，那大夏天这么多光膀子的男人，是不是也需要自重？人贵在有自制力，不要为没有自制力的人找借口。（网友@边牧的南瓜）

支持，反省一下地铁公司安全营运的责任，追究一下侵犯者的法律责任。社会有必要提供一个不论妇女如何穿着（随心所欲不逾矩）都能安全出行放心出行。怎么到了妇女这里，连受害者都是有责任的了？和封建社会一样，女性若是在公共场合被强奸，还是女性自己淫贱了，还得自杀以谢强奸犯？（网友@刀刃姑娘）

我开宝马，能不能成为我被抢劫的理由？……企业就是用警告和指责的方式来保护员工或消费者不受性骚扰的吗？……乘客坐车穿什么，是权利还是义务？对于女性乘客的穿衣标准有怎样的具体规定？……如果有女乘客认为您的提醒不是善意而是伪善，凭什么您还坚持认为这种言辞是“善意”？您的“善意”给谁看？(上海女性主义心理咨询师 @千千和风_ 性别)

(3) 穿得少不是性侵犯的元凶，男性的性侵犯“冲动”不可遏止。

#被性骚扰不是因为你穿得少# 几年前的夏天，穿着宽大运动装和休闲鞋乘公交，短发，中性打扮。一个穿大裤衩和拖鞋的中年男子故意往我身上贴靠，还借着刹车的时候用手臂把我“锁”在一个座位旁，推都推不开。当时没揭发他，因为我觉得耻辱。要是再遇着色狼我决不会再这么软弱。(网友 @中国孩子)

#被性骚扰不是因为你穿得少# 在北京地铁一号线上遇到性骚扰，大冬天的，我打扮得还很中性。揭穿他后，此男下车后还推搡我至差点摔倒。所以，遇到性骚扰请大声指出来甚至录音录像留住证据！我看这些狼选的骚扰对象，很可能是看上去不敢声张忍气吞声的。(网友 @Luna 呀)

“被性侵的女人是自己有问题”论调极其可怕，完全弄错了该去教育的人群。身边很多朋友作为女孩子从小就被灌输着性羞耻观点，小心翼翼却仍不免在意想不到的地方被骚扰，很多人小学时就有遇到色狼的经历，包括我（穿着夹克长裤头发乱蓬蓬更没有胸部的怕得要死的小丫头）——请问我们到底错在何处？(网友 @罗赛迩)

男性看到女性露出的皮肤，就想上去摸一把，被一些人认为是“自然的”“合理的”“难以抑制的”和“本能的”，那为什么同性恋男性摸了别的男性就是变态和社会的渣滓呢？为什么男性裸露上身的时候从来不担心女性会来摸一把呢？换句话说，为什么女性的位置“天生”是守，男性天生“冲动”呢？（网友 @gawiel）

面对网民的“炮攻”，上海地铁第二运营有限公司采取了如下回应：

首先，雇佣水军[1]发表大量雷同的支持言论，谴责女性公共场合着装暴露是“不知廉耻”的行为；号召地铁员工进行微博反驳，直言警告是善意的提醒，因此不需要道歉。

> 公共场所的穿着应该注意场合，这是起码的常识和公德！连这点常识都要质疑吗？简直滑稽！地铁二运是善意地提醒，完全应该，没有必要道歉。（一位网友）

> 现在的年轻女性，低胸衫、超短裙、透视装等包罗万象，使得一些人有了想入非非的感觉，更有甚者走上了骚扰的道路，所以我们在批判犯事者之余是否也要为自己的身体语言所反省一下呢？（网友@机场站王必磊服务团队）

其次，坚持不删除该贴，也不道歉，并关闭微博评论渠道，致使网友无法留言。

然而，网友并没有因此停止批评的声音。他们转向拨打投诉电话和在网上发表公开信等方式谴责上海地铁的言论及行为。一些媒体也加入辩论行列，如@南方都市报以“荡妇大游行”的案例劝诫上海地铁注意自己的言论，网易女人则表示支持妇女的着装自由，指责上海地铁因果倒置的“神逻辑”，是变相为性骚扰者开脱。

二、女权主义者的抗争行动

6月23日，新浪网推出了相关的民意调查，选择“不必删帖道歉，毕竟是公共场合，地铁方善意提醒也没错”的仍然占据大多数。在上海地铁（女权主义者所认为的“过错方”）依旧占据话语优势的情形下，女权主义者决心以行动告知人们，“骚”与“扰”之间的是非利害关系。由此，抗议活动从网上延伸至网下，从嘴上论争转向身体行动。

6月24日，两名年轻女子出现在上海地铁二号线内，其中一位身裹黑

---

① 网络水军即受雇于网络公关公司，为他人发帖、回帖、造势的网络人员，以发帖来获取报酬。

袍，一位短打外戴金属“胸器”，手举彩板标语，显示“要清凉不要色狼”“我可以骚，你不能扰”。两位女志愿者的行为艺术随即引来市民和媒体的关注。顿时，“我可以骚，你不能扰”成了街头巷尾热议的话题。紧接着几天，女权力量在民间自发集结，抗议行动迅速扩展到全国，北京、广州、成都、洛阳、台湾等多地的志愿者在各地的地铁上手举标语，声援上海的志愿者，支持女性着装自由，宣扬性骚扰与受害者无关，其中不乏男性的身影。一些女权主义者裸露上身，以题板遮挡关键部位，上书“眼看手勿动，斩断男人性冲动”；一些则在臀部贴上纸牌“我的短裙不是邀请”，并将这些照片发上网络，以示抗议。“我可以骚，你不能扰”成为这次女权主义行动最为生动的代言词。

在“我可以骚，你不能扰”口号喊出以后，这场风波的焦点就从性骚扰转为女性“身体自由权”与他人“免遭冒犯”权利的冲突。新浪微博、人民网和《女声报》《法制日报》《中国青年报》《新京报》《北京晚报》《东方日报》《广州日报》《扬子晚报》《华西都市报》《工人日报》等多家著名的网媒和纸媒纷纷对该行为艺术进行评论，中央电视台《新闻 1+1》栏目也对这个事件进行了报道。这使得“骚”与“扰”之间的话题不断延展，人们从对地铁措辞的争论上升到对两性权利与义务的讨论。有些纸媒表示支持这种争取权利的行动，有些则认为权利与义务都是有限度的，有些认为群域论民主，己域讲自由，但“群己权界”要划分清楚。

一些微博大 V 和知名学者也加入讨论的行列，使得论战从对地铁言论及骚与扰之间的讨论到对公共场合的女权与男权的争论。社会性别专家方刚在微博中表示支持志愿者的行为艺术，直言地铁言论缺乏社会性别意识。文化研究学者张念明确地说明“骚”是一种权利隐喻，“哪怕一个人一无所有，但只要拥有身体，就拥有最后的权利”。台湾“中央”大学性别研究室召集人何春蕤教授认为，女人有装扮自己身体的权利，这不该成为她们受暴的理由。女权主义行动者李思磐认为，地铁微博管理方拍摄并展示身穿薄纱女孩的照片本身就是一种性骚扰，“女性在公共场合着装需得体”的言论恰恰影射了男权社会中的男性话语。台湾“中央”大学教授卡维波的点评更是一针见血，他指出，在“骚”与“扰”的背后，隐藏着男性（暴力）文化或男性支配权力，对“女骚”的指责实质体现的是一种男性霸权。著名性学家李银河大呼女孩们的勇敢行为正在改变社会、创造历史。

行动仍在持续。2012 年 11 月 25 日，在“国际消除对妇女暴力日”这天，BCome 剧社小组的 4 名成员（晓莹、艾可、美腻、小花）以公益快闪[①]的形式，在北京地铁 13 号线上演《阴道独白》当中的剧目——《我的短裙》，以示对上海地铁言论的抗议。女生们在地铁里大声地喊道：

> 我的短裙，不是一个邀请，不是挑衅、不是象征，它不是说我要，或者我给你，更不是说我想勾引；我的短裙，不祈求任何东西，它不想要你来脱我的衣服，或者把它拽到脚这里；我的短裙，不是一个合法理由，你休想说是我招惹了你的强奸，尽管以前人们用过这个理由，但在新的法庭上，这一条绝不能成立；我的短裙，信不信由你，我的短裙，和你没关系；我的短裙，可以透出我漂亮的大腿，我穿着它，可以发现我的双腿多么强壮有力；我的短裙，可以让秋天的风吹拂，可以让风一直吹到我裙子里的身体，这样我看到、路过或感觉的一切全都环绕着我自己；我的短裙不是证明，不表明我傻、我柔弱、我犹豫不决，我不是你想象中的无知少女；我的短裙不是挑战，它张扬我的勇气和精力；我的短裙是快乐，我就是这个样子，休想把我从头到脚蒙起来，休想扯下我的裙子！看不看得惯，那是你的事；我的短裙，是快乐，我可以感觉到自己岿然屹立，我就在这儿，热烈刺激；我的短裙，是解放的征兆，是我们娘子军的旗帜。我宣告这些街道、任何街道都属于我的阴道国度；我的短裙，有湖水和宝石的蔚蓝色，有花朵在水中，鱼群在游戏；有夏日佳节，明月当空，鸟儿呼唤，列车到达异国的城镇；我的短裙是飞旋的纱轮，轻柔的风，一个探戈舞步；我的短裙，是出发的姿势，去理解、享受、欣喜和激动，但最重要的是，我的短裙还有里面的一切，都是我的！我的！我的！

女性大声喊道“我的短裙不是邀请”，借以宣泄愤怒的情绪：我们受够了，别再把性侵犯归咎于受害者！《我的短裙》台词大胆新颖，表现出女性身体的自由、自主和不容许被侵犯，最后荡气回肠的呐喊引来了阵阵

① “快闪行动”（flash mob）是近年来在国际流行的一种嬉皮行为，它是一种短暂的行为艺术。其表现为：许多利用网络联系的人，通过短信或 BBS 约定一个指定的地点，在明确指定的时间同时做一个指定的不犯法却很引人注意的动作，然后赶快走人。

掌声。随后，《我的短裙》演出的整个过程被 BCome 剧组成员剪辑成短剧上传至互联网，并迅速被优酷、百度、搜狐等高人气的视频网络转播，“阴 DAO 独白”“北京地铁‘快闪’”成为热门的搜索关键词。网友们在观看视频后各抒己见，不少网友表示“这些女孩儿太棒了”，她们是“勇敢的行动者”，“必须支持”这种类型的活动。

三、抗争的机制分析

“我可以骚，你不能扰”行动堪称由网上引爆并迅速延伸至线下的大规模的反性别歧视民间行动，女性们在网上自发集结，相互团结，共同行动。此前，“杯葛”李阳行动已显示出互联网在集体行动中的巨大影响力。但是，为什么同样是互联网引发的女权主义行动，这次行动的规模更大、范围更广、影响更深？这些差异产生的原因是什么？哪些机制发挥了关键作用？

笔者认为，两次行动在规模、范围、影响力方面出现的差异主要源于架构共鸣程度及资源动员水平的不同。

20 世纪 80 年代中期，戴维 · A. 斯诺、罗伯特 · D. 本福德等人在社会运动的分析中引入了架构视角。架构由两方面构成，一是能聚集抗议者和潜在行动参与者的社会问题，二是解决该社会问题的方案。每个社会运动组织或政治行动者都能提出自己的架构。若行动发起者所提出的架构能够实现架构联盟，那么在社会运动或集体行动的浪潮中就能形成“主架构”①。主架构与潜在参与者能否产生架构共鸣在很大程度上影响着行动的规模和范围。“杯葛”李阳行动的聚焦点是“家庭暴力”，行动的主架构是“拒绝家庭暴力”。李阳作为一个公众人物，其家暴事件必定能产生一定的新闻价值，但是，单单针对李阳的抗议活动，网媒与纸媒更多将它当作一则新闻来报道，人们多数是看客、旁观者。随着互联网讨论的加深，反家暴人士有趣的行为艺术引起了更多的关注者，针对“家庭暴力”的抗议逐渐扩展到对“性别暴力”的抗议，控诉对象也从李阳个人发展到所有的施暴者，反对性别暴力的行动四处可见。然而，我们可以看到，无论是《受伤的新娘》这一行为艺术剧目，或是《阴道独白》话剧表演，实际的行动

---

① 参阅戴维 · A. 斯诺、罗伯特 · D. 本福德、艾尔东 · 莫里斯、卡洛尔 · 麦克拉吉 · 缪勒主编，刘能译：《社会运动理论的前沿领域》，北京大学出版社 2002 年版。

参与者始终是零星的，许多人即便认同“家庭暴力、性别暴力应予以反对和抵制”，也只是默默的关注者和支持者，却没有参与到实际的抗争行动当中。究其原因，受长时间积淀的传统观念影响，中国人视“性别暴力”如同夫妻间吵吵闹闹一样习以为常，甚至不认为它是一种“暴力”，“反对性别暴力”的意识仍处于启蒙阶段，因此，“反对性别暴力”的主架构所产生的共鸣力量不足以令人们由思想转化为行动。

骚扰事件在一开始有很多不同的声音，人们从文化、道德、法律、审美等多个角度对事件发表意见，具有性别意识的人们指责上海地铁言论失当，推脱责任，将女性污名化，要求其删帖道歉。这个事件一开始控诉的对象是公共场合的性骚扰者以及为性骚扰者开脱并将矛头指向受害者的上海地铁。性骚扰可谓是两性问题中经久不衰的老问题，人们对它的讨论早已进入疲软状态。这次，这一话题能引起大量网友的口水战，除了因为地铁将骚扰责任推卸到受害者衣着性感的“流氓逻辑”外，还因为两名年轻志愿者在地铁上表演了“我可以骚，你不能扰”这一赚足眼球的行为艺术，它们本身就具有新闻关注价值。反对性暴力中的妇女污名是女权主义思想中相对普及的一个主张，具有性别意识的网友们容易就此达成共识、形成联合，因此上海地铁的男权言论及其将女性污名化的行为会激发起许多女性的愤懑。愤怒是抗争的起点，但这不足以调动起潜在参与者行动的积极性，也不能解释为什么人们联合的范围会超越以往。

本书认为，抗议行动之所以能扩展到全国范围，决定性的一点在于话语体系出现了关键转变——从骚扰之争扩大到公共场合的权利之争。如果只是讨论地铁的失当言论及女性的穿着道德问题，争论可能早就停止，行动也不会扩散至后来的规模。在一些网友和媒体还纠结于孰对孰错之时，一些具有性别敏感性的学者点出了问题的症结所在：男性对女性的霸权控制。话锋一转，抗争的主架构也从“反对性骚扰”转化为“争取女性公共场合的权益”，这一主架构使得“受害者”群体由被性骚扰的女性扩大到整个女性群体，它涉及全体女性的共同利益。这一架构建立的过程有助于加强参与者的共识，使许多潜在的行动者达成了架构共鸣。抗争事件与抗争行为潜移默化地与潜在行动者联系了起来。讨论越是激烈，反面声音越是极端，它越能激发女性的愤慨，女性共鸣的程度也就越强烈，由此导向行动的可能性就越大。

然而，架构共鸣不会自动地促使潜在行动者加入抗争行动，抗争行动规模的扩大还需要依靠强大的资源动员。资源动员理论强调的是社会运动/集体行动的领导者在将抗议者、潜在支持者的怨恨、不满等情绪转化为街头抗议活动过程中所能利用的各种资源，包括组织资源、集体协调、金钱、社会网络和网络技术等①。在“我可以骚，你不能扰”实现动员的过程中，有两种资源发挥着尤为突出的作用：多元抗争者联盟、网媒、纸媒与新媒体以及妇女传媒监测网等妇女组织的社会支持。

首先，骚扰事件促使包括专家学者、社会名人、网络大V、民间组织、抗争活跃分子、律师、网民等在内的多元抗争者自主联盟。其中，像李银河、方刚等性学家的加入，使该问题上升至女权主义的高度，促使许多女权主义者纷纷加入论战和行动；龙应台、何春蕤、李思磐等知名人士和学者则促使话题进一步转化为男权与女权的较量争斗，话题范围更为广泛，“受害者”群体扩大至所有女性，女性的共鸣更加强烈，大家口耳相传，使得更多网民加入论战。许多网友以自己的亲身经历对上海地铁进行有力回击，遭受性骚扰的真实经历反驳了男权立场的认识谬误，加强共情，反击性骚扰的经验共享可被看作赋权的过程。许多民间妇女组织（如妇女传媒监测网）对该事件进行密切关注并在其官方网站上发表自己的评论，对抗议行动表示支持。由此看来，具有了相当共识的潜在联盟，引发强烈的焦点话题，自觉协同推动抗争发展的积极分子，以及网上讨论与网下行动的默契配合，是论战可以蔓延至全国范围、抗争行动得以持续、抗争规模不断扩大的重要原因。

其次，网媒、纸媒与新媒体②在联合抗争者及扩大抗争规模的过程中发挥着至为关键的作用。以网媒为例，在上海地铁“我可以骚，你不能扰”行为艺术上演之日，拥有1 300万粉丝的新浪官方微博账号“头条新闻”对事件作了报道。当天，新浪微话题中“官博呼吁着装自重引争议”一度排名第一。@网易女人报道此事后，先后有23 870名网友加入讨论。@女权之声则及时发出了微博抗议的动员号召，此后数天内一直积极跟进、组织讨论，又与上海志愿者协作发布行动现场报道，成为此次集体行动居间联络的关键媒体。为了扩大事件的影响，并使人们对性骚扰问题有正确认识，@女权之声引用了13岁美国小女孩在网络红极一时的“荡妇

① 周明、向红：《埃及社会运动中的机会结构、水平网络与架构共鸣》，《社会学研究》2011年第6期，第1～32页。

② 新媒体是指继报刊、广播、电视之后的“第四媒体”，如微博、微信、手机短信、网络视频、QQ等。

羞辱”言论：“造成强奸的是强奸犯、厌女症、结构性暴力以及社会体制的暗忍态度，不是女人的打扮和妆容，不是她自己不够小心，也绝对不是因为她是一个‘荡妇’。”另外，@女权之声通过援引美国的荡妇运动来警示上海地铁，让其必须正视此问题。女性裸露上身，手举“荡妇宣言”，在大街上聚会似的游行示威，宣示女性应与男性享有平等的权利。这些画面无不刺激并鼓舞着中国的抗争者们。像@女权之声、@网易女人频道、@网易公开课等网络媒体，它们充当了居间联络者的身份，把策略和行动传播到全国各地，抗争活动遍地开花。同时，它们也带来了其背后的媒体资源，促使抗争行动的影响力不断扩大。

网媒、纸媒、新媒体的联合，以及民间妇女组织的加入，构成了此次抗争事件庞大的社会支持网络。在一场社会运动或集体抗争行动中，社会支持网络最突出的功能是为运动/行动提供资源和支持者，并为运动/行动贡献信息、威望、权利、合法性等资源。尽管这次抗争行动没有统一的组织者，但社会网络为抗争者们提供了协作的机会和可能。在抗争行动的初期阶段，社会支持网络的作用尤为明显，它为抗争行动提供了大量的信息和支持者，产生集体认同感所必需的结构性基础，并形成了有助于抗争开展的舆论压力和话语体系，使“我可以骚，你不能扰”具有合法性基础。在抗争行动的中期和后期阶段，抗争规模实现了向上转变①，社会支持网络为抗争的扩散奠定了坚实的基础。

“我可以骚，你不能扰”所引发的论战和抗争行动，可称为中国女权运动史上浓墨重彩的一页。

四、对骚扰事件的进一步思考

服饰与政治制度、社会文化是紧密相连的。中国历史上每一次改朝换代，总会酝酿礼制和服制上的变革②。服饰亦是一个文化传播系统，一种身体语言和身体政治，讲述着人们“心理—生理—社会—政治”的故事。

---

① 向上规模转变是指在集体行动中出现的协作关系较最初发生时处于一种更高的层次上。向上规模转变是抗争政治中最为重要的过程之一。它推动抗争超越其发源地，触及一些新行动者的利益与价值观，涉及将斗争地点转移到多少有成功可能的其他地方，并且能够对其他行动者或整个政治体制构成威胁。参阅［美］查尔斯·蒂利、西德尼·塔罗著，李义中译：《抗争政治》，译林出版社2010年版，第117页。

② 吴昊：《中国妇女服饰与身体革命（1911—1935）》，东方出版中心2008年版，第1页。

女性的服饰更是一国政治制度和文化景观的体现，其本身的变化轨迹也是考察女性权利变迁的一个有趣视角。

中国女性服饰的演变是充满戏剧性的，它反映着人性的变化和冲突，包含着女性的多种情绪与态度，有“梦想”（如截发男装，渴求取得男性地位）、“痛苦”（如束胸缠足，阻止乳房足部发育）、“恐惧”（如衣着不符常规，惹起非议）、“欲念”（如解放身体，衣着暴露）、“愤怒”（如裸露上身，加入社会抗争行动）等。

从性别政治的视角看，中国女性的衣着服饰一直以来都受到男权文化的影响，无论是封建时期女性追求的“三寸金莲”，还是当代女性脚踏10厘米的高跟鞋，那些被女性视为美的符号，在某种意义上都与男性的审美欲望息息相关，它的实质是一种带有等级色彩及高度性别化的言行规范。“着装得体”等反映的是一套男性角度、人们习焉不察的审查制度。这种审查将所有女性置于“被定义”的状态。例如，在这次骚扰事件中，女权主义者李思磐评论道：

> 一方面，女性要“像个女人”，她们穿着打扮必须尽量突出其女性身体特征，让男人们赏心悦目；而同时，“像个女人”就是女人的原罪，被视为男性社会越轨行为的始作俑者，她们必须尽量并拢手脚、收缩空间，拿捏“迷人”和“放荡”的界限，时时自我审查，忍耐各种不便。①

随着社会的开放和思想的进步，中国女性的服装发生了很大的变化。女性的服装开始反映女性对权利的向往和追求，当中包含着平等意识、自我解放意识、追求个性自由意识。上海地铁里那位身穿透明薄纱的女士绝不是为了吸引人们怪异的目光与猥琐的举止而穿成如此，这种前卫的着装在很大程度上是当代女性向往自由、张扬个性的体现，她是女性对自我身体和意识的肯定。“含蓄”“端庄”“严谨”“大方”这些受男性评判的标准被以该女孩为代表的中国年轻女性一一击碎。“坚韧”“服从”“谦和”“善良”和“温婉”这些以男性视角出发的女性美德也随之改变。无论是优雅自信、美丽大方，还是前卫奔放、怪异邋遢，女性的美由自己评判，女性的穿衣打扮由自己做主。

---

① 李思磐：《着装审查打压女性空间》，《东方早报》，2012年6月25日。

当中国女人可以在大街上自信地穿着比基尼而不会引起人们过分的注视和议论纷纷，而变成是习以为常、见多不怪的事情时，那么，中国女性的解放程度可谓是进一步提高了。又或者，即使人们仍有非议，却坚持拥护女性着装的权利和自由，那么，中国的民主程度便也提高了。这与西方民主社会中的一句名言“我不同意你的观点，但我誓死捍卫你说话的权利”如出一辙。

第三节　女性社会抗争的意义

一、塑造女性自身话语体系

话语即是权力，中国的话语权一直掌握在少数精英手中。在传统的男权社会中，男性精英掌控并制造话语，女性集体失言，从而形成了以男性话语规制女性的政治文化制度。随着妇女组织和女性精英的崛起，她们努力为女性发声呐喊，逐渐改变了男权话语一统天下的政治社会形态。然而，当今女性群体的分化以及女性权利的碎片化使得妇女组织和精英无法代表所有的女性，大多数女性在权力面前仍是处于哑语状态。女人的一生从求学、就业、晋升、结婚、生子无处不存在着社会性别的问题，面对这些问题，不同女性的行为选择有所差异：一些女性会深陷其中、隐忍沉默、不思反抗，一些女性具有明确的利益诉求但缺少发声的渠道，而一些具有强烈性别敏感性的女性，如青年女权主义派，则会通过行动来改变自身的境遇。对最后一种类型的女性而言，女权主义行动本身就是一种发声机制。她们通过行动表达不满，通过行动积聚姐妹团结的力量，通过行动改变女性的命运。

一种声音要形成体系，必须通过大量的传播以达成人们之间的普遍共识，使得这种话语具有“群众基础”及“合法性”。女性的声音要想达到与男性声音抗衡的影响力，就必须依靠媒介的传播。在新媒体时代，互联网为这种传播提供了可能。以微博、博客为代表的新媒体与电视、报纸等传统媒体在声音传播及话语形成的过程中相得益彰。它们最大的作用是为抗争行动带来了关注者和同盟军。随着关注者队伍的扩大，潜在参与者会被充分地调动起来，当他们与抗争者产生共鸣时，他们便会转化成为抗争者的同盟。如在“我可以骚，你不能扰”抗争事件中，网民言论的活跃达到了前所未有的程度。这些言论促成了一支与女权主义志同道合的同盟军。随着同盟军队伍的壮大，女权言论愈发有力，最终形成女性话语体系。女权话语给令女性污名化的人们一种强大的舆论压力和威慑力。

在某种意义上，女性话语体系形成的过程比抗争行动的结果更为重要。抗争行为可被看作女性对自身需求和权利的一种“言说”，这个过程体现了女性意识的觉醒，而女性意识的觉醒是女权崛起与民间女权运动开展的前提。妇女组织与女性精英也许可以为中国女性带来性别倾斜政策和增进集体权益，但她们不能代替女性意识的成长。

二、积聚社会力量

女性的社会抗争行动可以使人们在行动中产生集体认同感，建立起社会网络，并在社会网络中学会合作与团结。在对李阳家暴事件和“我可以骚，你不能扰”的抗争行动中，女权积极分子依靠互联网等媒介动员了包括民间组织、社会精英、广大网民在内的同盟军，组织、精英与普通民众三者在彼此互动中形成抗争网络，推进抗争进程。社会大众的社会意识在抗争行动的洗礼中得以萌发和发展，这无形中促进了社会有益力量的壮大。

社会组织是社会的另一个重要构成要素，社会作为一种文明，包含着一系列价值和信仰，人们参与组织生活有助于培养人们信奉与这些价值和信仰相一致的思想和行为方式。以 BCome 剧社小组为例，它是青年女权行动派的一个典型民间自发组织。光头姐“闪瞎”教育部、北京《受伤的新娘》行为艺术剧目、北京地铁“我的短裙”快闪行动、《阴道独白》话剧的排演、女权主义徒步等许多女性社会抗争行动都有该剧组成员的身影。年轻女孩们因为共同的信念聚集到一起，她们在一次又一次的女权主义行动中建立了互惠、信任、合作和规范，这恰恰是社会中必不可少的优良特质，也是维系民主和促进发展都不可或缺的社会资本。

三、促使女权运动发展

查尔斯·蒂利认为，社会运动包含了三个要素：针对目标当局开展群体性的诉求伸张运动；进行一连串的诉求表演；价值、统一、规模和奉献的公开表达①。西德尼·塔罗则认为，集体认同、社会网络和组织，以及社会动员是社会运动必不可少的三要素，他在《运动中的力量》一书中提出了社会运动兴起的主要步骤：第一，发起集体挑战；第二，利用社会网络、共同目标和文化框架；第三，通过联系结构和集体认同，增强团结。②由此，我们可以看到，女权主义抗争行动虽然还称不上传统意义的社会运动，但已经具备社会运动的基本特点和性质。它为更大规模的女权运动奠定了基础并做好了准备。随着女性抗争行动的增多，女性意识逐渐增强，女性集体认同随之加深，妇女组织的力量和能力也愈发强大，当这些碎片式的抗争行为在某一天通过恰当机遇耦合一起的时候，就是中国民间女权运动爆发之日。中国女权运动的发展最终还是需要依靠社会自身力量，自上而下的女权运动不是真正意义上的女权运动。

表4－2对不同青年女权主义抗争行动进行了比较，我们可以看到，一些比较具有影响力并能扩散开来的行动离不开社会组织的参与，传播途径除了依靠微博、微信、视频等新媒体外，还得依靠报纸、电视等传统媒体。传统媒体不但是新闻源的传声筒，还是社会抗争中不同参与者的“联络者”。另外，它们对公共舆论的制造、抗争行动的发展、抗争话语的构建均能起到关键作用。缺少传统媒体的加入，抗争不可能发展到较大规模。

表4－2　不同青年女权主义抗争行动的比较

青年女权主义行动	抗争剧目	抗争传播途径	是否有社会组织参与	是否有政策诉求	是否有扩散
占领男厕所	示威　请愿　行为艺术　递交书信	网媒　纸媒	无	有	有
光头姐“闪瞎”教育部	示威　请愿　行为艺术　递交书信	网媒　纸媒	联合国妇女署、众泽妇女法律服务咨询中心	有	有

① ［美］查尔斯·蒂利：《社会运动：1768—2004》，上海人民出版社2009年版，第9页。

② ［美］西德尼·塔罗：《运动中的力量：社会运动与斗争政治》，译林出版社2005年版，第5页。

（续上表）

青年女权主义行动	抗争剧目	抗争传播途径	是否有社会组织参与	是否有政策诉求	是否有扩散
反对李阳家暴	示威　游行　行为艺术　快闪行动　联合签名	网媒　纸媒　电视　自媒体	BCome 剧社小组、一元公社	有	有
“我可以骚，你不能扰”	行为艺术　示威　网络论战	网媒　纸媒　电视　自媒体	妇女传媒监测网、BCome 剧社小组	无	有
反对公司企业歧视孕妇	示威　行为艺术	网媒	无	无	无
反对就业招聘性别歧视	示威　行为艺术	网媒　自媒体	无	有	无
女权主义徒步	徒步　联合签名	网媒　自媒体	妇女传媒监测网	无	无

我们已经从第二章的分析中得知，国家和执政党对女权运动的动员是有历史背景和时代需求的，在实际行为中，它们会将女权运动的运动色彩降到最低，努力将其转化为常规性的妇女工作，在国家和执政党的控制范围内渐进地推进妇女权益。这也印证了国家和执政党会尽量避免社会运动的出现和扩展的规律。即是说，女权主义一旦从学理研究迈向实际行动，就有被政府镇压的风险。

那么，女权主义行动者如何在规避风险的同时开展行动呢？一方面，特立独行的女权主义者选择了行为艺术、快闪行动等这种融创造性、艺术性、策略性于一体的新兴的抗争方式（见表 4－2），她们的愤怒以一种诙谐、娱乐的方式进行表达，这种巧妙的行动创意不但能够吸引眼球，也能降低风险，有“低投入、高回报”的奇效，容易复制和模仿。当然，它也有明显的弱点——公众往往只关注其出格的行为，而忽略了其背后的抗争和诉求。这是女权主义者要思考的问题。另一方面，女权主义者尽可能多地充分利用媒体，以此引起更多人的关注。女权抗争行动使得一些性别问题“浮出水面”，媒体频繁的报道使国家、政府当局承认性别问题的存在，并尊重民众的抗争行为。在“我可以骚，你不能扰”抗争事件中，中央电视台这个具有官方背景的媒体的报道是对人们抗争行为的最大肯定。女权主义者们相信，“不积跬步，无以至千里”，“千里之行始于足下”，每一次细小的女权主义行动都是在为中国性别政治结构的变迁作贡献。

研究中国的女权运动，如果只从组织和精英的视角来看，是十分狭窄的，它掩盖了在组织和精英之外广大富有战斗力的女性的反抗，这些抗争没有被记入中国女权运动的史册，而这恰恰是中国女权运动中最弥足珍贵的部分。因为，女性权利/权力的崛起和争取最终依靠的不是组织或者精英，而是妇女自身。它体现于广大妇女在生活的每一个细微之处所遵循的性别平等之道。青年女权行动派的兴起使我们看到了中国女权运动发展的希望的曙光，她们以街头运动和网络传播等方式表达女权主张，向父权文化发起挑战。她们以张扬的行为，唤起公众对女性权利的关注，传达被压抑和被蔑视的声音，挑战传统性别角色。中国女性的社会抗争行动正在悄然地改变性别政治结构，传统的社会性别壁垒将会被一一打碎。

第五章

女权运动对中国政治发展的影响

正如开篇的理论预设：本书力图建构一个能够解释中国女权运动演进的框架及模型，通过重新界定中国女权运动的内涵与外延，发掘其不同于西方女权运动的典型特征，并与西方的女权运动理论进行对话和衔接。在最后一章里，笔者首先对这一理论预设进行了回应，将中国女权运动的解释框架置于三个面向之中，并对中国女权运动演进的特点进行总体概括和理论提升。其次，本章的第二部分将总结归纳中国女权运动演进的四种政治社会模式，并试图从中分析国家与性别的亲属离合关系。最后，本章的第三部分将探讨女权运动对我国民主政治的影响。本书认为，国家—社会关系既塑造着女权运动的特点，又影响其发展的方向；反之，女权运动对我国的民主政治带来积极影响。最后，将对中国女权运动的未来发展进行展望。

第一节　中国女权运动的三个面向

何谓女权运动？与西方女权运动相比，中国女权运动有什么典型的特点？本书认为，女权运动是指旨在促进妇女权益、提高妇女自主意识和权利意识、争取性别平等、反对性别剥削和压迫、企图重新规范男性和女性的关系的所有行动。西方女权运动是一场自下而上的社会运动，而在中国，女权运动具有三种具体运动形式：作为常规政治的妇女运动、作为具有社会运动形态的女权运动以及作为社会抗争的女权行动。（见图 5－1）

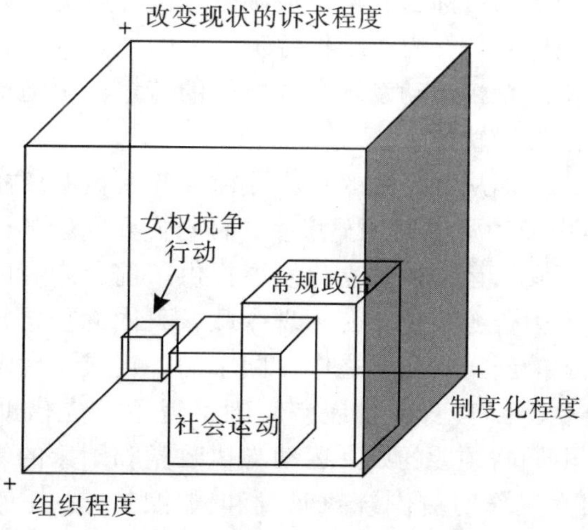

图 5－1　中国女权运动的三个面向

一、作为常规政治的妇女运动

妇女运动与女权运动有何区别？很多时候，两者是相通的，但在中国的具体语境中，妇女运动有其特殊的含义。本书中的妇女运动是指由中国共产党和国家领导的自上而下的妇女解放运动，它是中国女权运动的一个重要面向，是其区别于西方女权运动的一个重要方面。目前，国内外学者对中国女权运动的探讨及其历史脉络的梳理，指的大多是这个意义上的妇女运动。

这一运动形式强调的是执政党与国家对女权运动的领导及控制，它的形成与中国女权运动兴起的历史息息相关，它是这一历史脉络的当代延续，并深刻地嵌入了国家和执政党的统治逻辑与组织利益。辛亥革命时期，由男性知识分子启蒙并主导的妇女运动一开始就与知识分子的强国梦联系在了一起。五四时期女性精英主体意识、身份意识的觉醒促使追求平等的教育权、参政权等独立的女权运动空前高涨。富有戏剧性的是，随着中国共产党的掌握政权的政治革命的展开，女权运动迅速被其利用，合并到革命的轨道中，女性刚觉醒的性别意识又再次被纳入国家和民族自救的话语中，其独立性不复存在。新中国成立后，执政党利用政治权力大力塑造“妇女解放”“男女平等”话语，鼓励女性冲破传统家庭制度的束缚，与男性团结一致地投身到建立新型国家的伟业中，妇女解放运动成为实现国家现代化建设的宏伟目标的战略组成部分。由此可见，妇女解放运动与国家建构是紧密相连的。女权运动相融于宏大的社会革命和政治革命的诉求之中，这既是中国女权运动发轫之初所处的特定历史情境，也影响着中国女权运动今后的发展轨迹。

改革开放后，中国从大一统的总体性社会开始转型，社会的“自由活动空间”和“自由流动资源”明显增多，针对妇女问题的国际交流越发频繁，这些都为中国女权运动的独立化发展提供了前所未有的机遇。妇女群体从过去的重要人力资源角色转变为现今政权巩固的重要领地。在国家的经济建设政权巩固的新时代命题之中，国家的稳定成了压倒一切的政治任务，女权运动想要得到自身的发展空间则不得不首先借助于体制内的力量。在新时期，由妇联领导的妇女运动与执政党和国家的领导具有密切的回应性关系，妇女工作时刻围绕执政党和国家的中心任务展开，在一个“稳定”和“安全”的场域内，利用国家制度资源按部就班地开展妇女活动和增加女性权益。由此导致的是，妇女运动虽在政治体制内，但其去运动化特征明显，政治性诉求逐渐减弱，社会运动特性不断消减。妇联领导的妇女运动逐步演变为常规化的妇女工作——从前三十年的在政治革命的框架中设计妇女解放的道路，到新时期在经济建设格局内探索妇女命运的转变①。这一运动形态占据着中国女权运动的主要比例。

在中国，对于中国女权运动的发展而言，女权运动常规政治化既有优势也有弊端，其优势在于：第一，国家通过政策和制度保障妇女的整体利益，试图依靠政治力量消弭两性之间的权力等级关系。第二，妇女运动走向专业化、模式化与有序化。妇联相当于妇女运动的专业运作机构，它有充足的组织资源、政治资源和社会资源储备，可以最大限度地开展妇女活动及保障妇女权益的实现，并在“三八”国际劳动妇女节、全国妇女代表大会等重要仪式性节日与活动中，周期性地对国家施加影响，推动全国性妇女政策的制定及提出关于性别问题的立法倡导。

其弊端也十分明显：首先，因各种原因女权运动的诉求一定程度上被淹没或被弱化，对政府的态度以合作为主，问责为辅，这容易使女权运动的话语权在一定程度上丧失。其次，妇女及妇女组织对国家和执政党的依附性加强，妇女搭便车现象严重，边缘、底层妇女的权益难以保障。

二、作为具有社会运动形态的女权运动

本书之所以将中国女权运动的第二种运动形式称为“具有社会运动形态的女权运动”，一来是因为它已经具备社会运动的典型特点和基本要素——有组织、有目标，旨在改变社会性别权力结构或推进国家性别政策的集体行动，但部分行动仍然不属于严格意义上的社会运动，如民间妇女组织开展的女权行动多数是以女性项目带动的，它们缺少政治诉求和政治对抗。二来是为了与下文“作为社会抗争的女权行动”相区别，前者主要是由民间妇女组织和女性社会精英带动的，后者则强调是由妇女大众自发形成的。

概括起来，这种形态的女权运动主要有两种形式：第一，民间妇女组织发动的女权运动，它重在对妇女大众的服务、帮扶，以及从性别意识视角参与慈善、社区、环保等行动。它有两个子形式——民间妇女组织主

① 董丽敏：《“性别”的生产及其政治性危机》，《开放时代》2013 年第 2 期，第 93 ~ 105 页。

导、与社会精英合作发动的女权运动，以及民间妇女组织与妇联合作推动的女权运动。第二，女性精英带动的女权运动，它反对社会上所有形式的性别压迫，关注底层、边缘化等弱势妇女群体的权益。女性精英的动员往往可以得到妇女大众集体行动的呼应。它同样有两个子形式——社会精英主导、与民间妇女组织合作的女权运动，以及社会精英与妇联合作开展的女权运动（见图 5－2）。

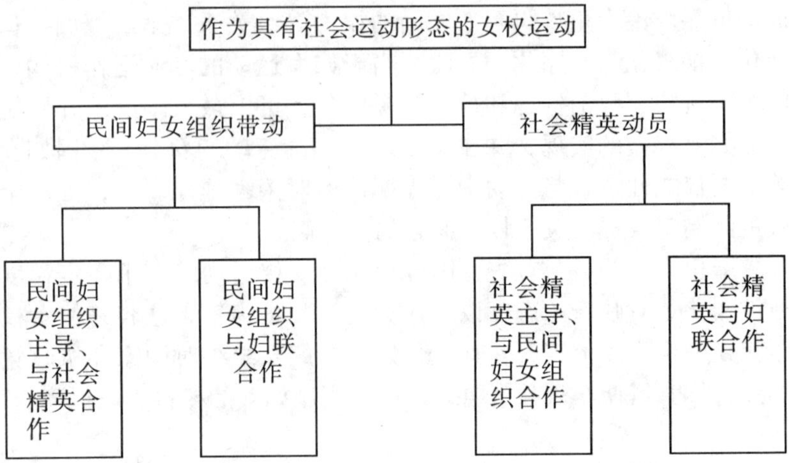

图 5－2　作为具有社会运动形态的女权运动类别

作为具有社会运动形态的女权运动由社会组织或社会精英发起，通过开展一系列的活动或发动女权主义行动，要么帮助增进弱势妇女群体的利益和进行维权，要么对政府的政策施加影响，要么帮助提高妇女权利意识和自我意识，要么挑战各个领域的性别权力结构。无论是出于何种目的，它遵循的都是自下而上的发展路径。在这两种形式的女权运动中，我们也会经常看到民间妇女组织、社会精英与妇联之间的相互合作。在不同的合作形式中，女权运动会产生不同的路径（见表 5－1）与效应。例如，民间妇女组织理论资源与知识资源非常雄厚，但她们缺少政治资源，如果她们开展的项目研究有利于促进某项政策或法律的出台或实施，却因为缺少制度化途径，成果便会付诸东流。她们通过寻求与妇联的合作可以很大程度弥补这一不足，妇联的加入带来了政治资源，增加了项目行动在政治领域的影响力，并为项目成果转化为政策增添了机会。

表5-1　民间妇女组织、社会精英与妇联的相互合作的路径

	政治精英	社会精英	妇　联	社会组织
妇　联	自上而下联合施加影响	社会精英提供社会资本		组织联盟，自上而下影响与自下而上推动并存
社会组织	自上而下影响与自下而上推动并存	自下而上联合推动	组织联盟，自上而下影响与自下而上推动并存	组织联盟，自下而上联合推动
政治精英	精英联盟，自上而下影响	精英联盟，自上而下影响与自下而上推动并存	自上而下联合施加影响	自上而下影响与自下而上推动并存
社会精英	精英联盟，自上而下影响与自下而上推动并存	精英联盟，自下而上联合推动	社会精英提供社会资本	自下而上联合推动

在女权运动中，总共存在四方力量，按照与政治权力中心的亲疏排列，分别是妇联、民间妇女组织、社会精英和妇女大众。四方力量在互动的过程中形成了一种拉锯作用。妇联希望通过与民间妇女组织和社会精英的合作，将她们纳入自己的横向网络，从而联系广大的妇女；妇女大众则希望社会精英能够将民间妇女组织和妇联拉回社会领域，积累更多女权运动的社会力量。在几方的较量中，如果妇联的吸附力更强，那么“妇联—民间妇女组织”的关系就会朝着国家法团主义①的模式演变；相反，如果

① 法团主义是讨论国家与社会关系的其中一种模式，施密特又将其进一步区分为社会法团主义和国家法团主义。前者是自由民主制度下的国家与社会关系模式，各种社会组织具有独立性和自治性，它们与国家之间进行合作，不存在政治依附问题；后者常见于威权国家，国家通过建立自上而下的社会组织，将下级社会组织归入上级社会组织的统一领导之下，所有这些社会组织的领导任命、资金筹措和活动范围都受国家的全面控制。参阅谢岳：《社会抗争与民主转型——20世纪70年代以来的威权主义政治》，上海人民出版社2008年版，第88页。

社会精英和妇女大众的拉动力更大，那么女权运动有可能朝着社会化方向发展。就目前的趋势看，妇联正在重新思考自身的定位和职能，它越来越偏向代表和维护妇女利益的一边，当国家利益与妇女利益发生冲突时（如第二章提到的关于“妇女回家”的案例），妇联也会以妇女的利益为重。因而，这使我们看到了作为社会运动的女权运动壮大的希望。

在我国的国家—社会关系中，作为具有社会运动形态的女权运动有其局限性。我国对于社会运动的接受程度不高，没有把它看作民主社会中一种常见的表达诉求的方式。尽管，国家对于女权运动的容忍度比其他社会运动要高———是因为大部分的女权运动在国家的掌控之中，二是因为单纯关于性别平等的议题多被视为私人领域的事，不会触及公共领域的利害关系，因而是被允许和鼓励的——但是，女权主义认为，私人的就是政治的，性别议题的涉及面十分广泛。结果是，一旦它进入如卖血感染艾滋、计划生育野蛮执法、基层民主或者访民等政治敏感的议题时，这种形式的女权运动就有可能在官方失去合法性，由此限制了作为社会运动的女权运动的发展。

三、作为社会抗争的女权行动

女权运动的核心应该是妇女大众共同对性别权力结构和性别等级制度发起的诘难和挑战。从这个角度看，组织和精英动员的女权运动多是自上而下的帮扶及服务，她们无法代表多数女性的真实心声，也无法展现普通妇女的能动性和自主性。因此，它们不能囊括所有的女权行动，缺乏广大女性加入和响应的女权运动是有缺陷的。

我们若以性别的眼光看社会，则到处都是性别议题。那么，在缺少妇女组织与女性精英参与的情况下，面对性别歧视与性别偏见，妇女大众会采取什么样的反应与行动？她们并没有无动于衷，而是采取抗争的手段表达诉求。社会抗争是指“发生在诉求者和他们的诉求对象之间偶尔发生的、公共的、集体的相互作用”①。事实上，中国从来就不缺乏女性的社会抗争，只是它们没有被记录在女权运动的史册之中。尽管广大女性还不具备发动社会运动的能力和条件，但她们富有创造性的抗争行动充分展现了

① McAdam, Doug, Tarrow, et al. *Dynamics of Contention*. Cambridge: Cambridge University Press, 2001, p. 7.

她们的女性意识和权利意识，使我们看到了女权行动发展成为社会运动的希望。

近几年，由青年女权行动派发起的女性抗争行动非常惹人注目。“占领男厕所”“光头姐‘闪瞎’教育部”“呛声李阳”“我可以骚，你不能扰”“受伤的新娘”等具有相似的抗争形式和抗争机制——选择对抗性小、具有视觉冲击力的非暴力行为艺术表达形式，利用互联网、自媒体、传统媒体等居间联络手段动员广大的网民和市民关注并加入行动，扩大行动的“同盟军”和社会影响力，给抗争对象制造强大的舆论压力，从而达到抗争的目的。行为艺术的抗争手段既有关注噱头，又在安全的范围内，不会遭到政府的打压和限制；互联网如“推特”（微博）等新兴媒体的出现为女性的意见表达和公共参与增添了新的渠道和机会，抗争行动或多或少会给中国的性别政治生态带来一些变化。

由妇女大众自发组织起来的女权抗争行动是一种追求性别平等的社会实践，它所带来的人的觉悟胜于无数的理论说教。女性抗争行动，能够凝聚在女性学术研究中和在作为常规政治的妇女工作中逐渐被抽空的政治能量。但是，我们不得不看到目前的女性社会抗争面临的挑战：第一，真正参与抗争行动的人员很少。与抗争事件相关的人多数是关注者、精神支持者或舆论制造者，而真正有勇气走上街头举牌呐喊的抗争者屈指可数。第二，长期保持抗争行动的合法性有难度。前文多次提到，逾越界限的女性行动有可能被官方冠以“添乱”的罪名而实施打压，抗争行动要在“既有斗争性，又不违法”的狭小的制度空间中寻求立足之地是一个重大的挑战。第三，抗争行动总是一事一议，缺少强大的组织后盾和长效机制，致使行动演变为一个个有趣的“新闻”，而非发人深省的“事件”。

一位女权主义者曾经说过，“最普通的人都有反抗的能力，这个国家才有希望”。当妇女大众的反抗意识、自主意识、权利意识、公民意识不断被激发并付诸实践的时候，“女权”才算是真正的崛起，女权运动才具有足够的社会力量抵抗生活中乃至政治制度中的性别压迫机制。根深蒂固的父权文化不是一朝一夕就能改变的。令人欣喜的是，在女权抗争行动中，出现了越来越多男性的身影——男性加入反家暴阵营、斥责上海地铁权责不分的“神”逻辑、加入 BCome 小组《阴道独白》的表演、呼吁招生就业性别平等……男性的加盟使得女权运动不再仅仅是女性的运动，追求性别平等的运动进而成为一个具有广泛共识和社会基础的公民运动。如此，女权运动/女权行动才有希望成为积聚公民社会力量的载体。

第二节　中国女权运动的演进模式

本书在国家—社会关系的宏观背景下讨论中国女权运动演进的政治社会模式，从女权运动演进的经验事实上看，组织动员、精英动员，以及组织和精英协同动员的女权运动呈现出两个关键的运动取向：一个是以国家建设、政治革命为导向的国家取向，一个是以女性权益、性别平等为导向的性别取向，由此构成了女权运动的国家视角和性别视角。若把组织动员、精英动员与国家视角、性别视角放在一个表格中，则会形成中国女权运动演进的四种模式（见表5－2）。下文将对这四种模式分别进行探讨，并试图从中梳理出国家与性别的亲属离合关系。

表5－2　中国女权运动的四种模式

	国家视角	性别视角
组织动员	组织动员指向国家视角的女权运动	组织动员指向性别视角的女权运动
精英动员	精英动员指向国家视角的女权运动	精英动员指向性别视角的女权运动

一、中国女权运动的四种模式

（一）组织动员指向国家视角的女权运动

这里的组织包括民族国家、执政党、妇联和部分民间妇女组织，它们在国家建设和政治革命的框架下动员并影响着女权运动。

具体来看，在五四时期产生的中国共产党，主张消灭一切压迫制度和剥削制度，这种极具诱惑的共产主义信念吸引着无数先进的男性和女性，精英们纷纷投入中国共产党领导的革命之中。为了夺取国家政权，中国共产党运用其强大的意识形态对人们进行革命动员和生产动员。其中，妇女群体被看作一支被封建思想和四大权力埋没的重要人力资源，中国共产党努力构建出妇女解放的话语，鼓动妇女通过参加民族革命和社会劳动生产来解放自身，从而最大限度地挖掘女性力量。由此，革命话语替代了性别话语，成为妇女解放运动的最初动力。

新中国成立后，执政党和国家出于巩固政权、扩大合法性基础、实现社会整合的目的进一步鼓励并支持妇女运动的发展，它们将女权运动导向国家视角是出于组织利益和组织目标的策略选择。执政党通过意识形态和会议章程为妇女运动确立政治方向及运动内容，国家通过法律和行政力量推进妇女权益及提高其地位。由此，妇女运动达到前所未有的政治高度，男女平等也得到了最权威法律的承认。我们可以将此看作国家和执政党为了鼓励并巩固妇女的政治贡献和政治功能所“颁发”的政治奖励。然而，妇女的“功能性”和“工具性”特征使其缺乏主体的自觉与感悟。

妇联从成立之初便肩负着中国共产党所赋予的政治使命，它一直以“党联系妇女群体的桥梁”身份自居。这种政治角色决定了它的政治职能。新中国成立以来，妇联的总体工作方针与执政党的中心任务保持高度一致，它积极响应执政党的政治号召，依靠其庞大的组织网络，将执政党和国家的政策、方针、命令传达给妇女群体，并转化为妇女群众的行动。妇联动员的妇女运动基本上都被纳入常规政治领域，它在某种程度上成了执政党实行政治社会化的有效途径。

部分民间妇女组织动员的女权运动指向国家视角，主要表现在它们对妇联和政府的依赖性上。“95 世妇会”后，民间妇女组织迅猛发展，但在短暂的繁荣期后，由于资金和资源的匮乏，许多民间妇女组织不得不借助妇联的力量来能达到目的。她们申请的许多妇女项目都是在与妇联及当地政府的合作下共同完成的。妇联借此不断吸纳民间妇女组织到自己的横向网络中。由此，“党—国家—妇联—民间妇女组织”的政治链条发展成国家法团主义。

（二）精英动员指向国家视角的女权运动

这里的精英主要是指女性政治精英。她们动员的女权运动指向国家视角，主要有两种情况：一种是女性精英的自觉选择，另一种是女性精英的被动卷入。前者集中体现在五四运动时期至新中国成立初期的女性精英上，后者则体现在改革开放后的女性政治精英上。

五四运动至新中国成立初期，党的政治纲领吸引了一大批女权主义分子。最先觉醒的女性秉持着“同为国民、同担责任”的国民意识，试图通过与男子尽同样的国家义务来体现男女间的无差别。邓颖超、向警予、郭隆真、杨之华、刘清扬等都是当时十分活跃的女权运动者。她们深知妇女的力量十分薄弱，坚信女子要摆脱受压迫地位，首先必须打破束缚女子的社会政治制度，然后再来寻求女子彻底解放。她们极力主张女子参与国民革命，反对女子参政运动等针对男性的资产阶级女权斗争。这一时期的女性精英们根本没有时间思考与男性的等级关系，便与男性肩并肩地投入一轮又一轮的革命洪流之中。近代的女性精英在面对国家和性别的问题取向时，自觉地选择了国家，因此她们动员的女权运动自然而然地带有强烈的国家视角，成为国民革命的重要组成部分。

从导向国家视角的女权运动上看，女权运动的演进逻辑是一脉相承的，它自始至终都充当了推动国家发展、巩固国家权威的得力助手。组织与精英的共同协作起到推动作用。然而，广大女性更多的是进行一种从众性活动，“义务平等”成为她们践行“男女平等”的最初形式。导向国家视角的女权运动的一个困境在于，女性的命运始终掌握在国家和执政党的手里，当国家和政党需要妇女时，就会不遗余力地为妇女力量冠以美名；当国家和政党的利益与妇女利益发生冲突时，又会以牺牲妇女利益为代价优先满足党政的需求，号召妇女回家就是最好的例证。

（三）精英动员指向性别视角的女权运动

精英自身带着具体的社会性别身份，被各种各样的社会性别所建构。她们在日常的生活实践和生命体验中会遭遇各种各样的性别问题。面对性别压迫和性别歧视时，她们会产生矛盾、困惑和不安。在近现代，女性精英会不断要求自己男性化来缓解这种不适。但是，消除性别差异的方法依然无法逃脱性别等级与性别压迫的事实，即使她们在性别失衡的政治结构中心存愤怒、懊恼，但这种针对男性权力的性别意识的萌发会被强大的国家话语所掩盖，最后消逝在浩荡的民族革命中。

在当代，一批批接受西方民主、自由、权利思想影响的女性逐渐崛起，尤其是女权知识精英群体逐渐形成。女权知识精英在对中国女权运动的历史进行考察和不断反思的过程中，认为过去在国家视角下展开的妇女运动，实际上消弭了女性各种权利意识的生长点。国家虽然在法律制度上确立了男女平等的基本国策，但在实际行动中是缺乏社会性别视角的，其中的一些行为会损害妇女的利益。她们主张，国家在政策制定和日常行为中应遵循社会性别主流化的原则。社会女权精英们通过自己的行动唤醒广大女性的社会性别意识，倡导更为开放的性别观念，立志改变传统的性别政治结构，重新规范男性与女性的关系。由此，精英导向性别视角的女权运动开始兴起。以李银河、李小江、杨澜等为代表的女性精英，依靠知识、财富、声望、人脉、知名度等社会资本发起女性活动或女权行动，通过制造女性文本、抢占女性话语权来争夺女性发展的公共空间，利用互联网、电视媒体等传播手段扩大女性行动的影响力，以此带动广大女性参与活动/行动，并为女性争取更多的权利。女权知识精英批判国家所提倡的无差别的抽象平等观念，强调差异思维。她们通过推进性别意识形态话语，提升性别话题的社会争议度，培养人们的性别与权利敏感性，扩大人们对性别议题和对女性的关注。以王政、杜芳琴、王宏维、金一虹等为代表的高校女性精英在从事女性学学术研究、创办女性学专业、创办女性杂志、培养妇女研究人才等方面作出了卓越的贡献。

（四）组织动员指向性别视角的女权运动

这里的组织主要是指不依靠于妇联发展或由民间女权主义者自发组织形成的妇女组织，如妇女传媒监测网络、网易女人、新媒体女性、BCome剧社小组、一元公社、北外性别行动小组等，由它们发起或倡导的女权行动都是以性别为取向的。

妇女传媒监测网络、网易女人、新媒体女性等网络组织拥有一个共同的特点，即善于将现代网络技术运用到女权运动的动员、宣传和传播之中。它们利用网络媒体平台，在网上发起性别话题的讨论、促进网友的争辩、转载女权精英的评论性文章、倡导民间女权行动等等。它们将具有争议的性别议题推向公共范畴，构建出民意表达与思想碰撞的“网络舆论场”。例如，妇女传媒监测网络创办《女声电子报》，在诸如李阳家暴、上海地铁“骚与扰”、东莞“扫黄”、性侵幼女事件发生后第一时间作出报道和评论。又如，网易女人长期与女权精英、国际妇女组织联手打造富有特色的女性活动，像“性与性别”事件的评选与点评活动、中国女公民评选活动、“反家暴橙色运动”等。

BCome剧社小组是近年来新兴的民间女权组织的典型代表，它因排演《阴道之道》话剧而出名。剧社的成员都是具有强烈性别意识的女权主义行动者，她们在参演话剧之外，还以实际行动践行着女权主义。当社会上出现性别歧视问题时，她们会马上组织起来发起行动。例如，BCome小组曾于北京后海和地铁中发起“恐同杀死女同性恋”的倡导活动，在北京地铁里上演“我的短裙”快闪行动，在北京前门步行街上演《受伤的新娘》行为艺术剧目，还曾为抗议高考专业招生的性别歧视集体剃光头，为反对性别暴力裸身拍照……BCome 剧社小组已经成为民间女权行动最活跃的发起者和支持者。

在导向性别视角的女权运动中，我们可以看到民间妇女组织与女性社会精英的相互合作与协作，她们一边推动民间女权运动的发展，一边与国家视角导向的妇女运动进行磨合，逐渐增加作为社会运动的女权运动的社会力量。然而，在中国强国家—弱社会的现实关系格局中，以性别为导向的女权运动依然受到很大的限制。逾越界限的政治行动会受到政治当局的警告和镇压。一旦社会精英或女权组织的行动遭到压制，精英们的声音会突然消失，之前所形成的女性话语会受到合法性挑战，女权运动因此发生中间断裂，这不利于下一次女权运动/行动的展开。

二、国家与性别的亲疏离合关系

有学者认为，从语言到行动，从理论到实践，民族解放与妇女解放的双轨制，是中国现代政治叙事的重要特征，因此，性别作为一个敏感而极具表征性的界面，与国家、民族、压迫、解放等现代政治命题同时出现了①。国家将阶级对抗与性别对抗相互联系，借由父权中心主义的伦理模式引爆政治革命。如此一来，性别作为革命引擎成为连接女权运动与国家革命的纽带。由此，国家革命与性别革命具有某种同源同构性。随着现代民族国家的出现，国家希望继续拉拢妇女，利用性别引擎推动国家的建设和发展。在女权运动与国家建设、政治革命高度融合的情况下，女性解放的实质是政治赋权。

从国家的视角看，女性没有被政治遗忘，反而受到了国家的邀约，参与到政治当中。国家为了实现各个时期的政治目标，寻求女性的政治支持，它依靠为女性提供政治服务和遵循“男女平等”的政治承诺，来“购买”女性的行动。从“危机女性”“巾帼英雄”“革命母亲”“女劳模”“铁姑娘”等女性身份角色的塑造，到“男女平等”“妇女当家做主人”“妇女能顶半边天”的最高权威认定，这些极富感染力和影响力的话语让妇女义无反顾地行动起来。中国妇女的积极参与，使得她们在现代政治叙

① 张念：《性别政治与国家——论中国妇女解放》，商务印书馆2014年版，第17页。

事中占有重要的位置。

从组织和精英的视角看，组织和精英为了获得国家和政党的政治保障，或者说，为了国家能够兑现其许下的政治承诺，动员广大妇女为国家尽义务、出力气。从妇女大众的视角看，虽然她们有的是被动地服从国家的命令，但是她们在不知不觉中改变着自身的处境。妇女大众在实现国家宏观理想目标的过程中，裹挟着个人情感与体验，借助国家力量提升自己的权益与地位。在这个层面上，国家、组织、精英与妇女大众和谐共处、各取所需。

然而，事实上，妇女运动同国家建构历史的高度融合，既是女权得以彰显的初始平台，也是女权运动发展的困境所在。中国妇女在创建现代国家的政治感召之下所迈向的解放之路存在着解放与压迫并行不悖的政治图式[①]。妇女总是在响应“国家历史”的号召，而自身的力量却相当薄弱。改革开放后，随着人们民主意识、权利意识的增强，以及社会性别概念的传入，女权精英们不断反思国家与女权运动的关系问题，思考女权运动如何确立起自身的历史逻辑。从性别的视角看，植入式的妇女解放并不意味着一种从天而降的政治馈赠，女性解放被纳入民族解放和国家建设的轨道上，成为国家主权意识的政治注解[②]。女性的权利诉求被搁置，反而去为更高层面的国家权力服务，这束缚了女权主义自身的发展。由此，在精英和组织的带领下，女权运动逐渐背离了国家政治的话语框架，转向性别之别，发展成为一个独立的社会运动形态。

性别立场从国家取向中脱离出来，是基于女性对自我处境的认识及自主意识的觉醒而产生的，她们不甘沉溺于传统的境遇中，也不甘于被“国家”或“男性”主导及谋划，她们关注女性的生命体验，提倡从女性的个体需求出发，坚决抵御国家、集体对女性权益的损害。从外在权利的争取，到内在体验的意识觉醒，女权主义者们越发意识到，妇女要获得真正的解放，要将国家倡导的没有差异的平等模式转化成以“同一”为基础的差异模式，既不依附、耦合于国家的政治行为中，又要超越简单的冲突对抗，提倡一种具有差异的政治争辩模式，主张在国家权力的框架内，采取既合作又背离的斗争方式，与国家现存制度展开多样性的对话。正如女权主义法学家麦金农在《迈向女性主义的国家理论》一书中，从法理层面质

① 张念：《性别政治与国家——论中国妇女解放》，商务印书馆 2014 年版，第 19 页。
② 张念：《性别政治与国家——论中国妇女解放》，商务印书馆 2014 年版，第 18 页。

询国家权力所实施的性别压迫。性别导向的女权运动在与国家导向的女权运动分离的那一刻起，就在他者、差异、排斥以及对立中艰难行走。由此，国家视角与性别视角导向的女权运动在理论上产生了两种不同的政治活动：一种是公开受到政治制度保护的行为，另一种是被迫转入地下的抵抗行为。

性别与国家在分离后如何走向合作与融合？这将取决于国家与女性之间相互对待的态度，只有当女性的政治身份的权利诉求内化成国家理性的时候，其政治身份才有可能表现为一种坚定的国家认同。也就是说，国家首先要承认和保障女性作为人的权利，才能获得女性群体的认同和支持，由此巩固合法性基础，形成一种良性循环。

第三节　女权运动与中国的民主政治

在国家与社会关系这一理论视野的考察下，随着作为具有社会运动形态的女权运动和作为社会抗争的女权行动的不断增进，越来越多的女权运动逐渐脱离国家的绑束而指向性别视角，这对我国的政治发展具有重要的意义。

在中国目前的语境下，探讨社会运动促进政治发展的可能问题是一件极富意义却又艰难的事情，由于社会运动是十分敏感的话题，这在很大程度上限制了讨论的展开。但是在学理上，国内外许多政治学者对该问题已有深入研究，并对社会运动能否促进一国的政治发展这一问题给予了肯定的回答。这给我国的民主化道路带来了积极的启示。女权运动作为得到中国官方承认的一种社会运动形式（区别于“群体性事件”），它在我国民主化进程中所起的作用值得思考。

一、社会运动对国家民主政治的影响

转型政治学是政治学研究中的一个新兴领域。政治发展与政治转型都是民主政治的重要组成部分。政治转型又称民主转型，是指非民主政体向民主政体的过渡，其中多指由威权主义政体向民主政体的过渡。20 世纪 70 年代起，被亨廷顿称作“第三波”的民主化浪潮以惊人的速度和能量席卷全球。欧洲、亚洲和拉丁美洲等的 30 多个国家和地区纷纷从威权主义政权

向民主政权过渡。这再次引起了学界对民主转型的强烈关注。在民主转型理论中，人们一再追问，民主在什么情况下转型？查尔斯·蒂利认为，以往学者所提供的民主转型的具体条件是静态的，不足以解释民主化产生的原因及影响，他开创性地从动态的政治过程视角分析民主的转型。政治过程视角反映了国家与公民社会之间的关系博弈。非民主国家常常表现出“强国家—弱公民社会”的关系，自由民主国家则表现出“弱国家—强公民社会”，或“强国家—强公民社会”的关系。当公民社会力量崛起，并足以与威权主义政权抗衡时，威权主义政权就会出现合法性危机，进而崩溃，民主转型由此开启。在整个转型过程中，社会运动/社会抗争起了重要的作用。蒂利通过研究发现，“一切通往民主政体主要历史道路，都包含了旷日持久的抗争。民主源于民众抗争，并且动员和重塑民众抗争”①。东欧的“颜色革命”是其中一个典型例子。

20世纪90年代，东欧国家几乎在一夜之间实行了民主转型。然而，转型后的国家在经历了短暂民主革命的快感之后，威权主义的政治困扰仍然挥之不去，人们似乎感觉再一次回到了威权主义的大家庭。21世纪，在忍受了民主革命不彻底的痛苦之后，东欧国家的人们通过所谓的“颜色革命”再一次尝试民主转型。东欧的颜色革命拥有共同的特征——非暴力，手段多为静坐、抗议等和平的方式。它们是早期“天鹅绒革命”的翻版。“天鹅绒革命”是指如天鹅绒包裹着的革命，连一块玻璃都未被打碎，它的第一诉求就是遏制当权者动用武力的可能性，尽量纵容示威的规模、力度，不断地挑战当权者的极限，但又最大限度地保持“和平抗争”的形象。这种非暴力运动得以实现的基础是国家的民主化以及公民社会的出现和壮大。转型国家在民主化过程中，政治系统的逐步开放为社会抗争提供了重要的机遇。有学者认为，没有社会运动，也可能有民主化，但是，一旦民主化得以发展，社会运动往往会接踵而至。② 国家对社会的包容促使了许多社会团体的成立，它们在社会运动中发挥着重要的组织、动员、整合、领导作用。

东欧的国家在转型期发生了形形色色的社会运动，有些社会学者提出

---

① ［美］查尔斯·蒂利：《欧洲的抗争与民主：1650—2000》，上海人民出版社2008年版，第27页。

② Vanhuysse, Pieter 2004, “East European Protest Politics in the Early 1990's: Comparative Trends and Preliminary Theorie”. Europe - Asia Studies 56 (3).

了“作为新型运动的公民社会”[①] 的说法，使我们把视线转移到社会运动的公民社会意义上。美国学者胡安·林茨也把多种形式的社会运动纳入公民社会的内涵中。[②] 这使我们看到，社会运动已经被提升到公民社会的结构性要素里面，人们通过社会运动发出自己的声音，与国家和政府进行对话。社会运动是公民社会生存和扩展的主要力量，许多新兴组织在社会运动中产生。这些社会组织对培养公民的权利意识、相互信任、心智习惯与民主的政治态度有重要的作用。托克维尔认为，社团培养了人们自治的习惯。公民社会通过参与各种志愿性社团组织所形成的互惠、信任、合作与规范，正是维系民主和促进发展都不可或缺的社会资本。从政治文化层面讲，公民社会作为一种文明，包含着一系列价值和信仰，社会组织的作用就在于培养人们信奉与这些价值和信仰相一致的思想和行为方式。再者，社会运动还增强了人们与国家进行沟通的技巧与能力，“当民众的要求以静坐、游行示威、群众集会等方式得以表达时，各种抗议活动就具备了影响国家政策和政治发展方向的潜力”[③]。因此，转型国家与公民社会的关系不再是对立的、相互对抗的，而更多是共生的、互为条件的。它们的关系主要表现为两方面：

一方面，国家为公民社会提供更多的政治空间。在转型期，民众渴望政治参与，寻求更多的渠道表达其民主诉求，国家会开放一定的政治空间满足人们的参与需求，也会在法律框架内给予社会运动足够的合法性。国家有时候甚至鼓励人们参加社会运动。因为，从短期而言，国家对社会抗争采取包容的态度，会降低社会抗争的成本，从而使得社会抗议者走向街头，激发社会动员；但是，从长期而言，包容释放和缓解了社会的不满，一些社会抗议者更有可能转向更为常规的政治活动，缓和自身的立场和策略，有效地使得异见者被制度化，从而从根本上有助于政治的稳定。[④] 国家承认广大社会组织的合法性，并鼓励它们参与到政治决策的过程中来。

---

① 参阅徐贲：《中国公民社会如何向东欧学习》，选举与治理网，http://www.chinaelections.org/newsinfo.asp? newsid = 209032.

② 参阅［美］胡安·J. 林茨、阿尔弗莱德·斯泰潘著，孙龙等译：《民主转型与巩固的问题：南欧、南美和后共产主义欧洲》，浙江人民出版社 2008 年版，第 7 页。

③ 周明、曾向红：《埃及社会运动中的机会结构、水平网络与架构共鸣》，《社会学研究》2011 年第 6 期，第 1 ~ 32 页。

④ 黄冬娅：《国家如何塑造抗争政治——关于社会抗争中国家角色的研究评述》，载《社会学研究》2011 年第 2 期，第 217 ~ 242 页。

另一方面，公民社会在社会运动的作用下，推动国家的民主转型与巩固。有学者认为，成熟的公民社会倾向于逐渐扩大参与范围，提高参与程度，而不是倾向于爆发一个阶级推翻另一个阶级的暴力革命。① 东欧转型国家的社会运动也更多的是处在法律允许的范围内，有一种社会运动公民社会化的趋势，形式更为和平、理性。胡安·林茨认为，活跃的公民社会不仅启动了民主转型，还可以防止逆转，从而推动转型的完成，有助于民主的巩固。②

达尔认为，民主不是一直都是稳定的，一个国家可能会因为危机和崩溃而去民主化。③ 转型国家虽然在名义上完成了从威权主义到民主主义的政治过渡，但其政治发展还很难说已经完全摆脱“民主—动乱—专制—再民主—再动乱—再专制”的恶性循环④，那么，如何避免这一恶性循环，达到民主转型的深化与巩固呢？一个活跃的、警觉的、强有力的公民社会对于防止专制主义的再现和巩固民主制度是必不可少的。美国学者迈克尔·伯恩哈德通过研究发现，公民社会及其价值观得到发展，对东欧民主过渡发挥了关键的作用。民主制度的进一步巩固也有赖于市民社会重新变得强大或“市民社会回归”。

由此可以得出，社会运动促进了社会的成长壮大，壮大的社会推动了国家的民主转型，转型国家又进一步促使社会发展与强大，强大的社会是民主得以巩固的重要保障。在自由民主国家，社会运动早已摆脱“丑陋”角色，成为民主社会的一种正常表达和促进机制。社会运动还是连接国家和个人的桥梁，使国家和社会和谐共处。

二、女权运动对中国民主政治的积极作用

在中国，女权运动不属于主流的社会运动，它的三种存在形态在一定程度上消减了女权运动应有的社会性和政治性。尽管社会运动有助于一国

① 参阅李文等：《东亚社会运动》，社会科学文献出版社 2009 年版，第 163 页。

② 参阅［美］胡安·J. 林茨、阿尔弗莱德·斯泰潘著，孙龙等译：《民主转型与巩固的问题：南欧、南美和后共产主义欧洲》，浙江人民出版社 2008 年版，第 9 页。

③ ［美］查尔斯·蒂利著，陈周旺等译：《欧洲的抗争与民主（1650—2000）》，上海人民出版社 2008 年版，第 13 页。

④ 谢岳：《社会抗争与民主转型——20 世纪 70 年代以来的威权主义政治》，上海人民出版社 2008 年版，第 27 页。

的民主化进程，但是，女权运动对中国的民主化能起多大的作用是令人怀疑的。笔者认为，中国女权运动对国家民主化的作用是基础性的，我们可以把当中一些可能促进民主化的条件和要素提取出来，挖掘女权运动所蕴含的民主能量。

第一，父权制的式微。父权制是长期以来统治中国的社会性别制度。在父权制社会中，男性被视为高等，而女性被视为低下，妇女在政治、经济、文化、思想、认知、观念、伦理等各个领域都普遍处于与男性不平等的地位，由此缺乏独立的自立意识，成为男性的附属品。这种历史遭遇在近代妇女与男子一同参与革命时开始发生变化。继革命之后，妇女广泛地参与社会劳动生产，在经济上不再依附于男性，女性的经济地位和社会地位大大地提高，父权制度不断地受到挑战。旧有的“三纲五常”“男尊女卑”等观念逐渐失去了立足的文化基础。随着当代女性自主意识和权利意识的不断觉醒，以父权制度为基石的性别等级制度受到女权主义者的严厉批评和反抗，女性以实际行动挑战和改变性别压迫与剥削的制度，企图重新规范男性与女性之间的关系，由此，父权制度走向衰落。但不可否认的是，在当今中国的一些地方，封建文化的残余依然存在，女性的思想中仍保留着“贤妻良母”“相夫教子”等社会角色判定，男性对女性的贞操也念念不忘。妇女无论是在思想上还是行动上实现真正的解放还需要不断努力。

第二，普沃斯基根据对拉美国家的民主转型的考察发现，民主转型是政治行动者和发动者策略互动的结果。中国女权运动的大部分已融入常规政治（见图5－1）。这表明，我国许多女性/女权精英已经渗入政治体系中，而这些女性/女权精英主要来自于妇联，她们具有接触政治高层（或者本身已是政治高层）的机会与资源。随着妇联不断地思考和调整自身的定位和职能，其组织结构和组织特征正在发生裂变。当国家与妇女利益发生冲突时，妇联越来越表现出维护妇女利益的倾向，而不再只是国家实行政治统治与政治社会化的工具。妇联组织的社会化变革，使女性政治精英与社会精英及妇女大众有了更多沟通与合作的机会，这意味着许多曾经保守的女性政治行动者会加入社会运动之中。女性政治精英、社会精英和妇女大众的结合，或许是女权运动走向社会运动化的重要契机，也可视为国家民主转型的信号之一。

第三，在所有类型化的威权主义政权中，它们对待社会的态度是一致的，即不希望与社会分享政治权力，更不希望社会来制约统治者的权力。

从本质上讲，所有的威权主义政权都是排他性的，排斥社会底层阶级或大多数群体的政治参与。而在民主国家，社会运动与社会抗争是公民政治参与的一种形式。女权运动与女性社会抗争拓宽了女性政治参与的渠道，为民主政治扩大政治参与提供了预演的机会。达尔认为，在标准的民主过程中，有效的参与是其中重要的标准，因为只有有效参与，公民才可能“有充分且平等的机会来表达他们关于最终结果的各种偏好”①。社会抗争作为一种新的政治参与渠道，它超越了选举、政治接触等日常参与方式，为“沉默的大多数”尤其是社会底层提供了一个至关重要的参与途径。

中国日益增多的女权行动及抗争活动，显示了女性政治参与热情的不断提高。女性在抗争中结成网络、彼此信任、共同协作，学习与政府进行有效的沟通和协商的技巧，学会以策略性的抗争手段（如行为艺术）达到目的，并利用互联网等新兴媒体进行社会动员及扩大行动影响力，最重要的是，她们懂得了妥协。在一次次的抗争练习中，女性的权利意识和抗争能力大幅度提高，女性的公民权得到扩充。社团生活与抗争行动培养了女性优良的公民品质，促进了公民社会的发育，为民主化进程奠定了社会基础。

第四，威权政体要巩固政权，需要社会群体对政权的服从，这种服从主要表现为对国家政策的顺从，而不是挑战②。在中国的女权运动和女性社会抗争中，政策倡导和立法游说是一个传统的行动领域，上至妇联，下至社会女权主义者，对国家法律政策发起挑战是习以为常的事情，她们均以性别为武器，扫视国家法律政策中的性别盲区及性别偏见，公开挑战国家权威，积极为性别立法提出意见和建议，促进政策制定中的社会性别主流化。可以说，相比其他社会运动，女权运动对国家层面的制度影响是最大的。

第五，作为维持政治排斥与政治集团的手段，政治压制是威权主义国家的一个普遍现象③。在中国，国家对女权运动的包容性远高于其对其他社会运动的包容性，女权运动的生存环境是相对宽松的。且不论女权运动的大部分已纳入常规政治，多数的女性社会抗争也是充满理性和克制的，

---

① ［美］罗伯特·达尔：《民主及其批评者》，吉林人民出版社2006年版，第143页。

② 谢岳：《社会抗争与民主转型——20世纪70年代以来的威权主义政治》，上海人民出版社2008年版，第85页。

③ 谢岳：《社会抗争与民主转型——20世纪70年代以来的威权主义政治》，上海人民出版社2008年版，第97页。

它们并没有引起国家政府部门的强烈反感和恐惧。因此，国家没有对女权运动进行过度的压制。这说明，这项运动具有很大的成长空间和可能性。虽然，女权运动不属于具有很大影响力的主流化社会运动，但是，性别议题的涉及面是非常广泛的，它与环保议题、维权议题、政策议题、文化议题等公共议题有密切的关系。人们或许可以利用这一平台来实践民主和扩展民主发展的空间。人们在谨慎与激进的反复试探中，逐渐降低民主化的燃点，以此切实有效地推进中国的民主化进程。这一进路虽然微弱和艰辛，但是具有不容忽视的意义。

结语：中国女权运动的未来展望

中国目前的女权运动面临两难问题，一边选择与国家合作——这意味着女性权益受到执政党和国际法的保障，但由于缺乏对政府的问责与批判，并且不被允许动员草根力量而仅充当国家响应国际社会要求和协助执政党完成政治任务的助手，这容易造成女性对国家执政党的过分依赖。另一边是要求政治变革，依托政治自由和法治框架提供的机会，来实现女权议程。

有助于中国女权运动发展的一个可行路径是，女权运动在不退出常规政治领域的前提下，逐渐增加在社会领域的份额和比例，通过渐进的方式使女权运动社会化。随着作为社会运动的女权运动的不断扩展，妇联不仅是联系执政党、国家与妇女大众的纽带，更是平衡国家与妇女关系，减少两者摩擦的缓冲带；民间妇女组织在政治参与和运动动员方面发挥更大的作用，让更多的女性参与社团组织，实践民主生活；女性精英享有更多的言论和行动自由；妇女大众不再是“帮扶对象”，而是主动争取利益的公民和行动者。在底层性别意识和顶层性别意识主流化共同推进的情况下，性别平等将不再只是政治口号，而将变为人们的一种生活习惯和文化习得。

参考文献

一、经典著作

[1] 中共中央马克思恩格斯列宁斯大林著作编译局编译：《马克思恩格斯选集》（第1卷），人民出版社1995年版。

[2] 中共中央马克思恩格斯列宁斯大林著作编译局编译：《马克思恩格斯选集》（第3卷），人民出版社1995年版。

[3] 中共中央马克思恩格斯列宁斯大林著作编译局编译：《马克思恩格斯选集》（第4卷），人民出版社1995年版。

[4] [苏] 列宁著，中共中央马克思恩格斯列宁斯大林著作编译局编译：《国家与革命》，人民出版社2001年版。

[5] 中共中央马克思恩格斯列宁斯大林著作编译局编译：《列宁选集》（第3卷），人民出版社1995年版。

[6] [德] 恩格斯著，中共中央马克思恩格斯列宁斯大林著作编译局编译：《家庭、私有制和国家的起源》，人民出版社1999年版。

二、国内学者著作、论文

[1] 卢春雷：《后马克思主义“非暴力革命”理论研究》，中国社会科学出版社2011年版。

[2] 付文忠：《新社会运动与国外马克思主义思潮：后马克思主义研究》，山东大学出版社2009年版。

[3] 冯绍雷、相蓝欣：《转型理论与俄罗斯政治改革》，上海人民出版社2005年版。

[4] 邹谠：《二十世纪中国政治——从宏观历史与微观行动的角度看》，牛津大学出版社1994年版。

[5] 邓正来、[美] 亚历山大编：《国家与市民社会——一种社会理论的研究路径》，中央编译出版社1999年版。

[6] 邓正来主编：《国家与市民社会：中国视角》，上海人民出版社2011

年版。

［7］文史哲编辑部编：《国家与社会：构建怎样的公域秩序?》，商务印书馆 2010 年版。

［8］张静主编：《国家与社会》，浙江人民出版社 1998 年版。

［9］毛寿龙：《政治社会学》，中国社会科学出版社 2001 年版。

［10］萧功秦：《中国的大转型——从发展政治学看中国变革》，新星出版社 2008 年版。

［11］郑杭生：《转型中的中国社会和中国社会的转型：中国社会主义现代化进程的社会学研究》，首都师范大学出版社 1996 年版。

［12］陆学艺，李培林主编：《中国社会发展报告》，辽宁人民出版社 1991 年版。

［13］陆学艺主编：《当代中国社会阶层研究报告》，社会科学文献出版社 2002 年版。

［14］陆学艺主编：《当代中国社会结构》，社会科学文献出版社 2010 年版。

［15］李友梅、孙立平、沈原主编：《当代中国社会分层：理论与实证》，社会科学文献出版社 2006 年版。

［16］王智：《当代中国政治结构变迁——以执政党为中心的政党—政府—社会》，中国社会科学出版社 2010 年版。

［17］赵鼎新：《社会与政治运动讲义》，社会科学文献出版社 2006 年版。

［18］于建嵘：《抗争性政治：中国政治社会学基本问题》，人民出版社 2010 年版。

［19］李凡：《当代中国的自由民权运动——再论公民社会的发展》，世界与中国研究所 2011 年版。

［20］李凡：《中国民主的前沿探索》，世界与中国研究所 2009 年版。

［21］李文、赵自勇、胡澎等：《东亚社会运动》，社会科学文献出版社 2009 年版。

［22］谢岳：《社会抗争与民主转型——20 世纪 70 年代以来的威权主义政治》，上海人民出版社 2008 年版。

［23］郑芸：《现代化视野中的早期市民社会——苏州市民公社个案分析》，社会科学文献出版社 2008 年版。

［24］郭忠华、刘训练编：《公民身份与社会阶级》，江苏人民出版社

2007 年版。

［25］周红云主编：《社会资本与民主》，社会科学文献出版社 2011 年版。

［26］李惠斌、杨雪冬：《社会资本与社会发展》，社会科学文献出版社 2000 年版。

［27］周金华：《新公民论：当代中国个体社会政治身份建构引论》，中国社会科学出版社 2010 年版。

［28］孙立平：《守卫底线：转型社会生活的基础秩序》，社会科学文献出版社 2007 年版。

［29］孙立平：《断裂——20 世纪 90 年代以来的中国社会》，社会科学文献出版社 2007 年版。

［30］吴玉章主编：《中国民间组织大事记：1978—2008》，社会科学文献出版社 2010 年版。

［31］高丙中、袁瑞军编著：《中国公民社会发展蓝皮书》，北京大学出版社 2008 年版。

［32］中华全国妇女联合会妇女研究所、中国第二历史档案馆编：《中国妇女运动历史资料民国政府卷（上、下）》，中国妇女出版社 2011 年版。

［33］李静之：《中国妇女运动研究文集》，社会科学文献出版社 2011 年版。

［34］中华全国妇女联合会编：《中国妇女运动重要文献》，人民出版社 1979 年版。

［35］孟宪范主编：《转型社会中的中国妇女》，中国社会科学出版社 2004 年版。

［36］仝华、康沛竹主编：《马克思主义妇女理论发展史》，北京大学出版社 2004 年版。

［37］李银河：《妇女：最漫长的革命》，生活·读书·新知三联书店 1997 年版。

［38］李银河：《后村的女人们》，内蒙古大学出版社 2009 年版。

［39］李银河：《生育与村落文化》，内蒙古大学出版社 2009 年版。

［40］李银河：《性社会学——人类性行为》，内蒙古大学出版社 2009 年版。

［41］王政：《女性的崛起：当代美国的女权运动》，当代中国出版社 1995 年版。

［42］王政、陈雁主编：《百年中国女权思潮研究》，复旦大学出版社2000年版。

［43］李小江等：《女性？主义——文化冲突与身份认同》，江苏人民出版社2000年版。

［44］李小江：《性别与中国》，生活·读书·新知三联书店1994年版。

［45］李小江：《文化、教育与性别》，江苏人民出版社2002年版。

［46］李小江、朱虹、董秀玉主编：《批判与重建》，生活·读书·新知三联书店2000年版。

［47］李小江主编：《让女人自己说话——独立的历程》，生活·读书·新知三联书店2003年版。

［48］佟新：《异化与抗争——中国女工工作史研究》，中国社会科学出版社2003年版。

［49］佟新：《社会性别研究导论》（第2版），北京大学出版社2011年版。

［50］潘毅：《中国女工：新兴打工阶级的呼唤》，明报出版社2007年版。

［51］冯同庆：《中国工人的命运——改革以来工人的社会行动》，社会科学文献出版社2002年版。

［52］刘宁元主编：《中国女性史类编》，北京师范大学出版社1999年版。

［53］周莉萍：《美国妇女与妇女运动：1920～1939》，中国社会科学出版社2009年版。

［54］吴昊：《中国妇女服饰与身体革命》，东方出版中心2008年版。

［55］张广利、杨明光：《后现代女权理论与女性发展》，天津人民出版社2005年版。

［56］杜芳琴：《妇女学和妇女史的本土探索：社会性别视角和跨学科视野》，天津人民出版社2007年版。

［57］天津师范大学妇女研究中心译编：《妇女与发展：地位、健康、就业——西方的视角》，天津营光胶印厂印刷1993年版。

［58］余宁平，杜芳琴主编：《不守规矩的知识》，天津人民出版社2003年版。

［59］杜芳琴：《中国社会性别的历史文化寻踪》，天津社会科学院出版社1998年版。

[60] 杜芳琴、王向贤主编:《妇女与社会性别研究在中国(1987~2003)》,天津人民出版社2003年版。

[61] 杜芳琴、王政主编:《社会性别(第一辑)》,天津人民出版社2004年版。

[62] 杜芳琴,王政主编:《社会性别(第二辑)》,天津人民出版社2004年版。

[63] 杜芳琴主编:《社会性别(第三辑)》,天津人民出版社2006年版。

[64] 薛宁兰:《社会性别与妇女权利》,社会科学文献出版社2008年版。

[65] 谭琳、刘伯红主编:《中国妇女研究十年(1995—2005)》,社会科学文献出版社2005年版。

[66] 谭琳、姜秀花主编:《中国妇女组织发展的理论与实践》,社会科学文献出版社2007年版。

[67] 谭琳、周颜玲主编:《全球背景下的性别平等与社会转型》,社会科学文献出版社2011年版。

[68] 陈琼:《现代国家建构与妇女公共参与——组织变迁的视角》,社会科学文献出版社2011年版。

[69] 罗琼主编:《当代中国妇女》,当代中国出版社1994年版。

[70] 国家统计局人口和社会科技统计司编:《中国社会中的女人和男人——事实和数据(2004)》,中国统计出版社2004年版。

[71] 王金华:《认真履行职责,切实推进农村妇女参与村民自治》,在"2005中国妇女研究会年会北京+10论坛"上的发言稿。

[72] 谭琳、杜洁等:《性别平等的法律与政策:国际视野与本土实践》,中国社会科学出版社2008年版。

[73] 李小江:《夏娃的探索》,河南人民出版社1988年版。

[74] 高大伦、范勇编译:《中国女性史(1851—1958)》,四川大学出版社1987年版。

[75] 中华全国妇女联合会编:《中国妇女运动重要文献》,人民出版社1979年版。

[76] 中华全国妇女联合会妇女运动历史研究室编:《中国妇女运动历史资料(1921—1927)》,人民出版社1986年版。

[77] 刘红、刘光永:《妇女运动史话》,社会科学文献出版社2012年版。

［78］张素玲：《革命与限制：中国共产党早期妇女领袖（1921—1927）》，河南大学出版社 2011 年版。

［79］李小江等主编：《平等与发展》，生活·读书·新知三联书店 1997 年版。

［80］中华全国妇女联合会编：《中国妇女运动史（新民主主义时期）》，春秋出版社 1989 年版。

［81］石彤：《中国社会转型时期的社会排挤》，北京大学出版社 2004 年版。

［82］［德］米切尔·哈特曼著，霍艳著译：《精英与权力》，中国社会科学出版社 2011 年版。

［83］胡杨：《精英与资本——转型期中国乡村精英结构变迁的实证研究》，中国社会科学出版社 2009 年版。

［84］杨景明：《引领转型：变革社会中的韩国与俄罗斯政治精英》，上海交通大学出版社 2011 年版。

［85］陶文昭：《精英化世纪：现代知识阶层与社会发展》，中国发展出版社 2000 年版。

［86］张念：《性别政治与国家：论中国妇女解放》，商务印书馆 2014 年版。

［87］王宏维：《谁来讲出关于女人的真理？哲学视域下的性别研究》，九州出版社 2010 年版。

［88］金一虹：《“铁姑娘”在思考——中国“文化大革命”期间的性别与劳动》，《社会学研究》2006 年第 1 期。

［89］李小江：《我们用什么话语思考女人——兼论谁制造话语并赋予它内涵》，《浙江学刊》1997 年第 4 期。

［90］陈映芳：《行动力与制度限制：都市运动中的中产阶层》，《社会学研究》2006 年第 4 期。

［91］黄卫平、陈家喜：《城市运动中的地方政府与社会》，《东南学术》2008 年第 6 期。

［92］王小波：《试析中国女性群体的分化与分层》，《妇女研究论丛》2005 年第 5 期。

［93］徐勇：《性别政治与民族国家》，《长江学术》2009 年第 3 期。

［94］黄荣贵：《互联网与抗争行动：理论模型、中国经验及研究进展》，《社会》2010 年第 2 期。

[95] 汪建华：《互联网动员与代工厂工人集体抗争》，《开放时代》2011 年第 11 期。

[96] 刘伯红、王荫平、张学斌：《中国女市长调查》，《妇女研究论丛》2001 年第 6 期。

[97] 马杰伟、周佩霞：《视觉社运：艾晓明、卜卫对谈》，《传播与社会学刊》2009 年第 10 期。

[98] 杨灵：《社会运动的政治过程——评〈美国黑人运动的政治过程和发展（1930 - 1970）〉》，《社会学研究》2009 年第 1 期。

[99] 孙立平：《改革前后中国国家、民间统治精英及民众间互动关系的演变》，《中国社会科学季刊》1993 年第 6 期。

[100] 董丽敏：《"性别"的生产及其政治性危机》，《开放时代》2013 年第 2 期。

[101] 周明、向红：《埃及社会运动中的机会结构、水平网络与架构共鸣》，《社会学研究》2011 年第 6 期。

[102] 苗连营、吴礼宁：《从公民参与看东亚民主转型》，《北方法学》2009 年第 4 期。

[103] 黄冬娅：《国家如何塑造抗争政治——关于社会抗争中国家角色的研究评述》，《社会学研究》2011 年第 2 期。

[104] 李路路：《制度转型与分层结构的变迁》，《中国社会科学》2002 年第 6 期。

[105] 潘毅：《开创一种抗争的次文体：工厂里一位女工的尖叫、梦魇和叛离》，《社会学研究》1995 年第 5 期。

[106] 第二期中国妇女社会地位调查课题组：《第二期中国妇女社会地位抽样调查主要数据报告》，《妇女研究论丛》2001 年第 5 期。

[107] 马冬玲：《在推动农村妇女参政中促进社会性别平等——政府和非政府组织的努力与挑战》，《妇女研究论丛》2005 年增刊。

[108] 刘筱红、吴治平：《妇女在村委会选举中的竞选策略研究》，《妇女研究论丛》2008 年第 1 期。

[109] 陈晓运、段然：《游走在家园与社会之间：环境抗争中的都市女性——以 G 市市民反对垃圾焚烧发电厂建设为例》，《开放时代》2011 年第 9 期。

[110] 王政：《国外学者对中国妇女和社会性别研究的现状》，《山西师大学报》（社会科学版）1997 年第 4 期。

［111］冯仕政：《西方社会运动研究：现状与范式》，《国外社会科学》2003 年第 5 期。

［112］孙兰英：《论中国近代妇女运动的“男性特色”》，《史学月刊》1996 年第 3 期。

［113］张宏卿、肖文燕：《边缘化战略：中共动员与中央苏区民众的基本利益、社会感情》，《开放时代》2011 年第 8 期。

［114］杨会清：《苏区妇女对革命的态度演变：1927—1934》，《长江论坛》2010 年第 4 期。

［115］马慧芳、郝琦：《1950 年代国家对农村妇女社会生产动员的启示》，《探索与争鸣》2008 年第 4 期。

［116］揭爱花：《国家话语与中国妇女解放的话语生产机制》，《浙江大学学报》（人文社会科学版）2008 年第 7 期。

［117］揭爱花：《单位：一种特殊的社会生活空间》，《浙江大学学报》（人文社会科学版）2000 年第 5 期。

［118］揭爱花：《国家干预：中国妇女解放实践模式的体制建构》，《湖北社会科学》2011 年第 10 期。

［119］庄渝霞：《创建女性学学科体系和设置女性学课程的初步构思》，《中华女子学院学报》2005 年第 4 期。

［120］陈方：《关于中国女性学学科建设的几点思考》，《妇女研究论丛》2006 年第 3 期。

［121］黄河：《女子院校女性学学科建设回顾》，《妇女研究论丛》2008 年第 6 期。

［122］魏国英：《跨越式发展与本土经验——女性学学科建设的十年回顾》，《妇女研究论丛》2006 年第 1 期。

［123］魏国英：《从女性研究到女性学学科建设——高校女性学发展脉络》，《山东女子学院学报》2012 年第 6 期。

三、国外学者著作、论文

［1］［美］曼瑟尔·奥尔森著，陈郁、郭宇峰、李崇新译：《集体行动的逻辑》，上海人民出版社 1995 年版。

［2］［美］巴林顿·摩尔著，拓夫译：《民主与专制的社会起源——现代世界形成中的地主和农民》，华夏出版社 1988 年版。

[3] [美] 詹姆斯·斯科特著，郑广怀、张敏、何江穗泽：《弱者的武器——农民反抗的日常形式》，译林出版社 2007 年版。

[4] [美] 查尔斯·蒂利、西德尼·塔罗著，李义中译：《抗争政治》，译林出版社 2010 年版。

[5] [美] 西德尼·塔罗著，吴庆宏译：《运动中的力量：社会运动与斗争政治》，译林出版社 2005 年版。

[6] [美] 查尔斯·蒂利著，陈周旺、李辉、熊易寒译：《欧洲的抗争与民主（1650—2000）》，上海人民出版社 2008 年版。

[7] [美] 道格·麦克亚当、西德尼·塔罗、查尔斯·蒂利著，屈平、李义中译：《斗争的动力》，译林出版社 2006 年版。

[8] [美] 查尔斯·蒂利著，胡位钧译：《社会运动：1768—2004》，上海人民出版社 2009 年版。

[9] [美] 胡安·J. 林茨、阿尔弗莱德·斯泰潘著，孙龙译：《民主转型与巩固的问题：南欧、南美和后共产主义欧洲》，浙江人民出版社 2008 年版。

[10] [美] 杰克·A. 戈德斯通著，章延杰译：《国家、政党与社会运动》，上海人民出版社 2009 年版。

[11] [美] 西达·斯考切波著，何俊志、王学东译：《国家与社会革命——对法国、俄国和中国的比较分析》，上海人民出版社 2007 年版。

[12] [美] 亚当·普沃斯基著，包雅钧、刘忠瑞、胡元梓译：《民主与市场——东欧与拉丁美洲的政治经济改革》，北京大学出版社 2005 年版。

[13] [美] 戴维·波普诺著，李强译：《社会学》，中国人民大学出版社 1998 年版。

[14] [英] 罗伯特·D. 帕特南著，王列、赖海榕译：《使民主运转起来——现代意大利的公民传统》，江西人民出版社 2001 年版。

[15] [美] 塞缪尔·亨廷顿著，王冠华、刘为译：《变化社会中的政治秩序》，生活·读书·新知三联书店 1989 年版。

[16] [美] 曼瑟·奥尔森著，苏长和译：《权力与繁荣》，上海人民出版社 2005 年版。

[17] [英] 露丝·里斯特著，夏宏译：《公民身份：女性主义的视角》，吉林出版集团有限责任公司 2010 年版。

[18] [美] 莱斯特·M. 萨拉蒙等著，陈一梅译：《全球公民社会：

非营利部门国际指数》，北京大学出版社 2007 年版。

[19] [法] 吉斯塔夫·勒庞著，冯克利译：《乌合之众：大众心理研究》，广西师范大学出版社 2007 年版。

[20] [美] 埃里克·霍弗著，梁永安译：《狂热分子：群众运动圣经》，广西师范大学出版社 2011 年版。

[21] [美] 霍华德·威亚尔达主编，榕达译：《民主与民主化比较研究》，北京出版社 2004 年版。

[22] [法] 西蒙娜·德·波伏娃著，陶铁柱译：《第二性》，中国书籍出版社 1998 年版。

[23] [美] 裴宜理著，刘平译：《上海罢工——中国工人政治研究》，江苏人民出版社 2001 年版。

[24] [美] 罗斯玛丽·帕特南·童著，艾晓明等译：《女性主义思潮导论》，华中师范大学出版社 2002 年版。

[25] [英] 安东尼·吉登斯著，陈永国、汪民安译：《亲密关系的变革——现代社会中的性、爱和爱欲》，社会科学文献出版社 2001 年版。

[26] [英] 安东尼·吉登斯著，胡宗泽、赵力涛、王铭铭译：《民族—国家与暴力》，生活·读书·新知三联书店 1998 年版。

[27] [日] 须藤瑞代著，姚毅译：《中国“女权”概念的变迁——清末民初的人权和社会性别》，社会科学文献出版社 2010 年版。

[28] [德] 库诺著，袁志英译：《马克思的历史、社会和国家学说》，上海译文出版社 2006 年版。

[30] [印] 阿马蒂亚·森著，任赜、于真译：《以自由看待发展》，中国人民大学出版社 2002 年版。

[31] [法] 米歇尔·克罗齐耶. 埃哈尔·费埃德伯格著，张月译：《行动者与系统——集体行动的政治学》，上海人民出版社 2007 年版。

[32] [美] 艾尔东·莫里斯、卡洛尔·麦克拉吉·缪勒主编，刘能译：《社会运动理论的前沿领域》，北京大学出版社 2002 年版。

[33] [美] 詹姆斯·R. 汤森、布莱特利·沃马克著，顾速、董方译：《中国政治》，江苏人民出版社 2010 年版。

[34] [英] 戴维·米勒等著，邓正来译：《布莱克维尔政治学百科全书》，中国政法大学出版社 1992 年版。

[35] Mc Cathy, J. D and Mayer N Zald. Resource Mobilization and Social Movements: A Partial Theory. *American Journal of Sociology*, 1977. 82: 1212 -

1241.

[36] Meyer, Tarrow. *The Social Movement Society: Contentious Politics for a New Century*. Lanham, MD: Rowman and Littlefield, 1998.

[37] Gilmartin, Christina Kelley. *Engendering the Chinese Revolution.* California: University of California Press, 1995.

[38] Wang, Zheng. *Women in the Chinese Englightenment: Oral and Textual Histories.* California: University of California Press, 1999.

[39] Hershatter, Gail B. *Dangerous Pleasures: Prostitution and Modernity in Twentieth-Century Shanghai.* Berkeley: University of California Press, 1997.

[40] Honig, Emily. *Sisters and Strangers: Women in the Shanghai Cotton Mills*, 1911—1949. Stanford, CA: Stanford University Press, 1986.

[41] Croll, Elisabeth. *Feminism and Socialism in China.* London: Routledge & Kegan Paul, 1978.

[42] Gilmartin, Christina Kelley. *Gendering the Chinese Revolution: Radical women, Communist Politics, and Mass Movements in the* 1920*s*. Berkeley: University of California Press.

[43] Hershatter, Gail. "Gender and Work in Rural Shanxi." In Entwisle, Barbara and Henderson Gail., eds. *Re-drawing Bowndaries.* Berkeley: University of California Press, 2000.

[44] Ferguson. Ann, Swx and Work: Women as a New Revolutionary Class in the United States. Gottlieb, Roger S. *An Anthology of Western Marrism: from Lukacs and Gramsci to Socialist Feminism.* Oxford: Oxford University Press, 1989.

[45] Firestone, Shulamith. The Dialectic of Sex: The Case for Feminist Revolution. In Hummed, Maggie. *Modern Feminism.* New York: Columbia University Press, 1992.

[46] Wright, Teresa. Organization, Mobilization, and Comparative Perspectives on Opportunity. Delivery at International Conference on Popular Contention in China, Center for Chinese Studies, University of California, Berkeley.

[47] McCarthy, John D and Mayer, N Zald. *Trend of Social Movements in America: Professionalization and Resource Mobilization.* Morristown, N J: General Learning Corporation, 1973.

[48] McAdam, Doug. Conceptual Origins, Current Problems, Future

Directions. InMaAdan, Doug, et al. *Comaparative Perspective on Social Movements.* Cambridge: Cambridge University Press, 1996, 27.

[49] McCarthy, J. D., Wolfson, M., Baker, D. P., Mosakowski, E. and Carroll, G. R. The Founding of Social Movement Organizations: Local Citizen's Groups Opposing Drunken Driving. *Ecological Models of Organizations.* Cambridge, MA: Ballinger, 1988.